Elite 59

關於西方妖怪的100個故事

100 Stories of Western Monsters

黃禹潔◎著

原書名：嚇！西方妖怪總動員

【推薦序】這是一本「妖」書

在推薦這本書之前，我不得不先說說我的家鄉。

我出生在台南的一個小鎮，四面環山。有山的地方總會有些解釋不了的神祕事物存在，但與其他地方不同的是，這裡做為原住民的聚集地，鬼魂的事情說得比較少，一般都是講妖怪。同時，自然崇拜又給山林間添了許多妖怪故事。

後來，我讀了許多中國神話傳說，在書中，各式各樣的妖怪往往是最惹人注目的，無論是在《搜神記》中，還是在《聊齋志異》裡，妖怪們往往會化作美若天仙的女子，比如狐仙、蜘蛛精、琵琶精等等。

那麼，西方的妖怪又是怎樣的呢？

我讀過一本名為《世界怪物圖鑑》的書，作者將「妖怪」分為：變種的蜥蜴、魚類和恐龍；變種的人類、動物和昆蟲；變種的植物；怪物人；人造怪物；超自然怪物；異域怪物七類。當你知道終結者、機械戰警、剪刀手愛德華和刀鋒戰士也在其中的話，應該瞭解其東西方觀念的不同。舉個簡單的例子，東方的龍多是高貴、神聖和吉祥的象徵，而西方的龍則大多邪惡，在西方的英雄史詩，如希臘神話、日爾曼神話、北歐神話中都有英雄屠龍的故事。

在西方文明的淵源和歐洲各國古老傳說的滋養下，西方妖怪故事呈現出了其獨特的魅力。在這裡，「鬼魅」叢生，巫師巫婆出沒，海妖怪獸橫行，吸血鬼和狼人的故事更是歷久不衰，甚至成為好萊塢的新寵，引領影視大片風潮。

如果你有興趣打開《關於西方妖怪的100個故事》這本書，你可以看到古希臘神話中的邪惡妖魔、身穿燕尾服頭戴禮帽的嗜血男爵、月圓之夜站在山巔對月長嗥的兇殘狼人、騎著掃把的長髮女巫、能用目光把人變成石頭的蛇髮女妖美杜莎、歌聲懾人魂魄的海妖塞壬、深海巨人、報喪女妖、兇悍巨獸、可愛精靈……這些兒時枕邊的故事主角，曆久彌新的妖怪形象，都會一一現身，重現經典光芒。另外，還有一些流傳於民間，口口相傳中林林總總的妖怪故事，也會令人備感新奇有趣，眼界大開。

這本書對西方妖怪故事的彙集整理，最完整、最全面、最生動、最精彩，堪稱「妖怪大全」。無論是耳熟能詳的「老」妖怪，還是新鮮出鏡的「新」妖怪，都將一一歷數其前世今生，來龍去脈。一本在手，娓娓道來。

在這裡，你還可以看到智與勇的聯合，善與惡的對決，一波三折的故事情節，匪夷所思的玄幻場景，從而追逐詭譎之異，領略曲折之奇，體驗恐怖之悚，感受生動之趣，絕對是給力超值的閱讀體驗。

西方文化的起源，是從一個個神話傳說開始的。在西方，對古希臘和古羅馬神話瞭解的多寡，一向是衡量一個人受教育程度的標準。說到神話，就離不開妖怪。相信這些五色斑斕的妖怪故事，以其生動有趣、詭異玄幻的風格和天馬行空的想像力，會受到無數「妖怪愛好者」的青睞和追捧。

混沌宇宙的虛渺浩大，海上歷險的波瀾壯闊，神祕陰鬱的鄉村莊園，陰森靜謐的駭人城堡，翻開書頁，宛如身臨其境。

天空、深海、地獄、田園、皇宮、山洞、森林……妖怪無處不在，故事無處不在，精彩閱讀無處不在。

它來了，你在哪裡？

【前言】讀故事之前，先認識一下妖怪

你敢不敢獨自一個人走進幽謐的森林裡？在伸手不見五指的黑暗中，突然傳來你所不知道的奇怪聲響，你怕不怕？

人類對於大自然未知力量產生的敬畏之心，造就了自古以來源源不絕、口耳相傳的妖怪故事。

遠古的人們，想生存就必須面對野獸環伺、危機四伏的叢林和原野，每到了夜晚來臨，無邊無際的黑暗將他們吞沒。他們對抗的是藏在自然界背後一種看不見的力量，在這些外在條件下，孕育了妖怪傳說滋長的環境。

妖怪在先民們的意識裡，做為氣候變異、災禍預知、社會秩序以及超自然現象的合理化解釋。人們會嘗試以各種妖怪的想像，來解讀未知的事物，以滿足求知的渴望，也藉由妖怪來安慰自己，對那些無法以常理判斷或解釋的現象，都可以認為這一切其實只是調皮搗蛋的妖怪在作祟，從而把不可解釋的現象加以合理化。

究竟妖怪是會害人呢？還是會幫助人呢？這應該是先民們最想知道的答案。被稱為妖怪之列的，大多給人的印象都是鬼異邪祟，傾向做壞事為多的一類；有些則給予人神祕莫測，不知是敵是友的感覺。有些則是被當作神一樣尊敬，受人崇拜。

眾所周知，妖怪這個大家庭，包括一切有超能力或是法術的非神非仙非人的物種。通常的妖怪大致可以分為我們熟知的妖、魔、鬼、怪、精五類。

在西方，這五類妖怪中，有邪惡可怕者，比如吃人的海妖水怪；有魅惑他人心靈的「心魔」，比如會唱歌的魔女塞壬；有堪稱能工巧匠，善於製造各種法器的黑侏儒，也有可愛善良，喜歡製造無傷大雅的惡作劇的精靈。

在西方各國的神話和傳說中，一般都可以找到精靈的記載。最為著名的就是北歐神話中關於精靈的傳說了。後世關於精靈的描述大多採用了北歐神話中的記載。

精靈們通體發亮，光明耀眼，長得非常美麗。祂們通常性情溫良，開朗熱情，能和樹木花草、游魚飛鳥彼此溝通。精靈們建造了精緻的精靈國，有自己的社會。相較高高在上的神和邪惡的妖魔鬼怪，精靈與人類更加親近一些。

研究妖怪的學問，稱之為妖怪學，包含在民俗學、民族學、文化人類學、語言社會學等學科研究裡，雖不屬於獨自發展的學問，亦是一門有系統的學說。妖怪文化對西方文化有深遠的影響，滲透在社會生活的各方面。比如西方的傳統節日萬聖節，就是妖怪、巫婆和鬼魂的節日。

在整個歐洲，人們都把萬聖節前夜看作盡情玩鬧、講鬼故事和互相嚇人的好機會。也是孩子們縱情玩鬧的好時候。當夜幕降臨時，孩子們便穿上五顏六色的化妝服裝，戴上各種妖怪面具。很多孩子還手提一盞「傑克燈」。傑克燈的做法是將南瓜掏空，內插一根小蠟燭，外面刻上笑瞇瞇的眼睛和大嘴巴。蠟燭點燃後，人們在很遠的地方便可看到刻在瓜上這張憨態可掬的笑臉。在燈光照耀下，孩子們來到鄰居前，威嚇般地喊著：「不給糖就搗蛋！」

西方自古以來就有大量的妖怪文學作品，它的美感來自於對社會的另類解讀。它讓讀者折服於奇異想像、恐怖驚悚包藏下的美。這些妖怪文學作品，為西方的繪畫、建築、電影等藝術領域提供了大量素材，其中有些妖怪，例如吸血鬼，甚至成為好萊塢的票房明星。

總之，妖怪故事是西方文化中不可或缺的組成部分。本書把零散的各類妖怪故事結集成冊，猶如把一朵朵美麗的花朵編織成耀眼奪目的花環，敬獻給讀者，與您共饗美味的精神食糧。

目錄

第一章 西方文明起源中的妖怪故事

第二章　歐洲各國流傳的妖怪故事

第三章　西方童話和傳說中的妖怪故事

第一章

西方文明起源中的妖怪故事

I

世間惡魔

阿赫里曼

傳說在宇宙混沌的時候，世間除了時空之神札爾萬，一切都是虛無的，宇宙間既沒有天地，也沒有日月和人類。獅子般的頭顱、全身纏繞著長蛇的札爾萬，獨自一人在這無邊的空間與時間裡逍遙了很長很長的時光。

也許是獨自一人感到太孤獨了，札爾萬突然有了想要一個孩子的願望。於是牠懷著這樣的願望開始凝神靜氣地祈禱起來。一千年的時光靜靜地流逝了，札爾萬還是沒有得到孩子，牠有些懷疑這樣的祈禱是否有用，就在這個念頭閃過心頭的一瞬間，一對分別代表善與惡的孿生兄弟在牠腹中誕生了。

並不知情的札爾萬許願說：「我要把世界的領導權交給先出世的孩子，讓他來開創世間的一切。」這對孿生兄弟中，代表善的就是用一千年的虔誠祈禱孕育出的霍爾莫茲德，而那一瞬間的疑慮則有了惡的代表阿赫里曼。

阿赫里曼聽到父親的祈禱，想先出生統治這個世界，但是霍爾莫茲德的位置在他前面，於是邪惡的他便撕開了父親的腹部搶先出世。札爾萬看著眼前這個渾身烏黑、散發著污穢惡臭、眼中露出邪惡貪婪之色的孩子，不禁大呼：「我的孩子不是這樣的，他應該是光明芬芳的化身！」話音剛落，霍爾莫茲德就在一片光明與芬芳中降生了，他的光彩與清新使整個世界都充滿了祥瑞之氣。

札爾萬看著這個美好的孩子微微一笑說：「這才是我期望的孩子！」

看到父親的表情變化，阿赫里曼著急地喊道：「您應該兌現您的許諾，我先出生的，世界該由我來統治。」札爾萬無奈地看了看兩個孩子說：「孩子們，我將履行我的諾言，世界由阿赫里曼來統治。但是，阿赫里曼主宰世界的時間只有九千年，期限一到，霍爾莫茲德就將永遠統治世界。因為霍爾莫茲德的力量、智慧均在阿赫里曼之上。」札爾萬看著霍爾莫茲德緩緩地說：「孩子，我用了一千年的時間來等待你的降生，今後卻需要你為我等待九千年。這是一束象徵力量與威儀的神聖綠枝，你要好好保存它！」說完，這個偉大的父親便消失在茫茫的時空裡了。

這便是阿赫里曼的出生，他一出生便帶著邪惡與嫉妒，從此他的一生也因嫉妒而充滿了陰霾。此時的世界由三部分構成：上面是無邊的光明國度；下面是無邊的黑暗國度；中間是一個向四面無限伸展的虛空國度。

阿赫里曼自然主宰著黑暗王國，成了黑暗之神，他心滿意足地統治著自己的國度，因為他不知道在他之上還有虛空國度和一個乾淨澄澈的光明國度。而光明國度裡智慧仁慈的霍爾莫茲德能夠預知未來，瞭解一切。他知道在自己的國度下面有虛空國度也有黑暗國度，他也知道阿赫里曼終有一天會發現這一切，然後拼盡全力來毀滅光明。那時，光明與黑暗，善與惡將會有持久對抗。

為了抗擊阿赫里曼對光明的進犯，霍爾莫茲德決定創造眾神。他首先從無限的時間中界定出兩萬兩千年，做為光明與黑暗對抗的期限；然後他用三千年的時間首先完成了諸神的創造。就這樣，一個龐大的神的家族便在光明國度裡建立起來了。

一天，無聊的阿赫里曼從黑暗國度裡巡視到了虛空國度，他在這裡望見了上面美好的光明國度，嫉恨和挑戰的邪惡念頭便從心中升起。他氣鼓鼓地回到自己的國度生了半天悶氣，隨後他創造了飢餓、貪婪、仇恨、疾病、死亡諸惡神，準備毀滅光明國度。

無所不知的光明之神洞悉阿赫里曼的企圖，他勸說阿赫里曼放棄自己可笑的想法，可是阿赫里曼不僅不聽還口出狂言：「我一定能夠把你消滅，你所創造的一切也將都屬於我！」無奈之下，霍爾莫茲德與阿赫里曼約定九千年以後決戰。同時霍爾莫茲德決意挫一挫阿赫里曼的銳氣，就緩緩唸道：「造物者功德無窮，聖教主播揚善宗，眾民生同返光明。」三句謁語預示了九千年間善與惡、光明與黑暗交戰的經過，以及九千年後阿赫里曼戰敗、人類獲得永生、世界歸於永恆光明的結局。結果，阿赫里曼聽到第一句就渾身顫抖不已，第二句的時候，他就不由自主地跪倒在地，等到第三句說完，他竟失魂落魄，在黑暗的國度昏過去再也爬不起來。

這是光明與黑暗的第一次交鋒。阿赫里曼在黑暗國度裡昏睡了好久的時光，好不容易醒過來，卻因為害怕霍爾莫茲德的威力，又蟄伏了三千年。在這期間，霍爾莫茲德創造了天地和人間一切。

後來，阿赫里曼終於在他所創造的惡神們的鼓動下開始進攻光明國度。

在霍爾莫茲德與阿赫里曼爭鬥的過程中，阿赫里曼入侵天空，天空諸神與他戰鬥，當他戰敗想要逃走時，發現自己被囚禁起來無法逃脫，無奈之下，他落回地面，從他原來鑽出地面的地方鑽進去，一直鑽進大地的深處躲藏起來。這個地方從此便成為地獄。

阿赫里曼侵擾水之時，雨水之神、天狼星提施塔爾升上天際，他藉助風神之力，將水注入雲朵中，開始行雲播雨，諸神與之戰鬥幾番，終於使雨停住，但是大地被淹沒，諸神使風颳起來，將雨水聚集到幾處，這便是地面上河流、湖泊的形成。阿赫里曼鑽入大地時，大地顫抖起來，群山便從大地深處長出，就像草木從地下長出的情形一樣。之後，他又使樹木中毒，變得枯黑焦黃，播下病毒使牛和人死亡，但這些沒能使世間毀滅。霍爾莫茲德創造的眾神，使阿赫里曼的詭計一個個破滅，使得光明永遠照耀在世間的上方。

小知識 Tips

《列王紀》，亦稱為《王書》、《諸王書》，是波斯民族的史詩。它是由著名詩人菲爾多西用波斯文所著，記錄了從遠古神話時期到七世紀的波斯薩珊王朝滅亡這四千多年間的波斯帝國的神話傳說和歷史故事，以及五十多位帝王的統治。在神話傳說裡，主要講述庇什達德王朝諸位帝王與惡魔阿赫里曼及其他妖怪鬥爭的故事。

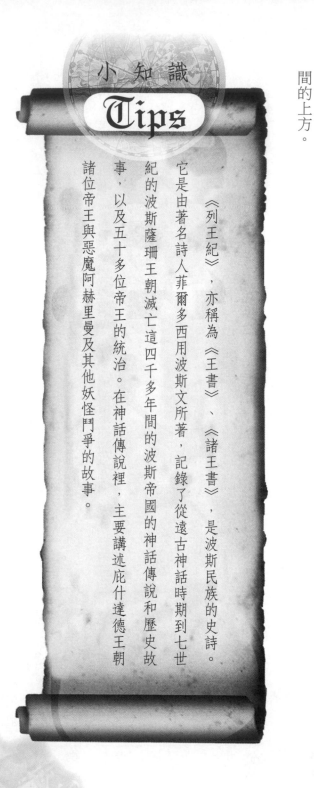

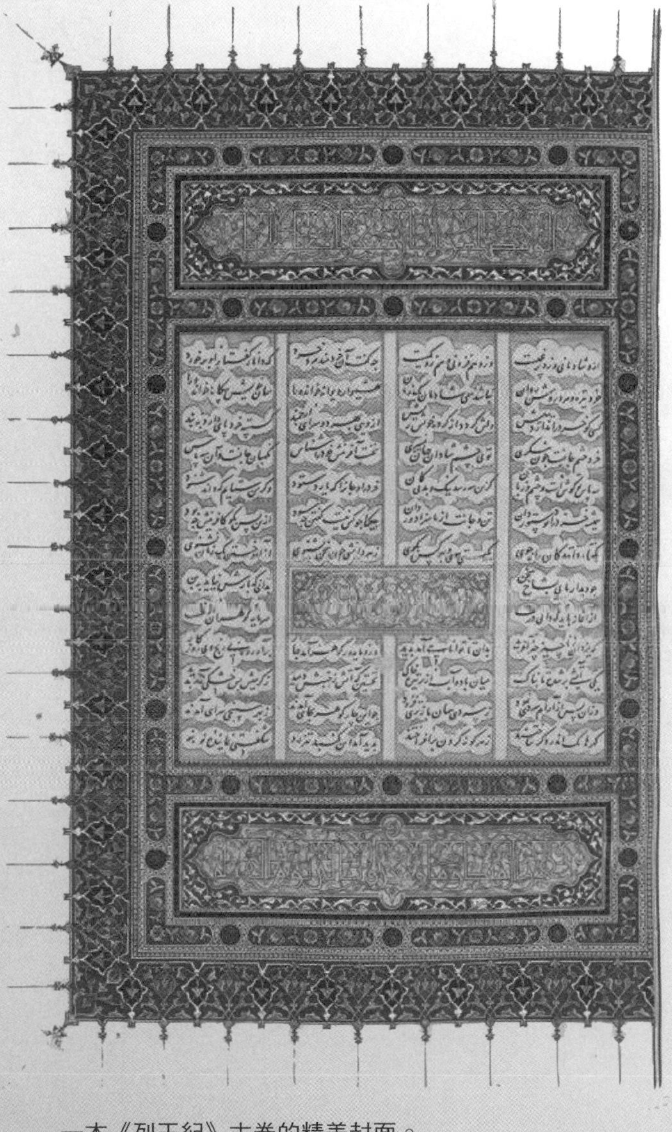

一本《列王紀》古卷的精美封面。

2 邪惡蛇王 查哈克

古波斯時代，有一位王子名叫查哈克，他生來天真善良，無憂無慮，每天過著快樂而幸福的生活。

有一天，惡神阿利曼來到他身邊，對他施了魔法，使他的善良變成了邪惡，他的仁慈變成了狠毒，他的內心也不再美好單純，為害人間變成了他唯一的樂趣。他甚至在惡神阿利曼的唆使下狠心地殺死了自己的父親，並取而代之。但是惡神阿利曼還覺得他不夠壞、不夠聽話，想方設法地引誘他向邪惡的深淵走去。

在查哈克成為國王後，一天，皇宮外來了一個陌生人，說自己有天下第一的廚藝，可以讓國王每天都吃到天下最美的美味。經過測驗，這個陌生人掌管了國王的飲食。

他每天做的菜經常變換花樣，樣樣味道鮮美。國王對此讚不絕口，而且對他也是日漸寵愛。這個廚師也慢慢地開始恃寵而驕，為所欲為了。

有一次，在國王用餐時，他奉上了美味的菜餚來博取國王的歡心，趁國王誇讚他的時候，他便對國王說：「我敬愛的國王陛下，謝謝您對我的寵愛，我感激不盡，要是您能讓我吻一吻您的雙肩，這將是我一輩子的榮幸。」國王正在高興之際，就答應了他的要求。

可是，這個陌生人在吻過國王的雙肩之後便突然消失得無影無蹤，而國王的兩個肩膀上都長出了一條模樣醜陋的黑蛇，牠們不停地吐著血紅的蛇信子，把國王嚇暈了好幾次。

原來，那個陌生人就是惡神阿利曼化身而成的，祂為了使查哈克國王變成一個真正的惡魔才這樣做的。在接下來的日子裡，查哈克為了除掉這兩條蛇想盡了辦法，他命人用刀子將蛇頭砍掉，可是蛇頭剛一落地就立刻長出一個新的蛇頭，而且比上一個更加面目猙獰可怕。接著，惡神阿利曼又化身成一個醫生，說：「你只有每天餵食牠們兩個新鮮的人腦，牠們才有可能被除掉。」查哈克國王竟然就信以為真，每天都要殺掉兩個無辜百姓，來養活他肩上的兩條蛇。

許多年過去，成千上萬的人遭受了這樣的厄運。無辜的百姓，也將這個賜予他們噩夢的國王描繪成了一個不折不扣的惡魔，一個生著三張嘴巴、三個腦袋和六隻眼睛，且有上千種形體變化的妖魔。查哈克國王為自己愚昧讓無數無辜的人賠上性命，百姓們每天都生活在恐懼之中，經常擔心著自己會不會是下一個被殺害的人。百姓們也諷刺般地稱他們的國王為蛇王。

查哈克就以這樣的方式統治著他的國家，以這樣的方式殘害著他的子民，百姓對他的怨恨也越來越深。

一天夜裡，查哈克做了一個噩夢，夢見自己被一個名叫法利德的英雄殺掉。那個人手拿牛頭大棒，兇相畢露，惡狠狠地朝著他撲來，想要置他於死地，查哈克嚇出了一身冷汗。他從夢中驚醒後，還心有餘悸，感到十分害怕，立刻下令把王國內叫法利德的人統統都殺掉，拿來餵他的黑蛇。而戲劇性的是，真正的法利德才剛剛出世。

這位能夠取國王性命的法利德，是有著撒姆斯特王血統的人。法利德的母親得知自己的兒子就是蛇王追殺的人，便帶著年幼的法利德逃到艾夫索山，找山中的隱士求救。

在這位隱士的幫忙下，法利德才得以逃過查哈克的黨羽追蹤。法利德的母親為自己的孩子有此重任而感到榮幸，經常教育法利德要勤學苦練，把拯救全國百姓、剷除蛇王當成自己與生俱來的責任。

經過十六年的磨礪和艱苦訓練，法利德終於成長為一個有所作為的年輕人。此時的蛇王查哈克也到了天怒人怨的境地，他逼迫煉鐵店的老闆卡胡將十八個孩子納為貢品，卡胡的十八個兒子全被殺。卡胡感到異常悲憤，他憤怒地斥責這個沒有人性的國王，發誓要為自己的兒子報仇。卡胡把店門上的蛇王旗幟撕下，掛上自己的旗幟，正式反抗蛇王。老人一號召，所有忍無可忍的百姓揭竿而起，迅速聚集在一起，發誓要殺掉蛇王查哈克，為屈死的人報仇雪恨。這件事傳到法利德的耳中，他認為時機已到，便加入了反抗大軍中。

法利德被推舉為首領，帶領著怒氣沖天的百姓浩浩蕩蕩地衝向蛇王查哈克的皇宮。

法利德頭戴牛頭頭盔，身披堅固的鎧甲，手拿牛頭大棒，騎著神勇的戰馬，一路過關斬將，很快就殺到了蛇王的宮殿。當兩人迎面相對的時候，查哈克詫異道：「這樣的一個毛頭小子，有何能耐想要取我性命！」說完，兩人開戰，打得不可開交，最後查哈克還是敗下陣來。

這狡猾的惡魔知道自己敵不過法利德，就一改之前的趾高氣昂，厚顏無恥地說道：「我年老體弱，英雄可否容我休息片刻再戰，這樣才叫公平。」

年輕的法利德輕信了他的話，就讓他休息片刻，卻不知他是要利用休息時間來逃跑的。等到法利德發現自己上當時，查哈克已經逃出了宮殿。法利德一路緊追，終於在迪馬邦特山追上了查哈克。

查哈克負隅頑抗，但最終不敵法利德。法利德命人將查哈克雙手釘在山上，封印了他。

橫行一世的蛇王查哈克，就這樣被封在荒山，活活地受盡折磨，直到死去。

小知識

Tips

阿利曼，惡界的最高神，黑暗與死亡的主宰者。祂創造了毒蛙、毒蛇、毒蜥蜴、毒蠍，以及一萬種病魔，將牠們放諸於世。此後，善神與惡神的鬥爭直至今日依舊不息。

3

希臘怪物之父

堤豐

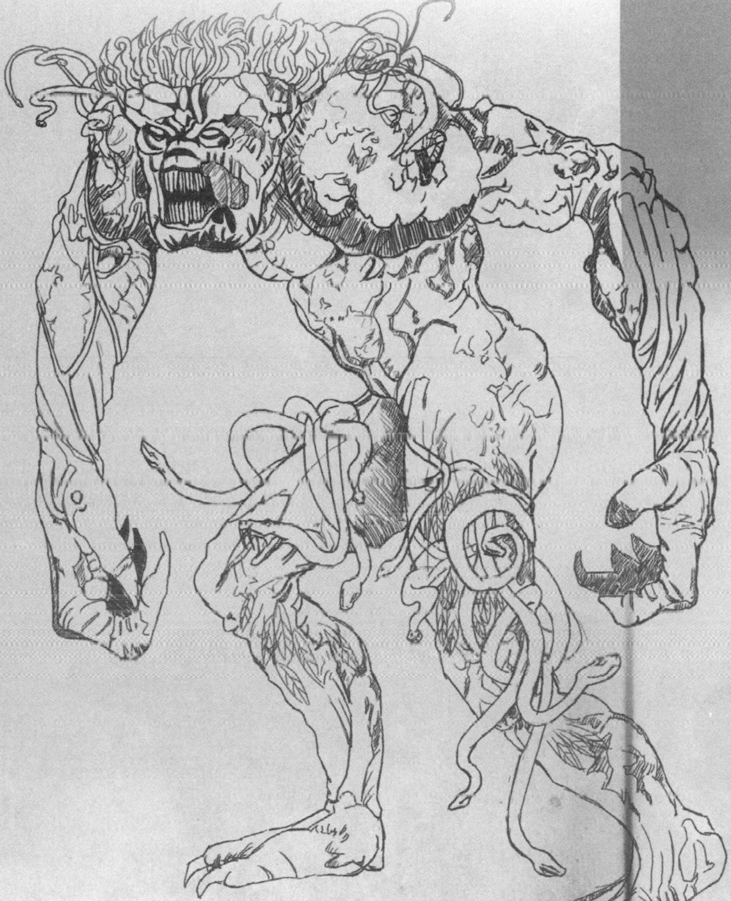

堤豐號稱是希臘最強最大的怪物，牠的頭可以觸摸到星辰，手臂伸展開來有地球的直徑那麼長。牠的雙眼可以噴火，肩膀上還生著一百個蛇頭，大腿上有成千上萬條毒蛇出出入入，在牠長滿羽毛的身體上遊走，並發出沙沙的巨響。牠的吼聲有時像人言，有時如犬吠，如獅嘯，如牛吼，聲若奔雷，響徹四極。

堤豐生來就是可怕而不可戰勝的，諸神都敬讓牠三分，卻也漸漸地助長了牠的囂張氣焰。後來，牠野心膨脹，想打敗宙斯，自己充當天地的主宰。

平日裡，宙斯總會隨身帶著自己的獨門武器——宙斯之錘。一天，生性好色的祂跑去與仙女普盧圖幽會，將宙斯之錘藏在一個山洞裡。堤豐對自己的奪權計畫本來就謀劃

描繪天神宙斯與怪物堤豐作戰場景的古代陶器。

已久，總在暗中窺探宙斯的一舉一動。宙斯此刻的鬆懈讓牠覺得有機可趁，而牠也成功地抓住了這次機會，把宙斯之錘偷到了手。

宙斯失去這件武器便像魚兒離開水一樣，有再高的本領也施展不出來。於是堤豐開始肆無忌憚地胡作非為，牠在天地間橫衝直撞，亂吼厲嘯，舉起巨臂上擊雲霄。天地被牠攪得混亂不堪，日月無光，星宿錯位。牠攻擊太陽神的馬車，月神被牠打得滿身傷痕，連四方風神也在劫難逃。堤豐攪亂天上又衝入大海，激起滔天的巨浪，劈波斬濤，把海神波塞冬的座車拽出水面。海中的生物都驚恐萬分，就連大海魔——利維坦也退避三舍。隨後，堤豐又返回地面，把宙斯之錘取了出來。宙斯之錘重逾萬鈞，堤豐雖有兩百條巨臂，但抬起這神錘也不容易。

此時的宙斯化身為白牛，正在溫柔鄉裡與腓尼基公主——歐羅巴纏綿。

但是，天地混亂得使祂不得不趕回來與堤豐作戰。可是宙斯沒有了宙斯之錘，就有些力不從心，最後還是被堤豐擊敗，連自己的神力也被取走了。戰敗的宙斯看見歐羅巴的兄弟卡德摩斯正在找尋失蹤的姐姐，便心生一計，祂和卡德摩斯進行了一次交易：卡德摩斯幫祂騙回武器，祂便將和諧女神哈默尼亞許給卡德摩斯當妻子。

宙斯命畜牧之神潘召來牛群、羊群，讓卡德摩斯扮成牧童，自己變成公牛混在牧群裡。卡德摩斯成了牧人，坐在樹下吹奏蘆笛，堤豐被笛聲吸引，就趕來欣賞，趕來之前順便把宙斯之錘藏在了洞中。

卡德摩斯看牠聽得入迷就說自己的豎琴更為美妙，但是要宙斯的神力來做琴弦，為了聽到這琴音，堤豐不假思索地交出了神力。而此時宙斯已經將自己的武器拿到手裡。

堤豐回到洞裡不見宙斯之錘，便明白自己被騙了，盛怒之下，揚言殺死宙斯，娶赫拉為妻，解放冥淵諸巨人，貶諸神為奴，將天地重新歸於混沌。

於是，堤豐帶領著牠與厄喀德那所生育的諸多怪物孩子向奧林匹斯山發起了進攻，諸神節節敗退，很多都逃到埃及變成動物來躲避這個可怕的怪物。只剩下宙斯用祂菱形長柄鐮刀和雷電進行拼死抵抗，祂本想放射雷電來威嚇堤豐，使其知難而退。沒想到堤豐也開始噴火反攻，雷火混雜著颶風，一時間震盪了天地，搖動了山川，將海中攪得巨浪翻騰。這種威勢聲響，連冥王哈得斯和深囚地底的泰坦也聞之變色。激戰中，堤豐並用毒蛇纏住了宙斯，砍斷了祂手腳上的筋腱，使其無法動彈，宙斯只好束手就擒。堤豐用熊皮幪住宙斯，將祂拋進了西西里亞的一個洞穴中。

就在這危急時刻，赫耳墨斯出現在洞穴中，幫助宙斯恢復了自由。宙斯和赫爾墨斯立即乘坐光陰車追上了得意洋洋的堤豐，並再次發起了進攻。宙斯以雲為甲，以雷為盾，以閃電為矛，以霹靂為箭，在騷亂神佛伯斯、恐懼神德和勝利女神尼克的幫助下，用雷電擊中了堤豐的頭部，將牠打倒在地。

堤豐不甘心失敗，爬起來投擲大山進行反擊，可是沒過多久就筋疲力竭了。

宙斯將堤豐的身軀提起來，將其壓在了埃特納山之下。

透過奧林匹斯諸神和人類英雄的共同努力下，宙斯終於打敗了這些難對付的巨人族和怪物，從而鞏固了世界的支配權。

小知識 Tips

諾努斯的《狄奧尼西卡》用了近九千字篇幅將這場戰鬥的始末娓娓道來。整個故事大致可分為三部分：堤豐盜走宙斯的宙斯之錘（雷火）、卡德摩斯助宙斯騙回宙斯之錘、堤豐和宙斯大戰。

4 噴火怪物
喀邁拉

古希臘神話中有一個長著獅子頭、羊身體、蛇尾巴的吐火怪物，名叫喀邁拉。

喀邁拉與希臘神話中著名的飛馬英雄柏勒洛豐的故事有關：

柏勒洛豐是西緒福斯的孫子，科任托斯國王格勞卜斯的兒子。他過失殺了人，為了逃避死罪，來到提任斯。提任斯的國王普洛托斯熱情地接待了他，並赦免了他的罪行。柏勒洛豐對國王的盛情非常感激，他對國王說：「尊敬的國王陛下，我非常感謝您對我的收留，做為回報，我一定為這個國家的興旺盡我最大的努力。」

就這樣，柏勒洛豐便在這個國家居住了下來。這個儀表堂堂、身材魁梧的年輕人每天在皇宮裡進進出出，天長日久，國王的妻子安特亞竟對他萌生了愛戀，她想盡了一切辦法，勾引柏勒洛豐。可是柏勒洛豐心地善良，他感激國王對自己的收留之恩，又怎麼可以答應王后的要求呢？這樣一來，王后惱羞成怒以後，便心生歹意。她跑去找到國王，哭哭啼啼地說：「親愛的陛下，你每天忙於朝政，對你的妻子不聞不問，你收留的那個朋友對我一再威脅與騷擾，讓我無處躲藏，我可怎麼辦？」國王聽了妻子這番話，感到非常惱怒和憎恨。他不願意再讓這個人在自己的國土上多逗留一天，就隨即寫了一封書信，讓托柏勒洛豐長途跋涉送給自己遠方的岳父伊俄巴特斯。

穿過了大海，翻越了森林，走了很長時間，柏勒洛豐來到呂喀亞，終於見到了國王伊俄巴特斯。

國王伊俄巴特斯並沒有問由來，先是款待了柏勒洛豐九天，第十天，他才問起客人的來意和身世。柏勒洛豐如實相告，並呈上家書。國王看完信，不由得倒抽一口冷氣，原來在信中，女婿讓他殺掉柏勒洛豐。可是在十天的相處中，柏勒洛豐不俗的談吐和紳士的舉動都給他留下了深刻的印象，他很喜歡眼前這個風度翩翩的小伙子，不願意相信信上的內容。但是他轉念又想，如果沒有特殊的原因，女婿是不會要求自己這樣做的。權衡再三，他想出了一個擺脫困境的辦法：派柏勒洛豐去完成一個無人能完成的任務——消滅危害呂喀亞的怪物喀邁拉。

這個怪物是怪物提豐的後代。牠長著三張能噴火的大嘴，上半身像獅子，下半身像惡龍，中間像山羊，口中噴著火苗，烈焰騰騰，委實可怕。國王伊俄巴特斯讓柏勒洛豐來挑戰這個怪物就是想借刀殺人，天上諸神把這一切看在眼裡，都可憐這個年輕人，於是派了擁有雙翼的飛馬珀伽索斯去幫助他。這匹由波塞冬和墨杜薩所生的飛馬性情狂野，從來沒有被人騎過，柏勒洛豐使出渾身解數也沒辦法駕馭牠。就在他心力交瘁睡著的時候，夢見了他的保護神雅典娜。夢裡女神把一副帶金色飾物的轡頭交給他，說：「給珀伽索斯戴上，獻祭一頭公牛給波塞冬，然後就可以駕馭牠了。」柏勒洛豐從夢中醒來，看到一副金光閃閃的轡頭已經在手中了。

柏勒洛豐找到波呂德斯解夢，波呂德斯勸他一切按著女神的吩咐來辦，並建造一座祭壇供奉女神雅典娜。等一切都做完，雙翼飛馬果然被柏勒洛豐輕易地馴服了。然後他在馬頭上套上轡頭，穿上盔甲，騎馬騰空而行，彎弓搭箭，射死了怪物喀邁拉。

柏勒洛豐大戰怪物喀邁拉。

透過這個事之後，伊俄巴特斯發現柏勒洛豐並不是一個罪人，而是受神祇保護的寵兒。他不再想著怎樣去傷害柏勒洛豐，而是把他留了下來，並把自己心愛的女兒菲羅諾厄許配給了他。

柏勒洛豐與菲羅諾厄成親以後，妻子為他生下了兩個男孩和一個女孩，生活富足美滿。

這樣的日子又過了許多年，柏勒洛豐的性格變得有些傲慢孤高。

有一次，眾神在奧林匹斯聖山上舉行了集會，儘管柏勒洛豐並不是神祇，但他依然想去參加。在半路上，朱庇特差遣了一隻牛蠅去螫神馬，使他摔下馬背，臉上的傲慢也隨之被摔得無影無蹤。

從此，他羞於見人，竟獨自跑到了一個沒有人煙的地方，靜靜地度過了餘生。

珀耳修斯割下美杜莎的首級。

小知識 Tips

珀伽索斯是一隻長有雙翼的馬，通常為白色。牠是美杜莎與海神波塞冬所生，角色是馬神。牠的母親美杜莎被珀耳修斯割下頭顱時，牠和兄弟巨人克律薩俄耳一起出生。

5

叢林巨妖

藍色惡龍

泰樂和西頓是腓尼基王國的首府，這是塊富饒的地方。國王阿革諾耳有一個女兒叫歐羅巴，她一直深居在宮殿裡。一天的夜半時分，她做了一個奇怪的夢。她夢見由亞細亞和對面的大陸組成世界的兩大部分，變成兩個女人的模樣，在為了佔有她激烈地爭鬥。一個婦女非常陌生，而另一位有跟當地人一樣的長相，是亞細亞。亞細亞激動地說，自己是餵養她長大的母親，溫柔而熱情地要求她留下。那個陌生的女人則搶劫似的要強行拉走她，把她的胳膊抓得生疼，嘴裡還說道：「親愛的，妳是宙斯命中註定的情人，跟我走吧！我帶妳去見祂！」

第二天早上醒來，歐羅巴還在為夢裡的事心跳不已，她並不瞭解這是神的指示：她將要成為宙斯的情人。白天，她和女伴在草地上遊玩的時候，有一隻優雅高貴的公牛來到她身邊，跟她玩耍，引誘她坐在自己的背上，把她帶到了一個美麗的小島上。後來歐羅巴才知道自己是被宙斯給引誘到了這個島上。

可是歐羅巴的父親並不知道發生了什麼，當他知道自己的女兒失蹤時，感到無比痛心，急忙派歐羅巴的四個哥哥卡德摩斯、福尼克斯、基立克斯和菲紐斯外出尋找，並告訴他們，找不到妹妹不准回來。卡德摩斯出門以後東尋西找，始終打聽不到妹妹歐羅巴的消息。他無可奈何，不敢回歸故鄉，因此請求太陽神阿波羅賜給神諭，告訴該在何處安身。阿波羅迅即回答說：「在一塊孤寂的牧場上，你會遇到一頭牛，這是一頭沒有套上軛具的牛，牠會帶著你一直往前。在牠停下休息的土地上，需要你造一座城市，給它命名為底比斯。」

卡德摩斯正要離開領受神諭的卡斯泰利阿聖泉，就在不遠處的綠色草地上看見一頭正在啃草的母牛。他感謝過太陽神福玻斯後，就帶著部下跟隨著母牛出發了。他們跟隨著這頭母牛蹚過凱菲索斯淺流，來到一片深軟的草地上，母牛回頭看了看卡德摩斯便躺在了舒服的草地上。滿懷感激之情的卡德摩斯跪在地上，親吻這塊陌生但美麗的土地。隨後，他派出幾個僕人去尋找水源來供奉神祇。

有一股晶瑩的清泉從灌木叢中涓涓流出，灌木的背後是一片從沒有被砍伐過的古老森林，但沒有人知道在這片神祕的森林裡藏著一條毒龍。僕人們走進山林剛要用水罐打水時，一條藍色的巨龍突然出現在他眼前，口中還發出可怕的叫聲。這條巨龍的龍冠閃爍著紫紅色的光，赤紅的眼睛好像要噴射火焰，口中伸出像三叉戟一

化身爲牛的宙斯劫走歐羅巴。

樣的三條信子，還有三層利齒排列在口中。僕人們嚇得魂飛破散，竟一步也挪動不得。

毒龍多鱗的身體盤曲著向他越靠越近，僕人們這才反應過來拔腿就跑，可是最後還是被有毒的龍咬死了，有的被纏住勒死了，有的被噴出的臭氣薰死了，也有的被毒涎毒死了。

卡德摩斯左等右等都不見僕人歸來，決定親自去看看怎麼回事。他披著一件獅皮，手執長矛和標槍，此外還有一顆比任何武器更堅強勇敢的心。卡德摩斯一進樹林就看見那些死去的僕人的屍體，他看著遍地的慘狀，和毒龍舔舐屍體時不停吐動的血紅信子，不禁悲從中來：「我可憐的朋友們……」他哭喊著，搬起一塊足以打穿城牆和塔樓的石頭向巨龍投去，可是毒龍有如同鐵甲的厚皮和鱗殼保護著，竟然沒有傷到分毫。

悲憤交加的卡德摩斯又狠狠地拋出一竿標槍，這次槍尖深深地刺入惡龍的內臟。突然劇烈的疼痛激怒了毒龍，牠轉頭咬折背上的標槍，張開大嘴，迅速地膨脹開咽喉，朝著卡德摩斯噴吐著劇毒的白沫。卡德摩斯趕忙後退了一步，迅速用獅皮裹住身體，又勇敢地上前一步把長矛刺進龍嘴，惡龍咬住了長矛，卡德摩斯拼命用力扳動長矛，惡龍的牙齒紛紛掉落。僵持了一會兒，惡龍的脖子終於流出了血水，但牠頑強的生命竟使牠還能躲避攻擊。在後面交戰的過程中，卡德摩斯越鬥越勇，最後他看準機會，一劍刺穿了毒龍的脖頸，同時還刺入到後面的一棵大櫟樹上，把惡龍緊緊釘在樹身上，惡龍終於被制伏了。

卡德摩斯與毒龍搏鬥。

小知識

Tips

這裡的惡龍是戰神所生的巨龍，卡德摩斯將牠殺死，並遵照雅典娜的勸告，拔下牠的牙齒，播進土地裡。從龍牙中長出一些武士，這些武士自相殘殺，最後剩下五人，幫助卡德摩斯建立起了卡德摩亞堡，成為特拜名門的始祖。

6

百眼巨人 阿耳戈斯

在古希臘的神話故事中流傳著這樣一位人物，他個子高大，是巨人的後代，他有永遠不睡覺的本領，因為他長著一百隻眼睛，可以輪流休息，所以他可以日以繼夜地觀察著身邊的一切。他還殺死了怪物之母厄喀德那，為天下除去一大禍害，最後卻因為眾神之首——宙斯的好色而葬送了性命。

彼拉斯齊人的國王伊那科斯的女兒伊娥，長得如花似玉，連眾神之王宙斯也為她的美貌深深傾倒。一天，伊娥在草地上牧羊，不巧被宙斯發現了。宙斯立刻化身為英俊的男子來到凡間，用甜美的語言引誘挑逗伊娥：「美麗的姑娘，人間所有的男子都配不上妳，妳只適宜做萬神之王的妻子。天太熱了，為什麼要讓妳嬌嫩的臉龐遭受烈日的曝曬呢？我就是宙斯，快把妳的手遞給我，讓我們一起到樹蔭下歇息去吧！」

伊娥聽了這位不速之客的話感到非常害怕，飛快地奔跑起來。宙斯見狀立即施展法力，使整個大地陷入一片黑暗之中。就這樣，伊娥落入了宙斯之手。

赫拉發現了丈夫的不忠，便立刻降到大地上，命令雲層散開。宙斯對赫拉嫉妒心的害怕，甚至超過了對伊俄的愛。祂企圖掩蓋自己的通姦行為，便將伊娥變成了一頭雪白的小母牛。當赫拉詢問小母牛的來歷時，宙斯卻發誓祂以前從未見過這個生靈，只是湊巧碰到而已。可是這樣的謊話根本沒有作用，赫拉連一個字也不相信。她表面上相信了自己的丈夫，內心卻打定了主意，要給這頭小母牛一點顏色看看。

赫拉裝作很喜歡的樣子，請求丈夫將小母牛送給她做禮物。宙斯左右為難，面露難色。

赫拉看到宙斯不情願的樣子，就話裡有話地說：「一隻小小的母牛而已，難道還捨不得？」

宙斯儘管很沮喪，但是不同意的話，自己偷情的事情就會立刻露餡了。於是，強裝笑臉將小母牛送給了妻子。

為了防止小母牛變回人形，赫拉召來阿耳戈斯，讓他日夜看守著變成小母牛的伊娥。這是個絕妙的安排，因為阿耳戈斯有一百隻眼睛，睡覺的時候一些眼睛睜開，一些眼睛閉起來。這樣，宙斯便無計可施，只能眼睜睜地看著自己心愛的女人變成一隻野獸。

一天，伊娥發現來到了自己的故鄉。他的父親伊那科斯看到一頭可愛的小母牛走向了自己，就撫摸著她美麗的身體，從小樹上折下樹枝來餵她。伊娥舔舐著父親的手，老人對此卻一無所知。

這時，小母牛竟然說話了：「親愛的父親，我就是你苦命的女兒！」

「天哪，我到處找妳，妳怎麼成了這個樣子！我一心想著給妳挑個好丈夫，可是現在妳卻變成了一頭牛……」

伊那科斯的話還沒有說完，阿耳戈斯就從他的手中搶走了伊娥，牽著她走開了。

宙斯不能忍受姑娘長期遭受折磨，就找祂的兒子——眾神的信使赫耳墨斯，要求祂想辦法從

宙斯變成雲霧，悄悄地擁抱伊娥。

阿爾古斯手中將伊娥救出來。赫耳墨斯是諸神之中最聰明的，祂化裝成一個牧羊人，腋下夾著一根催人昏睡的荊木棍來到放牧小母牛的草地上。

赫耳墨斯一邊走一邊吹出優美的笛聲。阿耳戈斯聽到笛音，從坐著的石頭上站起來向下呼喊：「吹笛子的朋友，這裡可以遮陽，對牧人正合適。」赫耳墨斯正想接近他，聽到邀請立刻爬上山坡坐在了阿耳戈斯的身邊。他們坐在一起天南地北地攀談起來，越說越投機，不知不覺白天快過去了。

接著，赫耳墨斯開始不停地吹笛子，並且盡可能地使曲調單調，讓人想睡。阿耳戈斯連連打了幾個哈欠，一百隻眼睛睡意矇矓。可是他不敢鬆懈，即使是睡覺也是閉合一部分眼睛，另一部分眼睛則緊緊盯住小母牛。

阿耳戈斯對赫耳墨斯的牧笛很感興趣，就向祂問起了牧笛的來歷。赫耳墨斯抓住時機，開始長篇累牘地給他講起了有關潘的故事：「潘喜歡一個叫緒任克斯的仙女，可是緒任克斯卻逃離了他。正當潘要抓住緒任克斯的時候，她卻變成一叢蘆荻。潘說：『即使這樣，妳還是我的。』於是，用緒任克斯變的蘆荻做成了牧笛……」

阿耳戈斯死後，天后赫拉將他的眼睛取下來，安在了孔雀的尾巴上。

儘管這個故事聽起來不那麼單調乏味，但阿耳戈斯卻覺得不過如此。他將所有的眼睛依次閉上了，最後沉沉地睡去。赫耳墨斯迅速抽出利劍，砍下了他的頭顱。

小知識 Tips

宙斯，希臘神話中的主神，第三代神王。克羅諾斯和瑞婭之子，烏拉諾斯和蓋亞之孫。眾神之神，奧利匹斯山最高統治者。

7 人馬怪之父 伊克西翁

希臘神話中，有一位被囚禁在地底幽冥深處的著名囚犯，他叫伊克西翁。他統治著特薩利地區一個叫做拉庇泰的國家。但是這個國王卻是為人陰險狡猾、恃強凌弱，並且好色貪財、不守信用。

伊克西翁聽說鄰國有位美貌的小公主，名叫黛，就想要把黛佔為己有，於是便以武力威逼鄰國國王狄奧尼斯將女兒嫁給他。狄奧尼斯不願意將女兒嫁給他，但又懼怕伊克西翁的淫威，最後在不得已的情況下答應了，但是有一個條件，伊克西翁必須準備豐厚的婚禮聘金來證明自己的誠意。為了盡快抱得佳人歸，他滿口應承著國王，但事後卻耍賴皮。

狄奧尼斯明白自己把女兒嫁給了吝嗇鬼，這是一個只會貪圖便宜的臭流氓，為了平息心中的憤恨，但又不能拿伊克西翁怎麼樣的情況下，這個糊塗的國王便趁夜深人靜時偷走了伊克西翁的一些馬匹。為了這幾匹馬，伊克西翁開始暴露出自己貪財吝嗇的本性，他表面上裝作無事的樣子，假意邀請老岳父去參加一個宴會，卻在宴會中將其推入火坑中燒死。

後來這件事情敗露了，引起人們的關注，人們對他的行為表示憤慨。在此之前，從來沒有任何希臘人聽說過有人居然會殘害自己的親人，全國人民紛紛對伊克西翁的惡行表示強烈的譴責，狄奧尼斯國民強烈要求處死這位沒人性的不義之王。面對眾叛親離和所有人的鄙視、仇恨，伊克西翁終於忍受不了，而喬裝成乞丐逃跑了。

人民因為痛恨伊克西翁的惡行，所以都牢牢地記得他的面孔，不管他走到哪裡，大家都把他當作世上最醜惡的東西一樣躲避著，連街上的乞丐都鄙視他。當乞丐看到伊克西翁衣衫襤褸地在街上要飯吃，竟然氣憤地摔掉自己的飯碗轉行不當乞丐了。全世界沒有一個人看得起這位曾經還很不可一世的國王。

這時，一向沒有憐憫心的主神宙斯突然大發慈悲，向可憐的伊克西翁伸出援手，幫他洗淨了罪行。宙斯為了拯救這個墮落的靈魂，花了很多時間。

伊克西翁每天都會上一些品德思想課，由宙斯來給他灌輸人生大道理和哲學思想。宙斯第一次覺得自己是那麼的偉大和寬容。

萬劫不復的伊克西翁之輪。

為了炫耀一下自己的高尚品德，宙斯帶著伊克西翁來到諸神的宴會上，好讓大家來好好讚揚一下祂的博大胸懷和高尚品德，沒想到卻是自己打了自己一個耳光。大家還沒來得及讚美祂的高尚，宙斯就被這位「迷途羔羊」深深地刺傷了——生性好色的伊克西翁的眼睛在宴會上盯著赫拉的胸部和大腿眨都不眨！宙斯看著這一切真的是震驚，這個好色無恥的傢伙簡直是讓宙斯忍無可忍了。

宙斯看出伊克西翁心中無恥齷齪的想法，但是還是不相信這個無恥之徒會有這樣的膽量來猥褻天后赫拉。為了驗證這個想法，宙斯讓雲之仙女內芙麗變作赫拉的樣子來到伊克西翁面前，結果這個混蛋居然還真的對這個「天后」下了毒手。宙斯終於看不下去，一怒之下將他打入地獄，綁在一個永遠燃燒和轉動的輪子上，讓這急速旋轉的火輪永遠折磨、撕扯著他的軀體。這位不可一世的國王終於走入了萬劫不復的境地。

然而，雲之仙女內芙麗與伊克西翁結合後，生下了半人半馬的怪物肯陶洛斯，肯陶洛斯的後人便是人馬族，所以人馬族也被稱為肯陶洛斯家族。

人馬族上身和人一樣長著兩隻胳膊，而下身則像馬一樣，有四隻馬蹄，這些怪物們個個性情暴躁、野蠻好色、嗜酒如命，完全繼承了伊克西翁的惡劣本性。

拉庇泰人與人馬族為鄰，並且經常發生衝突。最後一次衝突發生在英雄庇里托俄斯的婚禮上，庇里托俄斯出於禮貌，邀請了做為鄰居的一些半人馬參加婚禮，半人馬們本來嗜酒如命，很快就喝醉了，喝醉酒後便紛紛露出了自己邪惡淫蕩的本性。其中有一個人馬怪甚至試圖猥褻新娘，其他的人馬怪也在牠的帶領下企圖搶劫宴會上的女賓。

於是一場惡戰便爆發了，雙方都死的死、傷的傷。後來拉庇泰人在大英雄特修斯的幫助下獲得了勝利，並將這些怪物們趕出了特薩利地區。

庇里托俄斯與半人半馬怪物大戰。

不過在這些人馬怪中也不乏善良、智慧的人物。半人馬族的智者喀戎是提坦神族首領與大洋仙女結合所生，因此有著神族的高貴基因和優秀血統。

雖然牠們外形相同，喀戎的性情與其他半人馬有著很大的差別：牠和善、智慧、友好、學識淵博，並精通音樂、醫藥、射箭、武藝、預言等各項技藝。

牠收了很多著名的國王貴族的孩子為徒弟，培養出了很多傳說中的大英雄。

小知識 Tips

赫拉是古希臘神話中的天后，她是克羅諾斯和瑞婭的長女，宙斯的姐姐和第三位妻子，相對應於羅馬神話的朱諾。赫拉是古希臘神話中奧林匹斯主神之一，主管婚姻和家庭，被尊稱為「神后」。她在奧林匹斯山的地位僅次於她的丈夫宙斯，生性善妒，對於婚後宙斯的不忠，很不滿。

8 九頭蛇妖 許德拉

歐律斯透斯，與赫拉克勒斯都是宙斯的兒子。本來是屬於赫拉克勒斯的王位，因為赫拉的詭計而到了他的手裡，他因害怕自己的兄弟會奪取他的王位，而想方設法地為難赫拉克勒斯。

歐律斯透斯交給赫拉克勒斯許多不可能完成的任務，其中有一件任務是殺死九頭蛇妖許德拉。許德拉是堤豐和厄喀德那所生的女兒，長著碩大無比的身軀和九個蛇頭，生性兇猛。她的九個腦袋中有一個最厲害，是中間直立的那個，這個腦袋是殺不死的。她的其他八個腦袋圍繞這中間的無敵腦袋而長，雖然沒有中間的腦袋厲害，卻可以再生。她是在阿耳哥利斯的勒那沼澤地裡長大的，常常會爬到岸上，蹧蹋莊稼，危害牲畜。搞得這裡的人們對她深惡痛絕，卻又無可奈何。

赫拉克勒斯接到命令，並沒有感到害怕，因為他知道自己有足夠的能力去擺平這個危害人間的妖孽。於是他信心十足地去迎接挑戰。在他驅車前往阿耳哥利斯的勒那沼澤地的時候，為他駕車的是他的姪兒伊俄拉俄斯，即他的堂兄弟伊菲克勒斯的兒子。伊俄拉俄斯也是一位勇敢無畏的英雄。在許多次的冒險任務中，他一直伴隨著赫拉克勒斯，是赫拉克勒斯不可分離的左右手，幫了赫拉克勒斯許多的忙。

他們驅趕的車子急切飛速地朝阿耳哥利斯的勒那沼澤地駛

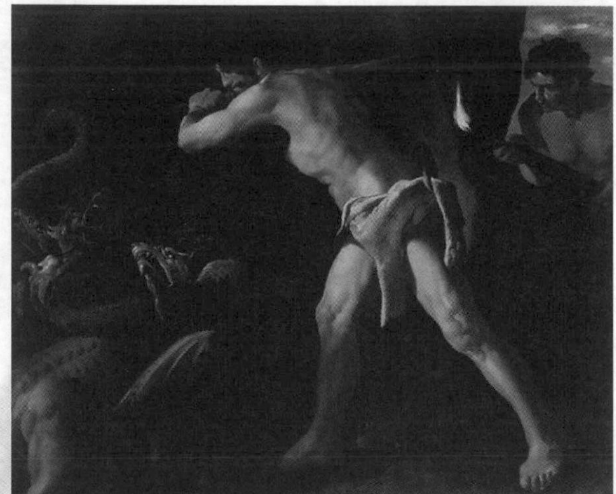

赫拉克勒斯大戰許德拉。

去，顧不得沿路所發生的事情。到了阿密瑪納泉水附近的山坡時，赫拉克勒斯沒有立即行動，而是先打探了一下情況，等到心裡有數的時候才動手。後來他們找到了九頭蛇的藏身之所，一個冒著毒氣的洞穴。赫拉克勒斯先不急著挑戰，而是對周圍環境進行了一番周密的勘察，摸清了九頭蛇的生活習性。

一天，赫拉克勒斯來到這個妖怪的洞外，拿出早就備好的弓箭，把箭頭點上火，朝著洞口射去。突然熊熊的大火出現在許德拉的巢穴裡，黑色的濃煙迅速瀰漫到洞口。沒多久，一個巨大的身影逃命似地竄了出來，嘴裡一邊發出淒厲的叫聲，一邊不停地噴發著毒氣，來到了一片開闊的地方，用尾巴支撐著地面，背上的鱗片閃爍著寒光，憤怒地怪叫著。這時，赫拉克勒斯從藏身的大樹後跳出來，上前踏住蛇的尾巴，揮起手裡的大棒，一下就敲碎了妖怪的一顆蛇頭。可是突然發生了蹊蹺的事：妖怪身上掉了一個腦袋的地方又出現了兩個同樣的新蛇頭，原來的九個腦袋突然就變成了十個，這噴著毒氣的十個蛇頭向赫拉克勒斯撲來，於是展開了一場人蛇大戰。

儘管身手矯健的赫拉克勒斯揮出的每一棒都能打掉一個蛇頭，但這個蛇怪的蛇頭卻越來越多，於是漸漸佔據了上風。這些扭動著的無數的頭把赫拉克勒斯團團圍住，要取他性命。

情勢越來越危急，這時伊俄拉俄斯舉著燃燒的火炬衝了過來，他用火去燒赫拉克勒斯砍掉蛇頭的地方，在火的威力下，蛇怪的腦袋生長速度慢了下來，情況開始好轉了。就在這時，一隻巨蟹跑來參戰，幫助許德拉。牠用巨鉗狠狠地咬住赫拉克勒斯的腳，試圖將他拖走。赫拉克勒斯怒不可遏地揮棒向牠的頭頂打去，巨蟹受不住這重重的一擊，立刻便翻身滾落在地上不省人事。

就這樣，許德拉的一個個腦袋接連落地，不久便斷氣了。可是此時最為棘手的事情是許德拉最中間那個無法殺死的腦袋。那顆頭不管赫拉克勒斯怎麼燒，怎麼砍，就是弄不死。赫拉克勒斯沒辦法，只能挖了個深洞，把這顆頭埋了進去，然後又和伊俄拉俄斯搬來一塊巨石壓住洞口，讓她沒有機會再作怪。接著，赫拉克勒斯又把蛇身劈作兩段，並把箭頭浸泡在有毒的蛇血裡。從此以後，中了他箭的敵人再也無藥可醫。

小知識 Tips

許德拉的幫兇——巨蟹，是天后赫拉派來幫助許德拉的，結果被赫拉克勒斯一棒打得粉碎。牠死後被赫拉帶上天成了巨蟹座。

9

拉冬

金蘋果的看守者

在眾神之王宙斯和赫拉結婚時，大地女神蓋亞送給祂們一棵枝繁葉茂的大樹，整棵樹上結滿了金蘋果。祂們派夜神的四個女兒，看守栽種這棵金蘋果樹的聖園。和她一起看守的還有百怪之父福耳庫斯和大地之女刻托所生的百頭巨龍拉冬。

百頭巨龍拉冬牠從來都不睡覺。當牠行走時，牠的百張嘴就會發出百種不同的聲音，會讓人覺得震耳欲聾。當赫拉克勒斯牽回巨人的牛群並交給歐律斯透斯後，他又給了赫拉克勒斯一個新任務，必須從巨龍那裡摘取赫斯珀里得斯的金蘋果。

於是，赫拉克勒斯又一次踏上了征途。

他毫無目的地向前走著，因為他不知道赫斯珀里得斯的住所，所以希望好運氣可以幫到他。

他首先來到了巨人特耳默羅斯居住的地方——帖撒利。這個巨人有一顆堅硬的頭顱，如果有過往的旅客被牠看見，牠就會追上去用頭將人頂死。當牠想要用同樣的方法頂死赫拉克勒斯的時候，卻喪命了，因為牠的腦袋被赫拉克勒斯的頭撞得粉碎。

赫拉克勒斯繼續向前行，在埃希杜羅斯河附近遇到了一個怪物庫克諾斯，牠是阿瑞斯和波瑞涅的兒子。

赫拉克勒斯向牠打聽赫斯珀里得斯的聖園的位置。牠不回答，卻向赫拉克勒斯挑戰，結果被生氣的赫拉克勒斯當場打死。當赫拉克勒斯要繼續趕路時，碰上急忙趕來的戰神阿瑞斯，祂要為死去的兒子報仇，於是赫拉克勒斯被迫迎戰。最後因為他們的父親宙斯不願看到他們任何一個流血，就用一道雷電把他們隔開了。

赫拉克勒斯又繼續趕路，他穿過伊利里亞，跨過埃利達努斯河，然後在埃利達努斯河的兩岸遇到一群山林水澤女神，她們是宙斯和特彌斯的女兒。

赫拉克勒斯向她們問路，女神們善意地接待他，還為他提供了美味的餐飯，讓他消除疲乏。「年老的河神涅柔斯。」女神們友善地回答，「是一位預言家，知道所有事情。但是你要趁祂睡覺的時候把祂捆起來，祂才會告訴你真相。」

這位河神有變化的本領，能夠變成各種模樣，但赫拉克勒斯在女神們的建議和引導下順利地制伏了河神。赫拉克勒斯直到問清了在哪裡可以找到金蘋果才放了祂。

依照河神的指示赫拉克勒斯來到埃及，這裡由國王波席列斯統治，他是戰神波塞冬和呂茜阿那薩的兒子。這裡已連續九年乾旱，而後得到賽普勒斯一個預言家殘酷神諭：必須每年將一個外鄉人獻祭給宙斯，才會緩解旱情。

殘忍的國王竟然把這個預言家殺死當作第一個祭品，並且對這個殘暴的祭禮有著濃厚的興趣，竟要把所有來這裡的外鄉人全部殺死。赫拉克勒斯也被捆綁起來，押到了祭供宙斯的聖壇前，但赫拉克勒斯力大無邊，他在聖壇前掙開了繩索，殺死了野蠻國王波席列斯父子。

赫拉克勒斯又繼續趕路，來到了高加索山上遇見被綁的普羅米修士，他解救了普羅米修士，並按照他的指引趕往阿特拉斯背負青天的所在地，栽種著金蘋果樹的聖園就在離這不遠的地方。

來到這裡，赫拉克勒斯依照普羅米修士的建議讓阿特拉斯替他取回金蘋果，他替阿特拉斯背負青天。阿特拉斯拉來到了聖園，誘使看守金蘋果的百頭巨龍拉冬沉沉睡著，並揮刀將牠砍死，然後用謊言騙過仙女們，摘走了三個金蘋果，興沖沖地來找赫拉克勒斯。他說：「我替你拿到了金蘋果，但是肩扛青天的任務實在是太重了，現在我終於嚐到了輕鬆的感覺，再也不想繼續扛下去了。」說完他就把金蘋果扔在扛著青天的赫拉克勒斯腳前。

赫拉克勒斯見他這樣的做法很生氣，可是又無奈肩扛著青天無法動彈，於是他想出了一個主意就對阿特拉斯說：「善良的人，你替我找到了金蘋果我很感激你，我答應替你扛著青天，但是你先替我再扛一會兒，我找塊軟墊來，不然這擔子太重了，我的腦袋都要壓炸裂了。」

阿特拉斯覺得這個要求也是合理的，因此又接過了擔子。赫拉克勒斯擺脫重擔後，立即從草地上拾起金蘋果後離開了。

小知識 Tips

宙斯成為天地的主宰時，下令懲罰對祂不敬的古老神祇巨人族。讓阿特拉斯背負青天，把普羅米修士綁在高山上讓禿鷹啄食他的肝臟。

10

雙頭犬 奧特休斯

雙頭犬奧特休斯是希臘神話中的怪物，牠是巨人革律翁的手下。和自己的兄弟地獄之犬刻耳柏洛斯一樣，尾巴是一條蛇。牠們都是提豐和怪物厄喀德那生下的怪物。

歐律斯透斯本來是希望赫拉克勒斯在征伐這個強大的國家時犧牲的，可是他的願望又一次落空了。赫拉克勒斯像往常一樣做好了準備，乘船出發，在利比亞登陸。

在利比亞，赫拉克勒斯遇見了大地女神蓋亞和海神波塞冬的兒子——安泰俄斯。安泰俄斯有無窮的力量，大家都不知道他怎麼會有那麼大的力氣。

為了用頭骨給他的父親波塞冬建立一座神廟，就強迫所有經過這片土地的人跟他比武，然後把他們殺掉。赫拉克勒斯也接到了同樣的挑戰，兩個人在打鬥中，聰明的赫拉克勒斯發現了一個祕密：安泰俄斯無窮的力量都來自於他的母親大地女神。於是赫拉克勒斯趁機將他高高舉在空中，然後掐死了他。

赫拉克勒斯設計把巨人打死以後，還殺死了許多其他的兇猛野獸，然後在沙漠地區經過長途旅行時，來到一個富饒的有流域地區。在這裡，他建立了一座稱作赫卡托姆皮洛斯的巨大的城市，意為百座城門。後來，他還經過了大西洋，在那裡他豎立了兩根石柱，就是有名的赫拉克勒斯石柱。因為這個地

赫拉克勒斯與雙頭犬。

方炎炎的烈日使人酷熱難忍，赫拉克勒斯便舉起弓箭，想把太陽神射下來。太陽神被他無畏的精神鎮住了，就借給他一個金缽為他夜間旅行所用。

赫拉克勒斯用金缽當船渡海到意卑利亞。這裡，革律翁的三個兄弟帶領著自己軍隊早就做好了迎戰的準備。但是衝上岸的赫拉克勒斯沒有和軍隊對陣，而是先把三個首領打倒在地，然後佔領了這裡。

隨後，他來到厄里茨阿島，革律翁和牠的牛群就在這裡。島上那隻雙頭犬發現了赫拉克勒斯，先是不停地朝著他狂吠，似乎在向赫拉克勒斯發出警告。雙頭犬見赫拉克勒斯面不改色地仍在前進，大概是沒想到自己無法嚇住這個狂妄的來者，就吠叫著撲了上來。赫拉克勒斯揮動木棒，一下子打在了惡犬的腰間，惡犬立刻癱倒在地，但是用力不夠狠，惡犬掙扎了幾下又返身衝了過來。

赫拉克勒斯這一棍沒能打死這惡犬，反而將牠激怒了。惡犬的兩個腦袋都張著血盆大口，尖銳的牙齒在嘴裡相互交錯的

赫拉克勒斯大戰革律翁。

排列著，似乎可以將世上所有的東西撕碎。赫拉克勒斯深吸一口氣，穩穩地站在那裡，等著惡犬撲身過來的時候又是狠狠的一棍，這一棍打在了惡犬的一個腦袋上，立刻血花四濺。惱羞成怒的惡犬咆哮著又一次撲了過來，赫拉克勒斯毫不含糊地又是一棍，惡犬終於癱倒在地，再也永遠不能起來了。

赫拉克勒斯打死了雙頭犬，然後他趕著一群紅牛離開，因為他還要回去向歐律斯透斯國王交差。

小知識

Tips

刻耳柏洛斯：厄喀德那和堤豐的後代，希臘神話中的地獄看門犬。牠長有三個頭（赫西奧德的《神譜》中記載有五十個頭，為了雕刻方便而減為三個），狗嘴滴著毒涎，下身長著一條龍尾，頭上和背上的毛全是盤纏著的條條毒蛇。

II

三頭六臂的巨人

華律翁

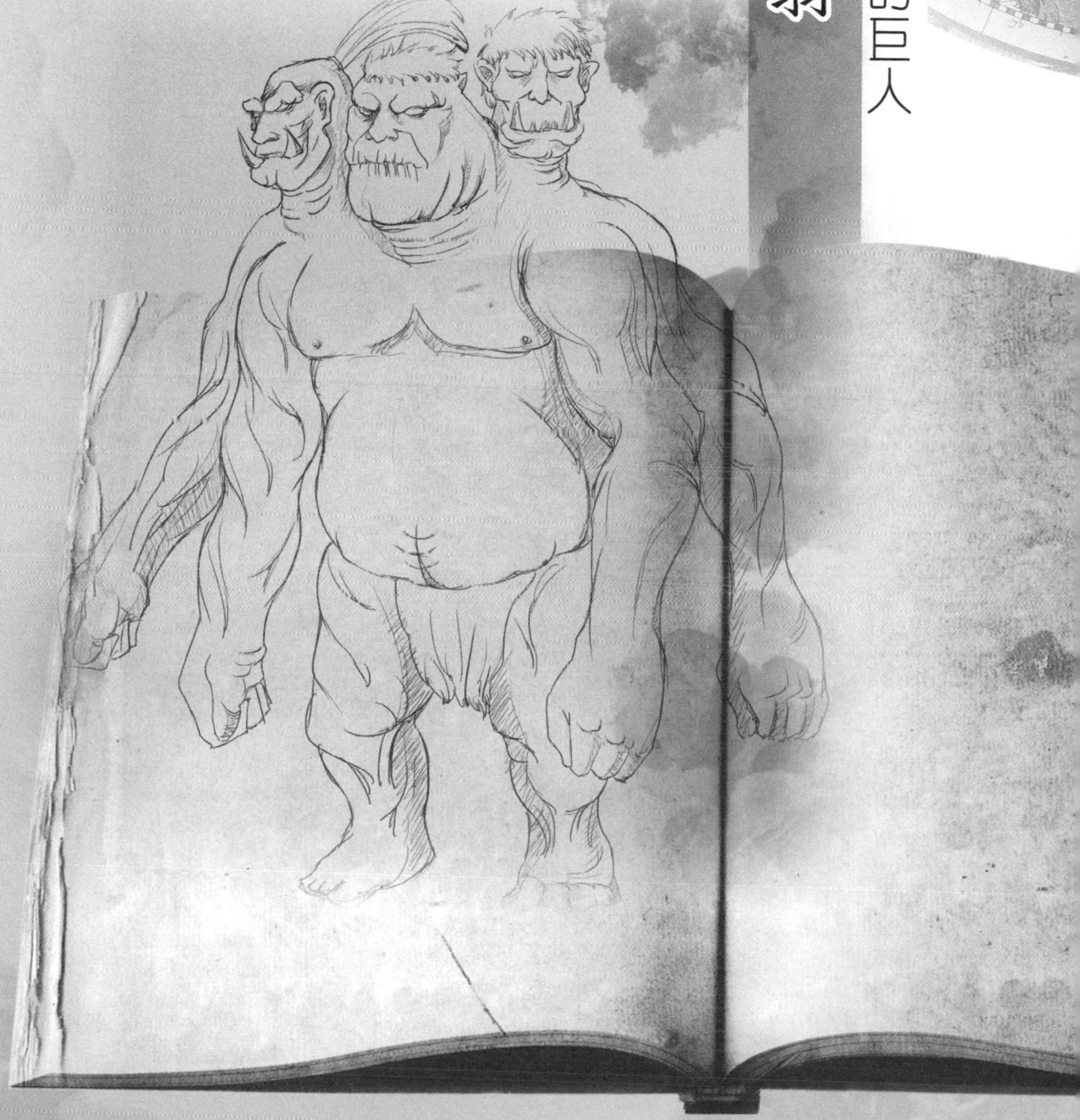

革律翁是個巨人，高大如山，長著三個身軀和三頭六臂，住在伽狄拉海灣厄里茨阿島，牠有一群牛，皮毛棕裡透紅，特別漂亮，這群牛由一隻雙頭犬和一個巨人看管著。赫拉克勒斯瞭解革律翁的情況：革律翁的父親是全意卑利亞的國王，也是世上有名的富翁，外號叫「黃金寶劍」。革律翁還有三個身體高大勇猛的兄弟，每個人都帶領著一支部隊。

赫拉克勒斯打死惡犬就急忙趕著牛群，離開了厄里茨阿島。可是，這群紅牛的主人革律翁在後面追了上來。赫拉克勒斯無奈又與革律翁進行了一場激戰。

革律翁力大無窮，赫拉克勒斯在與牠打鬥幾個回合之後，有點力不從心。赫拉克勒斯心裡想著自己不能硬拼，只能智取。於是取出自己的弓箭來準備射殺革律翁。這時天母赫拉也在天上觀戰，她看見赫拉克勒斯取出弓箭，就來幫助巨人革律翁。因為天后赫拉知道赫拉克勒斯的弓箭是在九頭蛇許德拉的血液中浸泡過的，上面有劇毒，而且無藥可解。但是赫拉克勒斯並沒有在一開始就拿出毒箭。他並不畏懼赫拉的幫忙，對著赫拉就不客氣地射了一箭，射中了她的胸部。赫拉大吃一驚，急忙逃走。

再說，赫拉克勒斯與巨人的戰鬥中，因為巨人有三頭六臂，所以一開始射出去的箭並不能發揮作用。箭一射出就被巨人革律翁逮住折斷或者反扔回來。赫拉克勒斯一時間有點慌亂。在稍微鎮靜之後，他發現巨人雖有三頭六臂，可是牠的腰間是沒有防護的，於是取出毒箭，瞄準牠三個身體連接的腹部就是一箭。巨人革律翁中了這致命的一箭倒地而死。

赫拉克勒斯趕著牛群在回去途中，又創立了許多英雄業績。後來他又經過義大利和意卑利亞，在義大利南部的勒奇翁姆時，一頭公牛逃跑泅渡海峽，到了西西里島。赫拉克勒斯便趕著其餘的公牛下了水，他抓著一隻牛的角，被牛帶著到了西西里，最後終於順利地穿過特拉刻、義大利和伊利里亞回到了希臘。

小知識

Tips

赫拉克勒斯的毒箭是在他殺死九頭蛇許德拉後，將他自己的箭頭泡在蛇血中，之後他的箭就變成天下最毒的毒箭了。

12

死亡和毀滅的象徵

斯廷法利斯湖怪鳥

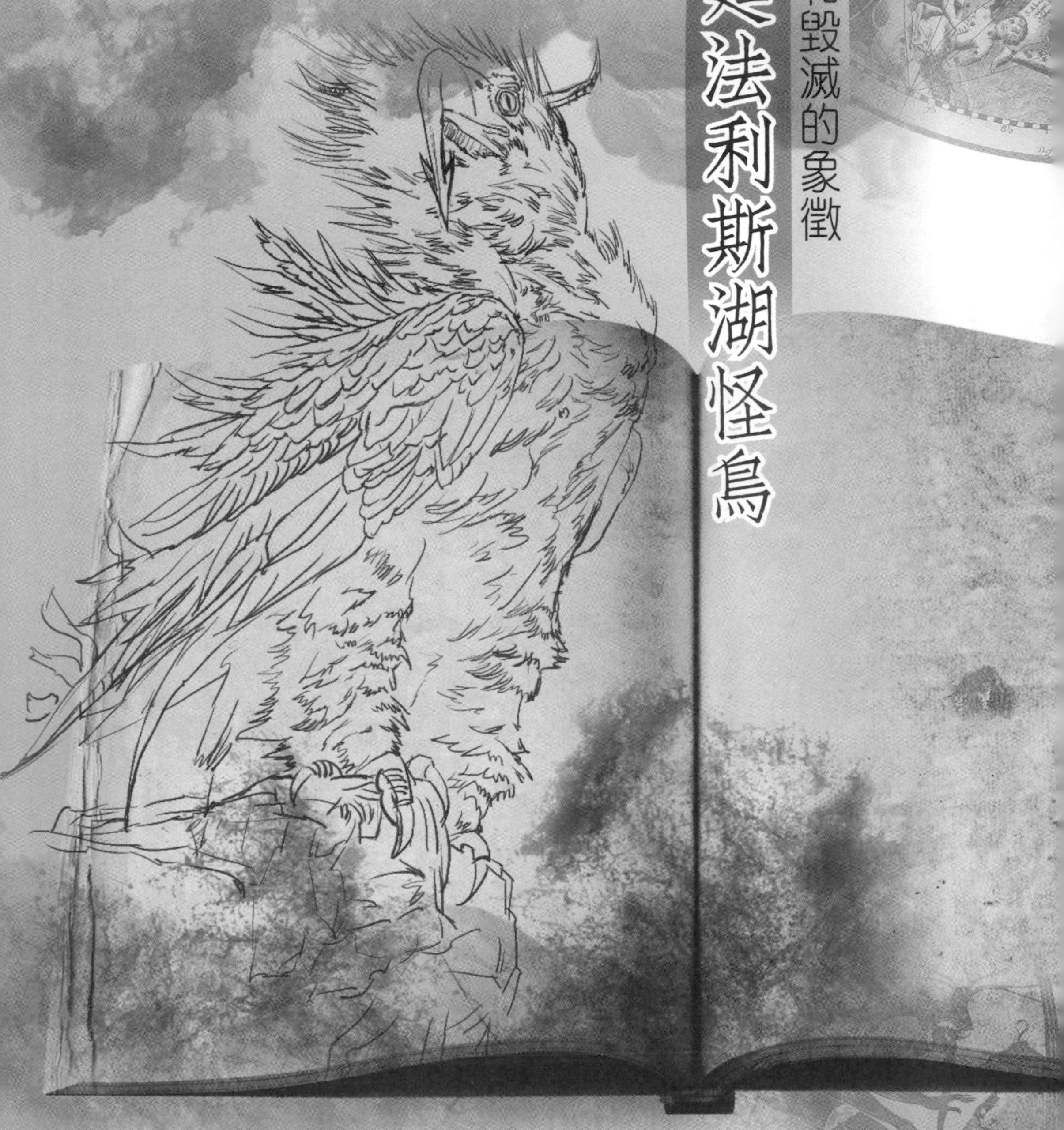

在希臘神話中，有一個怪物叫斯廷法利斯湖怪鳥，牠們代表著死亡和毀滅，因為牠們所到之處都會變得一片狼藉，毫無生氣，連牠們留下的糞便都含有劇毒，使土地變得寸草不生。這種怪鳥都以人為食。牠們長著銅質的翅膀、爪子和喙，羽毛銳利無比。當這些鳥把羽毛像箭一樣射出時，其威力足以將人殺死。總之這是一群十分厲害的怪物。雖然這些怪物兇悍無比，但還是逃不出英雄的手心，最後還是被大英雄赫拉克勒斯殺死。

赫拉克勒斯在替奧革阿斯國王清掃完牛棚時，要求牛群的十分之一做為回報，所以歐律斯透斯國王宣布這次任務因赫拉克勒斯要求報酬，不能算數。於是赫拉克勒斯又被派遣來完成這項任務，即趕走斯廷法羅斯湖的怪鳥。

這是一種巨大的猛禽，鐵翼，鐵嘴，鐵爪，十分厲害。牠們生活在阿耳卡狄亞的斯廷法羅斯湖畔，牠們抖落的羽毛會像飛箭射出，牠們的鐵嘴堅硬無比，足夠啄破青銅盾，牠們傷害了斯廷法羅斯湖畔無數的人畜。

赫拉克勒斯接受命令後動身前往斯廷法羅斯湖，很快，便來到四周是密林的湖畔。湖畔邊本該是鳥語花香、綠蔭重重的地方，這裡卻是一片淒然，放眼望去，枯樹斷木橫亙在黃黑色的焦土上，墨綠色的湖水隱隱透著一股寒氣，遠處還不時的傳來悽慘的叫聲，壓抑而詭異的氣氛不禁讓人感覺毛骨悚然。赫拉克勒斯身處這樣的環境中也不由得心生害怕。但赫拉克勒斯畢竟是大英雄，雖然感到害怕，但還是要比一般人沉著冷靜，他小心翼翼地在湖邊行走著，尋找斯廷法利斯湖怪鳥的蹤跡。

突然赫拉克勒斯聽見了一聲怪叫，循聲望去，他看見一群怪鳥像是受驚了一樣在不遠處的樹林中亂飛。當他看著這些怪鳥像機械一般的裝備，也不由得倒吸一口氣，心裡納悶道：「怎麼會生出如此怪異的東西？」

赫拉克勒斯看著這些怪鳥在空中飛來飛去，卻也無從下手。赫拉克勒斯只好先找尋到一個藏身處把自己藏好，他不想自己在沒想出辦法之前就被這些怪鳥吃掉，成為牠們的腹中餐。

就在赫拉克勒斯苦惱於自己無法制伏怪鳥的時候，感到有人在他的肩膀上輕輕地拍了一下，回頭一看，原來是雅典娜，她交給他兩面大銅鈸，那是赫淮斯托斯為她製造的，並耐心的教赫拉克勒斯怎樣使用銅鈸驅趕怪鳥。話一說完，就一下消失不見了。

於是，赫拉克勒斯心裡的害怕一消而散，信心滿滿地按照女神教他的，在湖旁尋找到一座小山，他爬上小山使自己站在高處，並使勁

雅典娜與赫爾墨斯。

敲起銅鈸，聲音傳到遠處來恐嚇怪鳥，這些鳥承受不了這刺耳的聲音，都倉皇地飛出樹林。赫拉克勒斯趁此機會，彎弓搭箭，連射幾箭，幾隻怪鳥應聲落地，其餘的也急忙飛走。牠們飛越大海，一直飛到阿瑞蒂亞島，從此再也沒有回來。

就這樣，赫拉克勒斯趕走了這些怪鳥，又立下了一次功勞。

小知識 Tips

怪鳥本身是戰神阿瑞斯的寵物，住在阿瑞提亞（阿瑞斯島）。阿耳戈船英雄在尋找金羊毛的途中曾路過阿瑞提亞，曾遭到怪鳥的攻擊。後來，怪鳥為了躲避狼群而遷徙到斯廷法利斯湖，給附近的居民帶來了嚴重的麻煩。

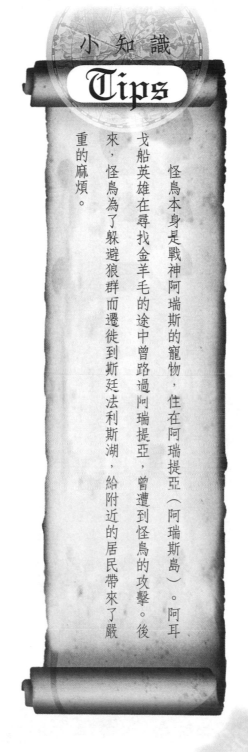

13

兇悍巨獸 尼密阿巨獅

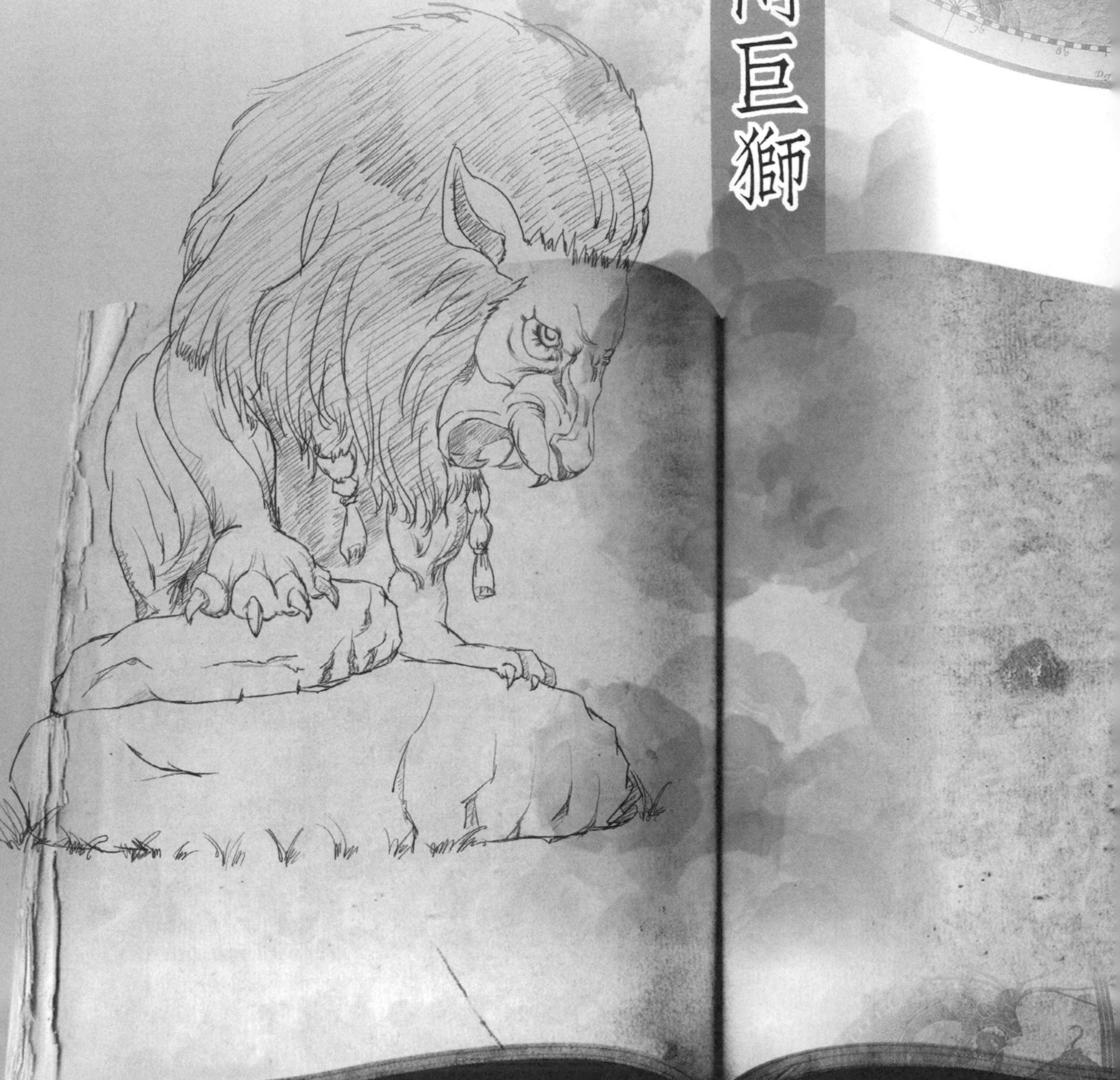

希臘神話中有一頭巨獸——尼密阿巨獅。這頭巨獅生活在尼密阿和克雷渥納中間地帶的大森林中，所以人們把牠叫尼密阿巨獅。據當地人說，這頭獅子是半人半蛇的女怪厄喀德那和巨人堤豐生下的孩子，也有人說牠無父無母，牠是從月亮上掉掉落到人間的。不管這隻怪獸的身世如何，總之牠的兇悍與可怕讓無數人都聞風喪膽，不敢靠近牠所居住的森林，而且人間的武器根本不能傷害牠。

有一位英雄，他接受國王的命令，前來挑戰這頭巨獸——剝下尼密阿巨獅的獸皮。這位英雄就是赫拉克勒斯。

赫拉克勒斯接到任務後，沒有任何耽擱的直接趕往克雷渥納。在這個地方，他結識了一位叫莫洛耳庫斯的人，並受到了他熱情的款待。當時莫洛耳庫斯正準備為宙斯獻祭而宰殺一頭牲口，赫拉克勒斯看到後就對這個人說：「如果你願意的話，就讓你的牲口再多活三十天吧！如果我能順利的完成任務，到時你就給大救星宙斯獻祭，如果我不能按時返回，你就給我獻祭吧！把我看成升入神祇的英雄。」

赫拉克勒斯離開這個人之後，就背著箭袋向尼密阿的大森林趕去。幾天之後他來到了這片大森林，他四處搜尋，打算在獅子發現他之前先發現這頭巨獅，打牠個出其不意。

但他找了很久也沒發現獅子的蹤影，就這樣找到傍晚時分，他發現這頭巨獅從一條林間小路慢慢地向森林深處走來。看起來，牠應該是剛剛飽食一頓，肚子鼓得圓圓的，頭部、鬣毛和胸前還有鮮血的痕跡，舌頭還伸出來左一下又一下的舔著唇上的鮮血，似乎是要準備回窩休息了。

赫拉克勒斯趕緊隱蔽在茂密的叢林裡，張開弓箭向巨獅瞄準，一開始他瞄準巨獅的腰部射出一箭，箭射得很準的直中巨獅的腰部，但出乎赫拉克勒斯意料的是這箭就像擊中石頭一般而被反射了出去。獅子被驚動了，抬頭四處張望，胸部正好暴露出來，赫拉克勒斯趁機射出第二支箭直刺牠的心臟。

然而，和第一支一樣，沒傷害到獅子任何部位就被反彈出去。赫拉克勒斯心裡有些著急，看來自己的箭根本傷不到獅子，於是準備下一箭射向獅子的眼睛，這需要極準的箭術，就在他向獅子眼睛瞄準時，獅子發現了赫拉克勒斯的身影。獅子怒視著赫拉克勒斯，那粗大的脖頸因憤怒而膨脹起來，瞪著佈滿殺氣的血紅大眼，弓起背，發出沉悶地吼聲迅猛地撲向赫拉克勒斯。

赫拉克勒斯見勢不好趕緊扔開箭，右手迅速拿起早就備好的木棒狠狠地朝巨獅的頭顱砸去，木棒恰好打中了牠的脖子，這頭巨獅竟被力大無比的赫拉克勒斯打倒在地，但牠隨即又翻身跳起撲向赫拉克勒斯，

赫拉克勒斯與巨獅搏鬥。

靈敏的赫拉克勒斯快速的躲開，獅子撲了個空後顫抖著四肢站起來，赫拉克勒斯趁牠還沒有站穩又衝了上去。他雙手抱緊獅子的脖頸，拼命地扼住獅子的喉嚨，巨獅扭動著龐大的身軀奮力掙扎反抗，赫拉克勒斯絲毫不放鬆，二者堅持了一陣，巨獅終於斷了氣。

赫拉克勒斯要完成任務還得把獅子皮剝下來，然而他用了他所有的鐵器來砍獅子的皮，卻連一道口子都劃不破。就當他坐在獅子的屍體旁想辦法時，獅子的利爪正好擺放在他的視線內，這讓他想出了一個好辦法，何不用牠自己的爪子來劃破牠自己的皮？就這樣，他才算順利地剝下獅皮。後來，他把這張獅皮為自己做成了一個頭盔和一身盔甲。現在，他把尼密阿巨獅皮披在身上，拿著收拾好的武器返回泰林斯。

小知識

Tips

尼密阿巨獅是巨人提豐和半人半蛇的女怪厄喀德那所生的兒子。牠的兄弟姐妹也都是兇悍無比的怪物，包括刻耳柏洛斯、巨龍拉冬、雙頭犬、許德拉等等。

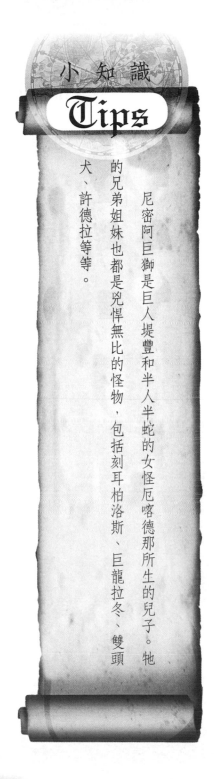

14 地獄看門犬 刻耳柏洛斯

在希臘的神話故事中，人死後要到冥界去就要先坐船渡過冥河，才可以到達冥界的大門口。一隻長得特別兇狠可怕的狗會守在門口，這隻狗長了三個腦袋，尾巴卻是條龍尾，脖子上纏繞著毒蛇，就連頭上和背上的毛也是一條條的毒蛇。牠吠叫的時候還會從嘴裡噴出毒液。這個怪物就是刻耳柏洛斯。

刻耳柏洛斯也是蛇身女怪厄喀德那與提豐的後代，牠就住在冥河的岸邊，看守著冥界的大門，每一個死去的靈魂都只能進不能出，也不能讓任何一個活人進出。牠不像一般的邪惡地獄生物會危害世界，而是恪守著自己的職位，使冥界制度井然有序。不過總有一些人會來挑戰，要來破壞正常的秩序，於是便有了許多關於刻耳柏洛斯的英雄故事，牠也自然而然地成了配角，成就了這些英雄。

下面就說說赫拉克勒斯把牠從冥界帶回到人間的故事。

歐律斯透斯的一個個陰謀都沒有成功，卻把更大的榮譽給了赫拉克勒斯。他完成的一次次冒險不僅成就了他的英雄名聲，還使許多人脫離了苦難，所以很多人都感激赫拉克勒斯。現在，狡詐的國王又提出了最後一個冒險任務，他要赫拉克勒斯去和這隻惡狗戰鬥，並要求把這隻看門狗帶給他看。任何英雄都不會接受這樣的挑戰，因為這根本就是死路一條。

赫拉克勒斯為這個可怕的冒險做了很多準備，他來到阿提喀的厄琉西斯城，找到這裡精通陰陽世界的祕密之道的祭司。祭司奧宇莫爾珀斯傳授祕訣使他獲得了不再懼怕恐怖的神祕力量。隨後，他來到有一個通往地獄入口的位於伯羅奔尼薩斯半島南端的特那隆城，亡靈引導神赫耳墨斯帶領他來到普路同王，即哈得斯的京城。

他們在城門前看到許多悲哀的陰魂在附近到處晃。陰魂畏懼有血肉的人，看到這兩個人就嚇得四處逃散。只有墨勒阿革洛斯和戈耳工怪物墨杜薩不怕他們。因為刀劍不能傷害死人的靈魂，所以當赫拉克勒斯要去揮劍砍殺戈耳工時，被赫耳墨斯攔住了。赫耳墨斯還和墨勒阿革洛斯的靈魂友好地交談，並答應回到陽間後，給它的姐姐達埃阿尼拉送去親切的問候。

快到哈得斯城門時，赫拉克勒斯的朋友庇里托俄斯和特修斯正在這裡，原來是特修斯拉著庇里托俄斯來地府向冥后珀耳塞福涅求愛。

普路同覺得這兩個人太狂妄了，就把他們鎖在了門外供他們休息的石頭上。他們向赫拉克勒斯求救，希望能重回陽間。赫拉克勒斯先把特修斯從鐐銬中救出來，然後去救庇里托俄斯，這時腳下卻突然開始很劇烈地震動起來，於是失敗了。

繼續往前，他們碰見了因為誹謗珀耳塞福涅、偷吃哈得斯的紅石榴而被她的母親墨特耳變成了貓頭鷹的阿斯卡拉福斯。這位愛女心切的母親因為女兒名譽受損，就遷怒於阿斯卡拉福斯，將一塊大石頭壓在他身上，赫拉克勒斯幫他搬開了石頭。後來，赫拉克勒斯又殺了冥界的牛，就是為了讓焦渴的靈魂喝到牛血，卻因為這得罪了牧牛人墨諾提俄斯，他提出挑戰要和赫拉克勒斯角力，結果被赫拉克勒斯攔腰

冥王普路同與地獄看門犬刻耳柏洛斯。

抱起捏斷了肋骨，要不是冥后珀耳塞福涅出面求情，他的命大概就得沒了。

在城門口，普路同攔下赫拉克勒斯，赫拉克勒斯一箭射到普路同的肩膀上，他痛得亂叫，才見識了來者的厲害，於是同意赫拉克勒斯要把惡狗刻耳柏洛斯帶出冥界的要求，但是不讓赫拉克勒斯使用武器。赫拉克勒斯答應後，只穿了胸甲，披著獅皮，就去捕捉惡犬。

來到冥河的岸邊，他看見了這隻惡犬，牠的三個腦袋仰著正在狂吠，狗叫的回聲雷鳴般刺耳。他一步上前把三個狗頭夾在雙腿之間，然後用手臂按住狗脖子，免得牠逃脫，那條毒蛇樣子的狗尾巴是活的，牠不停地進攻想要咬他。赫拉克勒斯就是鉗住狗脖子不放，終於制伏了這隻三頭狗，帶著牠離開冥界回到陽間，地獄惡犬刻耳柏洛斯被陽光一照，就吐出了毒涎，滴到地上，地上就長出了含有劇毒的烏頭草。刻耳柏洛斯被赫拉克勒斯用鐵鏈拴著，帶到歐律斯透斯面前。歐律斯透斯驚訝得幾乎不敢相信自己的眼睛，他終於相信宙斯的這個兒子是不可能除掉的。他只好聽憑命運的安排，又讓赫拉克勒斯把這隻惡狗送回地冥界，交給了普路同。

小知識 Tips

普路同，希臘神話中冥王哈得斯的別名，陰間的主宰。

15

巨人族

神族的挑戰者

國王歐律斯透斯想盡辦法為難赫拉克勒斯，赫拉克勒斯都能一次次的化險為夷，這都是因為諸神的幫助的。因此，赫拉克勒斯心生感激，一直想要找個報答諸神的機會。

不久，機會來了。

宙斯在打敗了以克洛諾斯為首的提坦神之後，以祂為代表的新神又和巨人族展開了曠日之久的征戰。這些巨人是從被閹割的烏拉諾斯所流出的鮮血中誕生的，一出生就穿戴著鮮亮的盔甲。他們的皮膚就像鱗片一樣覆蓋在身上，並留著長長的鬍鬚和頭髮。當他們衝破了地獄，在帖撒利的田野上冒出來的時候，星星變色，連阿波羅都調轉了太陽車的方向。

宙斯的祖母蓋亞對孫兒施予提坦神的懲罰感到十分憤怒，就鼓動巨人族向宙斯和奧林匹亞諸神宣戰：「孩子們，出發吧！光榮而艱鉅的任務正在等待著你們完成。為我，為往昔的神祇之子去報仇！」大地之母對他們說，「普羅米修士的肝臟正在被禿鷹啄食；提堤俄斯被宙斯用閃電擊倒躺在地上，他的肝臟也正在被兩隻大鵰啄食！阿特拉斯正在受罰肩扛蒼天；提坦巨人正在遭受折磨。阿耳克尤納宇斯，你應該去奪下宙斯的權杖和閃電！恩刻拉多斯，你要把波塞冬趕走，征服海洋！律杜斯去取代太陽神……」巨人們收到命令，士氣高漲地出發了。他們紛紛登上了帖撒利山，從那裡向天空發起突擊。

巨人族雖然作戰勇猛，但他們是可以被殺死的。並且有一則古老的預言啟示說，只要奧林匹亞眾神與人類結成聯盟，巨人族則必敗無疑。為了能使巨人族永生，蓋亞準備去尋找可以使巨人們長生不老的魔法藥草。但宙斯卻搶先一步，派人進入黑暗界找到了藥草，在雅典娜的幫助下將其銷毀，並且和祂與凡人結合所生的兒子赫拉克勒斯結成了聯盟。預言靈驗了，巨人族必敗無疑。雙方的決戰在弗萊格拉的大地上展開了，巨人阿西歐尼亞出生在這片大地上，只要他雙腳站在自己出生的土地上，就不會被殺死。赫拉克勒斯將阿西歐尼亞引離他的出生地並將其殺死，他的兄弟波爾費力翁想強姦赫拉來為自己的哥哥報仇，也被赫拉克勒斯用毒箭射中要害。第二代提坦神阿芙洛狄特利用她的美貌將一些巨人勾引到山洞中，用巨石把他們壓成了肉醬。在戰爭中，宙斯的另一個兒子狄俄尼索斯騎在一頭驢子的背上衝進了戰陣，驢子看到巨人們醜陋的樣子嚇得要死，不住地大叫起來。巨人們也從來沒有見過驢子，還以為是一種什麼妖怪，一個個驚叫著抱頭鼠竄。

整個戰場幾乎神怪不分，所有人都殺紅了眼，這些巨人不是被其他神祇消滅，就是被赫拉克勒斯用弓箭射死，要嘛就是被宙斯的雷電擊斃。

宙斯與赫拉的婚禮。

戰鬥結束，赫拉克勒斯的赫赫戰績受到諸神的稱讚。巨人族最終沒能戰勝宙斯。

小知識 Tips

宙斯推翻了古老的神祇族，成為宇宙的主宰，他要求人類敬重祂，並以此做為保護人類的條件。普羅米修士也出身於這個神祇族，他無私的保護著世間的第一批人類。他為了人類的利益，設計欺騙宙斯，卻被宙斯看穿。

宙斯為了懲罰普羅米修士，便讓禿鷹啄食普羅米修士的肝臟，剝奪了這個古老神祇受人類尊敬的權利。大地女神便是為了報此仇才鼓動另一批巨人來反對宙斯的。

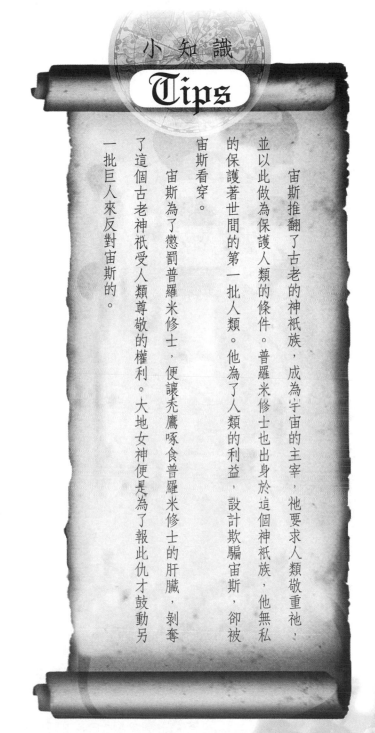

16 蛇髮女妖 梅杜莎

有一個叫阿克里西俄斯的國王，他有一個漂亮的女兒叫達那厄。在女兒長大到了該出嫁的年齡以後，他卻得到了一個很不幸的神諭，神諭說他將來會被自己的外孫殺死。怎麼辦呢？自己總不能殺死親生的女兒吧！他考慮了很久以後，決定把女兒關在一座銅塔裡，並且由一個年老的祭司來看管。可是神的意願是難以違背的，風流成性的宙斯化作金雨來到銅塔跟達那厄約會，並跟達那厄生下了一個兒子。

阿克里西俄斯國王知道了以後，下令把他們母子裝進一個大木箱，扔進海裡，以為這樣在海裡漂著，他們母子肯定會被鯊魚吃掉，自己也就沒有了後顧之憂。可是宙斯怎麼能眼看著自己的孩子遇難而不管呢？祂一直在暗中保護著這母子倆，一直把他們送到了一個叫做基克拉迪群島上。

島上住著兄弟倆——波呂得克特斯和狄克堤斯。狄克堤斯在海邊捕魚時看到一個木箱漂在水裡，就把它打撈了上來。當發現裡面的母子後，更帶他們回家休養。兄弟兩個聽達那厄訴說了自己的不幸，十分同情，就收留了母子二人。後來，達那厄成為了波呂得克特斯的妻子，他們一起精心地養育著珀耳修斯。

珀耳修斯長大成人後，他的繼父波呂得克特斯勸他外出去冒險，並希望他能夠建功立業。勇敢的小伙子聽從養父的建議，整理了簡單的行裝就上路了。在旅途中他聽說了女妖梅杜莎的惡行，決定要取下她的頭顱，為民除害。

珀耳修斯在諸神的引導下來到了眾怪之父福耳庫斯的住所，他在這裡遇到了福耳庫斯的三個女兒：格賴埃。她們天生就滿頭白髮，三個人只有一隻眼睛，必須輪流使用。珀耳修斯設計謀奪了她們這必不可少的眼睛，在她們要求歸還時，他提出一個條件：「只要妳們告訴我去女神雅典娜住所的道路，我就將眼睛歸還。」

珀耳修斯尋找的雅典娜不僅會魔法，還有三樣寶物：一雙飛鞋，一個神袋，一頂狗皮盔。這些寶物可以使任何人隨心所欲地飛翔，看到想要看到的人，而對方卻不能看見他。福耳庫斯的女兒們不得已下，只好給珀耳修斯指路，才拿回了自己的眼睛。

珀耳修斯很順利地找到了雅典娜，並且得到了三件寶貝。此外，赫耳墨斯還送給他一副青銅盾。他戴上狗皮盔，背上神袋，又穿好飛鞋，用這些神物把自己裝扮好，就向大海對面飛了過去。福耳庫斯的另外三個女兒——戈耳工就住在那裡。三個女兒中，只有小女兒梅杜莎是凡胎，珀耳修斯就是來取她的腦袋的。

珀耳修斯到達時，發現這幾個女妖正在睡覺。這些女妖頭皮被鱗甲覆蓋著，沒有頭髮，還有一條條毒蛇盤在頭上，牙齒像公豬的獠牙，手是鐵手，背上還有金翅膀，只要是人看到她們，就會立即變成石頭。珀耳修斯也知道這個祕密，他想了一個辦法，背過臉，用光亮的盾牌做鏡子，認出了哪個是梅杜莎，並且在雅典娜的幫助下割下了女妖的頭。在頭顱被割掉的一剎那，有兩個怪物從女妖身軀裡跳了出來，

希臘神話中的蛇妖梅杜莎。

一個是擁有雙翼的飛馬——珀伽索斯，另一個是巨人克律薩俄耳，他們都是波塞冬的後代。

珀耳修斯小心翼翼地把梅杜莎的腦袋塞進背上的神袋，離開了那裡。這時，梅杜莎的姐姐們發現妹妹被殺了，立即展開翅膀，追趕兇手。珀耳修斯在狗皮盔的幫助下，躲過了跟蹤和追捕。不走運的是，他在空中遇到了狂風，不得已回到地面。當他經過利比亞沙漠時，梅杜莎腦袋上的鮮血滴落在地上變成了各種顏色的毒蛇，從此世界上許多地方就有了危險的蛇類。

小知識

Tips

據說，梅杜莎原本是一位美麗卻傲慢的少女，為海神波塞冬所愛。因為得罪了雅典娜，被施予魔法，一頭秀髮變成了無數毒蛇，美女因此成了妖怪。

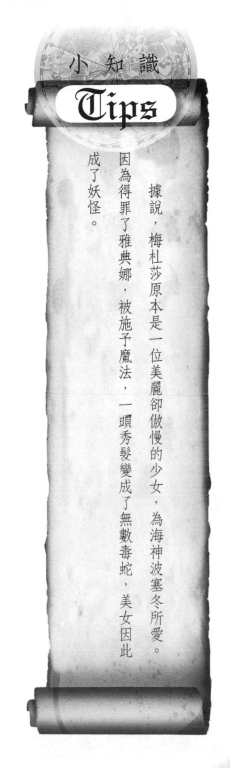

17 希臘海妖 賽特斯

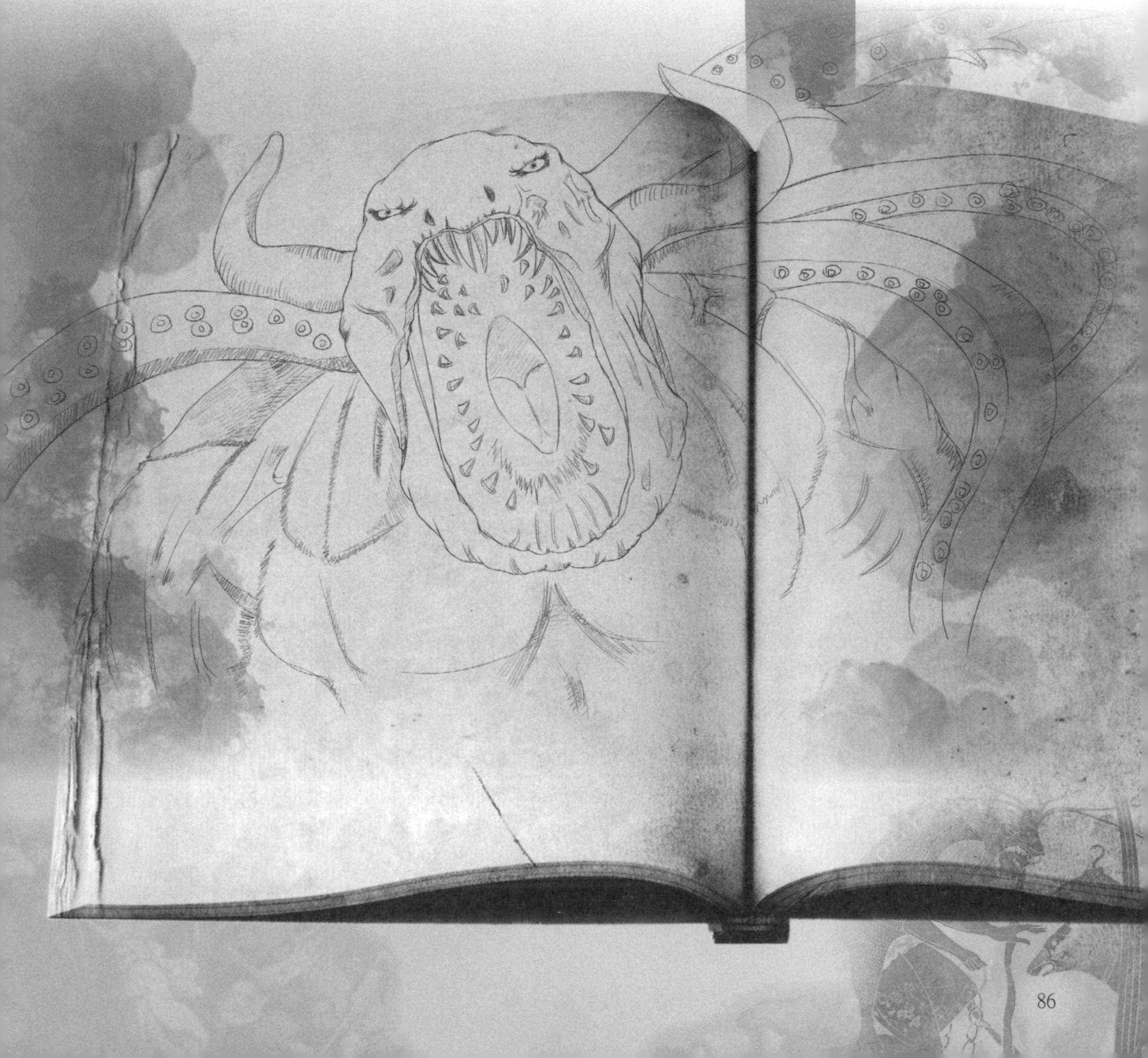

在遙遠的古希臘神話中，有一個國家叫做埃塞俄比亞，這裡的國王刻甫斯勤政愛民，全國人民都愛戴他。他有一個美麗賢淑的妻子叫卡茜歐，給他生了一個更加漂亮的女兒，叫安德洛墨達，他們一家過著幸福安樂的生活。

卡茜歐特別喜愛自己的孩子，她覺得自己的女兒是世界上最漂亮的。

有一次，全家歡聚，卡茜歐看著倚在自己身邊的女兒對國王說：「我覺得安德洛墨達比海神涅柔斯的女兒海洋仙女們長得還漂亮。」這句話傳到仙女們耳中，她們十分生氣，五十個姐妹在憤怒之下，請求海神波塞冬引來海水淹了整個國王，同時宣布只有將安德洛墨達丟給海妖賽特斯餵食，王國才能得救。國王無奈之下只好將自己的女兒綁在賽特斯出沒的海域旁的岩石上。

海妖賽特斯是冥王哈得斯用自己的血液創造出來的怪物，擁有強大的力量，而且任何男人都不能將牠殺死。哈得斯稱牠為自己的兒子，打算用牠來推翻神界，取代宙斯成為神之主宰，牠有狗的頭，章魚似的爪子，身體巨大，破壞力極強。

珀耳修斯的出現改變了海妖賽特斯和公主安德洛墨達的命運。

珀耳修斯冒險砍掉梅杜莎的頭顱，返程途中看見了被捆綁在大海之中高聳岩石上的安德洛墨達。他

綁在懸崖上的安德洛墨達被英雄珀耳修斯解救。

並不知道這位美麗的姑娘是誰，只是看著她孤零零的身影，被海風吹亂的頭髮和滿臉的淚水，不由得動了惻隱之心，便停下腳步跟她打起招呼來。「妳為什麼會被捆綁在這裡？妳叫什麼名字？是哪裡人？」

安德洛墨達因為不認識眼前這位殷勤而俊朗的男子，只是害羞地看了他一眼便低下了頭，一句話也不說。珀耳修斯著急地看著這個讓人憐愛的美人不知道怎麼辦才好。安德洛墨達可能是感覺到對方的善意，才慢慢地抬起頭疑惑地看著他，好像是在說：「你是誰？你怎麼會出現在這裡？」

珀耳修斯看出了她的疑惑就告訴她自己是出來冒險，想要成就一番偉業的王室後代。安德洛墨達半信半疑地看了他半天，才放心下來告訴他：「我叫安德洛墨達。」隨後又告訴了他自己遭遇的不幸。姑娘話音剛落，海面上突然掀起了巨浪，一個妖怪從海水中冒了出來，寬寬的胸膛蓋住了整個水面。姑娘被嚇得渾身發抖，

她的父母親站在岸邊，看到自己的女兒就要被妖怪吞噬了，便萬分絕望地哭喊不止。

珀耳修斯一系列英雄事蹟。

看到此景，珀耳修斯對他們說：「我是眾神之王宙斯的兒子叫珀耳修斯，如果你們願意把女兒嫁給我，我會前去搭救她。你們同意嗎？」安德洛墨達的父母一聽高興地連連點頭，不僅答應把女兒許配給他，還要把王國送給他做為女兒的嫁妝。

交談中，妖怪已經越來越近了。珀耳修斯於是騰空而起，妖怪便朝著珀耳修斯投在海上的身影追去。此時的珀耳修斯就像一隻矯健的雄鷹從空中猛撲下來，手中的利劍狠狠地刺進妖怪的背部。受傷的妖怪瘋狂地反抗著，追咬著珀耳修斯。一會兒鑽入海底一會兒又衝向天空。

珀耳修斯的利劍不停地朝牠身上刺去，卻無濟於事。後來，珀耳修斯拿著蛇髮女妖梅杜莎的頭顱站在妖怪的面前，用那雙可以將任何男性變成石頭的眼睛把牠變成了石頭。

妖怪終於被殺死了。珀耳修斯飛到岩石上解開姑娘的鎖鏈，把她送到父母的身邊。

小知識 Tips

賽特斯是用哈得斯的血液創造出來的，所以屬於雄性，而梅杜莎可以將男人變成石頭，而且是個女妖，所以可以將賽特斯殺死，這個大概也是唯一的方法。

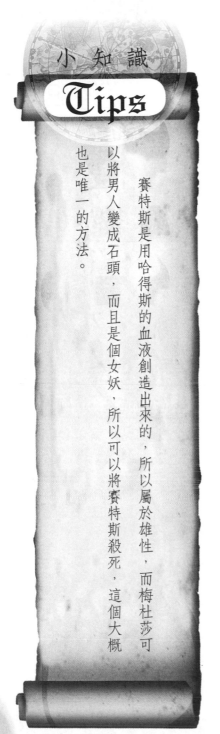

18 獨眼巨人 波呂斐摩斯

奧德修斯在海上漂流的時候，有一次他和隨從們無意間來到了野蠻高大的庫克羅普斯人居住的地方。這個地方物產豐盛，富饒美麗，雖然無人耕作，無人放牧，卻牛羊成群，還有大串大串的葡萄掛在枝頭，奧德修斯不禁對這個地方充滿了好奇。

他挑選了十二名最勇敢的朋友和他同行，他們帶著一些美酒和精美的食物，做為給島上人的見面禮。一行人上了岸，看到高聳的山峰，周圍長滿桂樹，樹下是成群的綿羊和山羊，巨大的石塊砌成圍牆，牆外是松樹和櫟樹構成的高大的圍籬。這裡住著一個身材高大的巨人，他在遠處的牧場上放牧，孤獨一人，跟鄰人毫無往來。

奧德修斯和他的同伴來到山洞時，巨人在牧場上放牧還沒有回家。他們走進山洞，看到裡面令人驚訝的陳設：地上放著一籃籃大塊的乳酪餅，還有水罐和擠奶桶，綿羊和山羊擠滿了羊圈。奧德修斯一心想看看山洞裡住的是什麼人，就和同伴點起一堆火，先供奉了神祇，又吃了一點乳酪，等待著巨人回來。

巨人終於回來了，發現擠在山洞角落裡的人們，立刻用巨石封堵了洞口。奧德修斯也第一次清楚地看到這個高大的巨人，他像所有的庫克羅普斯人一樣，只有一隻閃閃發光的眼睛，長在額間。他的兩條大腿猶如千年橡樹，雙臂和雙手粗壯有力，可以把岩石當作皮球玩。

「外鄉人，你們是誰？」巨人粗暴地問道，聲音如響雷。一群人被問得膽顫心驚，最後，奧德修斯壯起膽子，回答說：「我們是希臘人，剛從特洛伊戰場上回來。我們在海上迷了路，到這裡來請求你的幫助和保護。」

巨人發出一陣可怕的笑聲，說道：「外鄉人，你是一個傻瓜，根本不知道在跟誰講話！現在告訴我，你們的船在哪裡？」

奧德修斯沒有說實話：「好朋友，我的船被海神波塞冬吹到山岩上摔得粉碎，我和這十二個人好不容易才逃出來！」巨人聽了以後一聲不響，伸出大手，抓起奧德修斯的兩個同伴，像扔兩隻小狗似地把他們摔在地上。兩人頓時腦漿迸裂，血肉模糊地躺在地上。巨人將他們撕開，如同山中的餓獅一樣吞食他的獵物。他不僅食人肉，而且把內臟、骨髓，連同骨頭都吃光了。

奧德修斯和其他的同伴悲痛難忍，高舉雙手向宙斯祈禱，控訴巨人的罪惡。

巨人吃飽了，又喝了羊奶解渴，然後躺在山洞的地上睡了。奧德修斯看著熟睡的巨人，心想不能就這樣殺了他，否則他和同伴們會被困死在這個洞裡，因為洞口的巨石他們無法推開。

奧德修斯只能聽憑巨人酣睡，在恐懼中坐等天明。

第二天早晨，這個巨人起身點上火，又像昨晚一樣吃掉了奧德修斯的兩個同伴。吃完後，巨人搬開洞口的巨石，把羊群趕出山洞，自己也走出去，

然後又用石頭塞住洞口。奧德修斯聽到他揮著響鞭，吆喝著羊群走開了，便和同伴們惶恐地留在山洞裡，默默地等待著下一次是不是會輪到自己被吃掉。

奧德修斯在恐懼中苦思半天，終於想出了一個可行的辦法。在羊圈裡有一根巨人使用的桅竿一樣巨大的木棒。奧德修斯和同伴們將牠削了一根六尺長的竿子，將它磨滑，然後將竿子的一端削尖，放在火

上烤乾，使它變得十分堅硬，最後小心地把它藏在山洞中的糞堆裡，默默地等待著黑夜的降臨。

晚上，可怕的巨人又趕著羊群回來了。一切都像昨晚一樣，當他抓走了兩個同伴正在吞食時，奧德修斯解開盛酒的皮袋，把濃濃的美酒倒進木桶，送到巨人面前，說：「請喝吧！吃人肉喝這樣的酒真是再好不過了。這本來就是帶給你的禮物，沒想到卻以這樣的方式送給你了。」巨人接過木桶，一句話也不說便將桶裡的酒一飲而盡。可以看得出酒的芬芳和濃烈使他感到心滿意足。

他第一次用友好的口氣說道：「外鄉人，我叫波呂斐摩斯，再給我喝一桶，然後將你的名字告訴我，我以後也送你一件滿意的禮物。」

奧德修斯連續給他倒了三桶，他也連續喝了三桶，趁他酒興發作，神志迷糊時，奧德修斯靈機一動，對他說：「巨人，你想知道我的名字嗎？我叫『無人』，大家都叫我『無人』。」

庫克羅普斯人說：「好的，你應該得到回報！無人，我將在最後一個吃你。你對這份贈禮感到滿意嗎？」說完這句話他便倒在地上，粗壯的脖子歪在一邊，呼呼地打起鼾來。

奧德修斯飛快把尖竿放進火堆裡，當它點著時，奧德修斯在同伴的幫助下狠命地把它戳進巨人的眼睛裡。他們轉動著木竿，就像木匠在木頭上鑽孔一樣。巨人的睫毛和眉毛都已燒焦，發出吱吱的聲音。他痛得大聲吼叫，聲音響徹山洞，格外恐怖。

巨人將木竿從眼睛裡拔出來，把它丟得遠遠的，眼裡鮮血直流。他狂怒得像發了瘋似的，尖聲叫喊起來，呼喚其他的庫克羅普斯人。他的那些住在山上的本族兄弟急忙跑來，圍著山洞，詢問他發生了什麼事。

巨人在山洞裡大聲說：「兄弟們，無人刺殺我！無人騙了我！」外面的庫克羅普斯人聽到他的回答，便說：「既然無人傷害你，你在這裡叫什麼？你莫非發了瘋嗎？這種病我們庫克羅普斯人是不會醫治的。」說完，他們一哄而散。

這個瞎了眼的庫克羅普斯人痛苦地呻吟著，摸索著來到洞口，搬開門口的巨石，自己坐在洞口，伸出一隻手，不斷地摸索著，想抓住趁機和羊群一起逃出去的人。奧德修斯看到周圍都是毛皮特別厚實的肥羊，就悄悄地用柳條將牠們每三隻捆在一起。在中間一隻公羊的肚子下帶他們中的一個人，旁邊的兩隻正好可以做掩護。奧德修斯選了那隻最大隻的羊，抓住羊背，騎上去，然後慢慢地轉到牠的肚子下，緊緊貼住。他們就這樣貼在羊身下，等著天亮。

天終於亮了，公羊先跑出洞外到牧場吃草。奧德修斯他們順利地逃出了山洞，並把羊群趕到了自己的船上。等他們都上了船，在海上航行了一段距離，奧德修斯才朝趕著羊群，爬上山坡的巨人嘲弄般地呼喊：「喂，波呂斐摩斯，你的對手並非等閒之輩，聽著，庫克羅普斯人，如果有人問你，是誰戳瞎了你的眼睛，你最好能給他們一個正確的回答，不要像上次那樣回答！告訴他們：你的眼睛是征服特洛伊城的英雄，拉厄耳特斯的兒子，伊塔刻的奧德修斯戳瞎的！」

巨人聽到這話，憤怒地吼道：「古老的預言現在應驗了！多年前歐律摩斯的兒子，預言家特勒摩斯說，我的眼睛將會被奧德修斯戳瞎。我一直以為他是一個高大的傢伙，跟我一樣是巨人，而且力大無

獨眼巨人。

窮，勇於跟我單獨決鬥。想不到他竟是這麼一個弱小的人，他用酒把我灌醉，趁我熟睡時，把我的眼睛戳瞎！」

在巨人的悲痛聲中，奧德修斯和同伴們高興地坐在一起，飲酒食肉，直到太陽落進大海，才沉沉睡去。

第二天，太陽升起時，他們繼續揚帆起航，向故鄉行駛而去。

小知識 Tips

獨目巨人波呂斐摩斯是海神波塞冬和海仙女托俄薩之子，奧德修斯刺瞎了他的眼睛也因此得罪了海神波塞冬，回鄉的途中屢遭波塞冬的阻撓，歷盡各種艱辛、危難。

19 塞壬

人面鳥身的海妖

女妖塞壬三姐妹是河神埃克羅厄斯的女兒，她們是從父親的血液中誕生的，有著美麗的面孔和鷹的羽翼。她們擁有動人的歌喉，那天籟般的嗓音可以和神使赫耳墨斯的牧笛相媲美。塞壬三姐妹因為與繆斯比賽音樂落敗而被拔去了雙翅，只好在海岸附近遊弋，有時會變幻為美人魚，用婉轉的歌聲來引誘過往的水手，聽到歌聲的人往往會失魂落魄，最終落得船毀人亡。

塞壬三姐妹居住的小島位於墨西拿海峽附近，並與海妖斯基拉和卡呂布狄斯為鄰。也正是如此，那一帶海域屍骨成堆，顯得陰森恐怖。

不久，奧德修斯和他的水手夥伴們漂流到了這片屬於塞壬的海域。當奧德修斯還在艾尤島的時候，女巫喀耳刻就警告他說：「奧德修斯，當你經過塞壬居住的海島時，一定要告訴你的夥伴，用蠟將耳朵塞起來，千萬不能聽到她們的歌聲。如果你想聽一聽塞壬的歌聲，就讓你的夥伴們先把你的手腳捆住，綁在桅竿上。你越是請求他們將你放下，他們就得把你捆得越緊。」

大船已經在海面上航行兩天兩夜。在第三天黃昏的時候，深藍的海面上突然泛起了綠色的泡沫，片刻之間，海水變得陰森碧綠。船上的眾人感到非常驚恐，彷彿已經看到了那些受害者的靈魂伴隨著即將來臨的風暴在空中舞蹈，並訴說著無邊的苦海和美妙的歌聲。水手們都被這種恐怖的氣氛壓抑得全身顫慄，紛紛向奧德修斯求助說：「偉大的奧德修斯啊，請用你神一般的智慧和無所不能的勇氣，帶領我們離開這片陰森恐怖的不歸之海吧！」

奧德修斯抬手眺望了一下遠處隱約可見的塞壬島，並用力握了一下拳頭，試圖驅除心頭那一閃而過的悸動。

「無論如何也要闖過這個可怕的魔鬼之島！」想到此，奧德修斯立刻命令舵手將船停住，並按照喀耳刻的囑咐，親手割下一塊蜜蠟，將它塞住了所有夥伴的耳朵。

輪到他自己的時候，他卻在心中不住地自問：「是塞住耳朵，避免誘惑，還是綁住自己，聆聽魔歌呢？」

這個像神一樣偉大的人略微遲疑了一下，最終還是決定聽一聽塞王女妖的歌聲。

於是，他打了個手勢，讓手下的人用繩索將自己綁在了航船中間的桅竿上。

航船繼續前行，在到達塞王島的時候，海面上突然飄來了悠揚的旋律。

那歌聲穿透奧德修斯耳鼓直抵他的心靈，令他異常地陶醉和神往。

聽著聽著，奧德修斯感覺自己此刻置身於雲朵之上，並且看到了自己的故國家鄉。他美麗的妻子正在寢宮中撫摸著自己戰袍上的

奧德修斯聆聽魔歌。

圖案，眼裡滿是思念的淚水。愛子站在身邊，大聲地喊著爸爸。他正想上前擁抱自己的妻兒，卻發現自己竟被繩子綁住了。

奧德修斯向手下大聲叫喊，命令他們給自己鬆綁，可是這些人像聾子一樣，只顧著拼命地搖櫓。這時，他看見自己的妻子遭到了強盜的凌辱，兒子也被趕出了宮殿，流落街頭。見此情形，奧德修斯眼睛都紅了，真想抽出寶劍，將那些作惡的人剁成肉泥。可是，他的身上綁著拇指粗的繩子，根本無法動彈。他拼命地掙扎，並不停地做手勢，請求將自己放下桅竿。沒想到，他的夥伴們不但不給他鬆綁，反而越捆越緊，並且還加了一道繩子。奧德修斯越發憤怒，他大罵手下的人忘恩負義，罵著罵著便昏了過去。過了許久，他迷迷糊糊醒來，突然產生了一股抑制不住的慾望，想奔到島上與美麗的塞壬在一起。可是，無論他如何請求、咒罵、做手勢、掙扎，他的夥伴們都無動於衷，仍然不顧一切奮力地搖槳前行。

終於，塞壬的歌聲越來越遠，直到湮滅在廣闊的天際。這時，夥伴們才給奧德修斯鬆綁，並取出耳朵中的蜜蠟團。

小知識 Tips

在其他記載中，塞壬是冥王所劫的冥后珀爾塞福涅的女友，因未能盡到保護珀爾塞福涅的職責，被罰變為怪形，為亡魂向冥界引路。

20 女海妖 斯庫拉

斯庫拉原本是一位水仙女，本來擁有美麗的容顏和姣好的身體，卻因為被凡人愛上而變成了妖怪。一天，斯庫拉正在水邊漫步，被路過的漁夫格勞科斯深深地愛上了。斯庫拉沒有接受他的求愛，並且還有意躲避著他。於是格勞科斯便向女巫師喀耳刻講述了自己辛苦的愛戀，並請求幫助。喀耳刻卻因為這個美麗的愛情故事愛上了這位漁夫。格勞科斯沒有接受，喀耳刻便因愛生恨，把怨恨都歸結到斯庫拉身上。她在斯庫拉的洗澡水中投下毒藥，使她變成恐怖的六頭十二足妖獸模樣。

變成妖怪的斯庫拉看著自己的模樣，不禁悲痛欲絕。最後在悲傷中失去了人性，變成了名副其實的妖怪。她的身體有六個頭十二隻腳，並且有貓的尾巴。

她守護在墨西拿海峽的一側，海峽的另一側是卡律布狄斯的漩渦。船隻經過這裡時只能選擇其中一側。而船隻經過她的領地時，她便要吃掉船上的六名船員。

當奧德修斯的船隻經過她的領地時，斯庫拉也就成了他們最大的威脅。

奧德修斯逃過塞壬的海灣後繼續向前。不久，他們來到了一個水花迸濺、波濤洶湧的海域。這就是卡律布狄斯大漩渦。船慢慢地靠近了卡律布狄斯大漩渦，船上的人看見這漩渦就像是一鍋煮沸的水，翻騰的波浪，激起漫天雪白的水花。

潮水互相撞擊的聲音猶如天雷，驚天動地。看著這險惡的水流，奧德修斯一行人嚇得差點掉在水裡被波浪捲沒。

船不得不停了下來，他們要商量一下如何通過這個險惡的地方。最終，他們商定從海峽的另一側走，儘管這邊有吃人的海妖，但總比大家一起葬身漩渦強。奧德修斯走到船頭，給大家鼓氣：「朋友們，主神宙斯一定會憐惜我們的，我們要鼓起勇氣，不要慌亂。現在聽我的吩咐，都請坐在原位抓緊槳，我們快速向前，盡量不要給海妖機會。掌舵的朋友，請拿出你的本領來，我們大家都由你帶領！」

船隻在大家的奮力划動下全速前進。奧德修斯則站在船頭，身穿鎧甲，手持長矛，小心地注視著水面，隨時準備給冒出水面的海妖迎頭痛擊。

他們的船正在逼近隘口。奧德修斯突然想起喀耳刻向他描述過的斯庫拉的模樣：十二隻不規則的腳長在海妖的下身，腰上有六個蛇一樣的脖子，每個脖子上各有一顆可怕的腦袋，血盆一樣的大口中長著三排毒牙，隨時準備把獵物咬碎。她還說斯庫拉是不可戰勝的，遇到就只能避開。斯庫拉可怕的叫聲如同狗吠，會一直飄到很遠的地方。還從來沒有一艘船經過這裡時不被她抓去幾個水手的。

奧德修斯正想著這怪物的模樣，海怪斯庫拉突然就出現在他們面前，她一口就叼去了奧德修斯的六個同伴。奧德修斯看見他們在妖怪的牙齒中間扭動著雙手和雙腳，掙扎了一會兒便被嚼碎，成了血肉模糊的一團。他看著這殘忍血腥的場景不禁流下了熱淚，為了讓其他人避免受傷害，強忍悲傷引導著大家快速逃離了這個可怕的地方。

在以後跟兒子團聚的日子裡，奧德修斯不只一次地默默懷念這些犧牲的朋友。

小知識 Tips

斯庫拉是海神福耳庫斯的眾多子女之一，她的兄弟姐妹中著名的包括：金蘋果園的看守仙女赫斯珀里得斯姐妹、美杜莎三姐妹、獨眼巨人波呂斐摩斯的母親海仙女，以及共用一隻眼睛的格賴埃三姐妹。

21

潘朵拉

貌美毒婦

天地被創造出來以後，普羅米修士創造了人類。他關心人類的一切活動和生活細節。他把觀察日月星辰的升起和降落的方式交給人類；為了讓他們懂得計算和用文字交換思想，給他們發明了數字和文字；他為了減輕人類勞動的壓力，還教他們駕馭牲口，使馬成為他們的坐騎或替他們拉車；為了防治各種疾病，他教會人類調製藥劑……他教會了人類一切生活需要的技能，使他們的生活越來越舒適。

宙斯看到這些生活幸福的新生人類，要求人類敬重祂，並以此做為保護人類的條件。普羅米修士為了保護人類的利益，設了騙局想要騙過宙斯，結果被宙斯識破，於是生氣的宙斯決定報復普羅米修士。

祂拒絕向人類提供生活必需的最後一樣東西：火。可是機敏的普羅米修士，馬上想出了解決的辦法。他扛著一根又粗又長的茴香稈，走近馳來的太陽車，茴香稈伸到它的火焰裡便被點燃，閃爍的火種被帶回到地上，很快第一堆木柴燃燒起來。宙斯見人間升起了火焰，大發雷霆，祂知道第一個計畫失敗了，於是又想出新的方法來懲罰人類。

火神赫淮斯托斯的手藝做很好，宙斯就命令祂造了一尊美女石像。雅典娜因為越來越嫉妒普羅米修士，也參與了進來，她把閃亮的白衣裳親自給石像披上，蒙上了面紗，頭上戴上了花環，束上了金髮帶。

眾神的使者赫耳墨斯給這嫵媚迷人的形體傳授語言的技能；愛神阿佛洛狄特賦予她種種誘人的魅力。然後宙斯又給這美麗的形象注入了惡毒的本性，祂給她取名為潘朵拉，意為「具有一切天賦的女人」，因為眾神都饋贈給她一件危害人類的禮物。宙斯把這個年輕的女人送到人間，而正在地上自在取樂遊蕩的眾神，見到了這美得無法比擬的女人都驚羨不已。她逕自來到普羅米修斯的弟弟埃庇米修斯的面前，請他收下宙斯給他的贈禮。

埃庇米修斯心地善良，毫無猜疑。普羅米修士曾經警告過他的弟弟，不要接受奧林匹斯山上的宙斯的任何贈禮。可是，埃庇米修斯忘記了這個警告，很樂意地接納了這個年輕美貌的女人。在此之前，人類沒有災禍，沒有艱辛的勞動，也沒有折磨人的疾病，因為他們一直遵照普羅米修士的警告。可是現在，這個迷人的姑娘雙手捧著一個緊閉的大盒子，說是送給埃庇米修斯的禮物。當埃庇米修斯接到手裡時，盒蓋就突然打開了，一股黑煙一下子飛了出來，迅速擴散開來，這股黑煙裡包裹著所有的災難。盒子底還深藏著唯一美好的東西：希望，但潘朵拉按照宙斯的告誡，趁它還沒有飛出來的時候，趕緊關上了蓋子，因此希望就永遠關在盒內了。

從此，各式各樣的災難充滿了大地、天空和海洋。疾病日日夜夜在人類中蔓延、肆虐，而又悄無聲息，因為宙斯不讓它們發出聲響。各種熱病在大地上猖獗，死神步履如飛地在人間狂奔。

就這樣，普羅米修士創造的美麗祥和的世界沒有了，人類的生活也不再只是安逸幸福了。接著，宙斯又向普羅米修士本人報復，他命人把普羅米修士拖到斯庫提亞的荒山野嶺。在這裡，他被牢固的鐵鏈鎖在高加索山的懸岩上，下臨可怕的深淵。而

潘朵拉。

且普羅米修士被判受折磨至少也得三萬年。宙斯還每天派一隻惡鷹去啄食被綁的普羅米修士的肝臟。肝臟被吃掉，很快又恢復原狀。這種痛苦的折磨他不得不忍受，直到將來有人自願為他獻身為止。

小知識 Tips

為不幸的普羅米修士解除苦難的是赫拉克勒斯，他為尋找赫斯珀里得斯而來到這裡。他看到惡鷹在啄食可憐的普羅米修士的肝臟，便取出弓箭，把那隻殘忍的惡鷹從這位苦難者的肝臟旁一箭射落。然後他鬆開鎖鏈，解放了普羅米修士，帶他離開了山崖。

普羅米修士爲了人類的幸福，年復一年地忍受著難以描述的痛苦和折磨。

22 蛇身三姐妹

厄里尼厄斯

厄里尼厄斯是希臘人敬畏的復仇女神，她們三姐妹是黑夜的女兒，有著高大的身材，血紅的眼睛，頭髮間蠕動著一條條毒蛇。她們常常一手執著火把，一手執著蝮蛇扭成的鞭子，追趕著昧了良心的人。這些人不管走到哪裡，她們緊隨其後，使其無時無刻都承受著痛悔的煎熬。

俄瑞斯特斯的母親克呂泰涅斯特拉因為有別的情人而背叛了他的父親，他受阿波羅的指示把母親和她的情人殺了。母親的死亡使俄瑞斯特斯感到莫名的恐懼和痛苦，他離開了自己的國家，到處去流浪，希望可以忘掉那些不堪回首的罪惡，並以此來迴避和深藏自己良心的愧疚。

可是復仇女神不允許他過著平靜的日子，她們蛇身三姐妹趕去想殺死俄瑞斯特斯。她們眼睛佈滿了鮮紅的血絲，頭上交織盤疊著嘶嘶作響的毒蛇，誰也逃不脫她們的追逐，哪怕是天涯海角。

為了躲避蛇身三姐妹的追捕，俄瑞斯特斯逃到了阿波羅的神廟，這裡蛇身三姐妹是無法進入的，她們只能在神廟外面等候。過了很長一段時間，三姐妹疲憊地睡著了。這時俄瑞斯特斯母親的魂魄來騷擾她們的睡眠了：「妳們為什麼還在酣睡？那個殺害母親的兇手就要在妳們的眼皮子底下溜走了，快起來，妳們這群沒用的東西，妳們答應為我報仇的，快去！」

被罵醒的三姐妹爬起來就往廟裡衝去，卻被阿波羅攔在了門口。她們朝阿波羅大喊道：「祢難道是要袒護殺害母親的劊子手嗎？祢難道允許這種有悖天倫的事情存在嗎？祢為什麼不讓我們進去抓住那個兇手？」

「滾開，俄瑞斯特斯的行為是為了給父親報仇，他的父親阿伽門農是討伐特洛伊的大英雄，凱旋而歸的英雄卻被妻子以及她的情夫害死在浴室，難道不應該報仇嗎？」

蛇身三姐妹雖然被正義凜然的阿波羅嚇得逃開了，但她們依然在暗中尾隨著俄瑞斯特斯。

俄瑞斯特斯避居在阿波羅神廟裡，在這裡他得到了神祇阿波羅的指示：到雅典去，在那裡會有一個公正的法庭為你洗脫罪名！

隨後，阿波羅讓赫爾墨斯來保護俄瑞斯特斯和他的朋友，自己回奧林匹斯聖山去了。

蛇身三姐妹害怕赫耳墨斯的金杖，不敢靠近他們，但她們一直在伺機而動。當俄瑞斯特斯和他的朋友剛到達雅典娜的廟門時，她們突然衝了進去。俄瑞斯特斯跪在雅典娜的神像前，苦苦哀求：「雅典女神，阿波羅指示我前來尋求您的保護，請仁慈的您收留我吧！」

蛇身三姐妹在他身後大喊大叫：「你這個殘殺母親的兇手，你應該受到懲罰，沒有人能讓你擺脫愧疚痛苦！」正當她們準備歌唱折磨俄瑞斯特斯時，廟宇被一道神光照亮了，雅典娜的真人出現了，她表情嚴肅地看著眼前的這群人。

「是誰在擾亂聖廟的安寧？」女神問道。

俄瑞斯特斯被雅典娜的威嚴鎮住，一時無言。

蛇身三姐妹答道：「我們是黑夜的女兒——復仇女神，這個人殺害了自己的親生母親。我們知道，妳是一位嚴厲而公正的女神！請審判他吧！我們將尊

俄瑞斯特斯與蛇身三姐妹。

重妳的判決。」

雅典娜問：「那麼，外鄉人，你有什麼要辯駁的嗎？」俄瑞斯特斯這時大膽地抬起頭來，向女神傾訴了自己所受到的不公和委屈。

女神沉思了一會兒說：「我需要召集法官來審判，如果法官們不能判決，就由我來審判。這段時間，外鄉人將受到我的保護。你們雙方都得尋找證人和證據，我也將挑選城裡最正直最睿智的人來審理此案。」不久，到了開庭的時間，被雅典娜挑選出來的人，由一名使者帶領著來到城前供奉戰神阿瑞斯神廟的小山上，也稱為阿瑞斯山。所有有關的人都已到齊，阿波羅也來了，祂做為外鄉人站在被告的旁邊。

一看到阿波羅，復仇女神們就嚇得大叫：「祢應該去處理自己的事情！祢在這裡想幹什麼？」

阿波羅回答說，「他是我必須要保護的人，因為是我勸他殺掉了他的母親。」

雅典娜站起來宣布審判正式開始。

蛇身三姐妹中年紀最大的一個開口說：「被告，你的母親是不是你殺害的？」

「是的。」俄瑞斯特斯老實地回答，但因為害怕聲音有些顫抖。

「你是用什麼殺害她的？」

「我用利劍割斷了她的脖子。」

「你這樣做的理由是什麼？」

「是太陽神給我的神諭，祂可以為我作證。」俄瑞斯特斯回答說。蛇身三姐妹不甘下風，她們都進

行了辯駁。

當辯論結束後，雅典娜女神說：「現在讓我們等待法官們的判決！」雅典娜準備了黑白兩種小石子，黑石子代表有罪，白石子則是無罪，她把這兩種石子分發給每個法官，空地中間放置了一個投放石子的小缽子，四周圍著柵欄。法官們把表決用的石子投進去即可。所有人的票都投完了，另一批被推選出來的居民負責點數缽內的黑白石子。最後，人們發現兩種石子數目相等，因此，最終的決定權就到了雅典娜手裡。

雅典娜從座位上站起來說：「我是從父親宙斯的頭裡跳出來的，因此我維護男人的權利。」說著，她把一粒白石子投進了缽子裡。然後她莊嚴地宣布說：「投票表決說明：俄瑞斯特斯無罪。」

審判結束後，俄瑞斯特斯動情地說了一番感謝的話，就帶著朋友離開了神聖的阿瑞斯山。蛇身三姐妹很不服氣，她們決定把毒水灑遍大地，讓大地上寸草不生。阿波羅為了平息她們的怒火，勸阻道：「這不是妳們的屈辱和失敗，是同情獲得了勝利。妳們不應該向無辜的人民發洩憤怒。我以人民的名義向妳們保證，妳們將在這裡享有神聖的榮譽和顯赫的地位。」

想到自己也會像雅典娜和阿波羅一樣在最有名望的城裡有一座神廟，蛇身三姐妹感到無比榮幸，她們的憤怒也漸漸平息，並且當著神祇的面莊嚴地發誓，要與異母姐妹命運女神合作，以各種方式為當地人民造福。

小知識 Tips

克呂泰涅斯特拉在希臘神話中是阿伽門農的妻子。阿伽門農在前往特洛伊之前，安排了一位歌者在她身邊，保證她不受誘惑。埃吉斯托斯看上了克呂泰涅斯特拉的美貌以及國王的王位，幾次誘騙她，均未得逞。後來，埃吉斯托斯將歌者帶到荒島，使其葬身野獸腹中，並且唆使克呂泰涅斯特拉改變心意，最後有了私情，一起統治邁錫尼。

戰爭結束後，阿伽門農回國，克呂泰涅斯特拉怕丈夫識破她的姦情，就和埃吉斯托斯一起合謀，設計殺害了阿伽門農，並驅逐了自己和阿伽門農的兒子俄瑞斯特斯。俄瑞斯特斯長大後替父報仇，殺掉了克呂泰涅斯特拉和埃吉斯托斯，成為了一代英雄。

23 人馬怪 歐律提翁

身強力壯的特修斯，以勇敢著稱，是個令人敬仰的英雄。與他同時代的還有一位有名的英雄叫庇里托俄斯，他是伊克西翁的兒子。庇里托俄斯很想跟特修斯一較高下，就專門偷了特修斯的幾頭牛。氣急敗壞的特修斯全副武裝地追擊他時，他反而覺得非常高興，守候在一旁，準備迎戰。可是當兩個英雄真正相遇時，卻都被彼此的英武和膽略折服了，他們不約而同地放下武器，然後朝對方奔了過來。

庇里托俄斯伸出手，表示接受特修斯的一切處罰，而特修斯的眼中卻閃著歡樂的光芒，他說：「如果你成為我的朋友和戰友，就是對我莫大的恩賜！」就這樣，兩位英雄擁抱在了一起，成為了生死之交。

不久，庇里托俄斯要結婚了，新娘是拉庇泰族人希波達彌亞，特修斯受邀來參加婚禮。拉庇泰人在帖撒利地區是有名的種族，他們是兇猛、粗獷的山民，也是最先馴服馬匹的人類。新娘雖出身野蠻的種族，卻長得臉孔標緻，身材苗條，性格溫良。客人們都羨慕庇里托俄斯的好福氣。帖撒利地區所有的貴族都應邀前來，庇里托俄斯的親戚肯陶洛斯人也來了。

肯陶洛斯人是半人半馬的怪物，說起來庇里托俄斯的父親伊克西翁還跟牠們有著密切的關係，牠們是伊克西翁和雲的產物。人馬怪有很多分類，有的擁有人的身體和四肢，但從腰部向後卻延伸出馬的軀幹和後腿，有的擁有一雙翅膀，有的還長有一對馬的耳朵。牠們跟拉庇泰人是仇敵，但這次因為新娘的原因，大家都拋棄了舊恨，歡歡喜喜地來參加婚宴。

婚禮上瀰漫著歡樂的氣氛，大家都高興地相互敬酒，半人半馬的歐律提翁喝得醉意朦朧，失去了理智，意亂情迷下居然要搶走新娘。大家都搞不清楚這是怎麼回事，只看見醉醺醺的歐律提翁一把抓住希

特修斯與人馬怪作戰。

波達彌亞的頭髮，就要把她拖走。

被嚇壞的新娘大聲呼救，奮力掙扎。其他醉意正濃的肯陶洛斯人以為這是搶掠的信號，要牠們一致行動，於是集體上來哄搶宮女或女客人。頓時，歡樂和祥的婚禮變得混亂不堪，婦女的驚叫聲，賓客的斥罵聲等各種聲音混雜在一起，整個宮殿幾乎都要塌了。

「你發什麼瘋，歐律提翁！」特修斯大聲叫道，「你到底要幹什麼？」說著，便把新娘從歐律提翁的手中搶回。歐律提翁什麼都沒說，一拳就揮在特修斯的胸口。憤怒的特修斯順手抓起一個酒壺，就朝牠腦袋砸過去。歐律提翁沒有躲掉，頭上頓時冒出了鮮血，倒在地上。

看見這樣的情形，人馬突然一起暴動了起來。

霎時座椅翻飛，酒瓶碰撞，杯盞飛舞，一個人馬抓起祭壇的供品開始亂砸，另一個人馬抬起燭臺扔向人群，第三個人馬摘下牆上掛著的鹿角到處打人……勃然大怒的庇里托俄斯，舉起手中的長矛就向大個子人馬珀特勒奧斯刺去。

珀特勒奧斯拔起一棵大櫟樹用來當武器，卻被矛釘在樹幹上。

特修斯把另一個人馬狄克提斯打倒在地。又一個人馬想上來報仇，被特修斯一棍打死。肯陶洛斯人中長得最漂亮的契拉羅斯，有一頭金黃的捲髮，留著鬍鬚，身材長得十分勻稱。牠美麗的夫人許羅諾默和牠一起來參加婚宴，契拉羅斯被利矛射中，悽慘地死在夫人的懷抱裡，悲痛的許羅諾默吻過自己的丈夫後也拔劍自殺了。

經過激烈的搏鬥之後，肯陶洛斯人被徹底打敗，從此一蹶不振。拉皮泰族人也損失慘重，阿爾戈英雄之一的開紐斯也在這次戰鬥中死去，他本來刀槍不入，但是被人馬用大樹砸進土中而死。有了這次並肩戰鬥的經歷，特修斯和庇里托俄斯的友誼更加堅固了。

小知識
Tips

除了肯陶洛斯族的喀戎（博多學智的人馬怪，阿喀琉斯、赫耳墨斯和阿斯克勒庇俄斯的老師，曾獻出自己的生命解救了普羅米修士）和比較低級的普赫洛族外，大部分人馬怪都是與酗酒、暴力、色情有關。

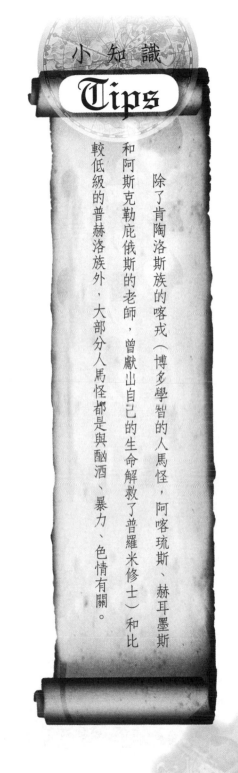

24 半人半獸 奇倫

在希臘美麗的大草原上，騁馳著一批半人半獸的族群，這是一個生性兇猛的族群。「半人半獸」代表著理性與非理性，人性與獸性間的矛盾掙扎。

這就是「人馬族」，只是不清楚牠們會不會是伊克西翁的後代。

有一個叫奇倫的青年，也是人馬族的人，但牠並不像其他人馬族的人那樣兇殘，牠生性善良，對待朋友以坦率著稱，在族裡非常受人尊敬。

奇倫是天神宙斯的父親克羅諾斯與寧芙生下的兒子，牠從太陽神和月神那裡學得了許多知識及技能。奇倫相當聰明，牠將所學的知識及技能教導給許多牠的學生，其中包括了阿基里斯這位特洛伊戰爭的英雄、天醫阿斯克勒庇俄斯，以及其他英雄及人神的子女們。

有一天，希臘最偉大的英雄赫拉克勒斯來拜訪他的朋友，這位幼年即用雙手扼死巨蛇的超級大力士，聽說人馬族是一個擅長釀酒的民族，便想要嚐一嚐牠們的美酒。而善良好客的朋友並沒有多想什麼，就拿出自己的酒來款待這位大英雄。

「真是所言不虛啊！這酒真是好極了，還有嗎？」赫拉克勒斯一口氣便喝完了奇倫為他拿來的一大罐酒。他的朋友本以為這些就足夠了，誰知道這個大力士竟然這麼能喝。但是牠不願意壞了赫拉克勒斯的興致，就冒險從族人那裡偷來一些。

可是貪杯的赫拉克勒斯越喝興致越高，要酒的次數越來越頻繁。朋友無奈只好告訴他實話：「這些酒是人馬族的共同財產，我不能都給你喝了。」

可是在酒精的作用下，赫拉克勒斯根本不聽朋友的話就自行闖到了人馬族的酒窖中。

正當赫拉克勒斯沉醉在酒的芬芳甘醇之際，酒的香氣早已瀰漫了整個部落，所有人馬族人都發現了赫拉克勒斯的惡行，便圍著他大聲斥責。醉意正濃的赫拉克勒斯怒氣沖天，拿起他的神器就開始奮力追殺族人，所有人都知道，赫拉克勒斯是世間最強壯的人，連太陽神阿波羅都得讓他三分。

人馬族人倉皇地逃至最受人尊敬的奇倫家中，這時奇倫在家中聽見了屋外萬蹄奔踏及驚慌的求救聲，牠連想都沒想，開門直接奔出去。說時遲那時快，赫拉克勒斯拉滿弓射出去，正中奇倫的心臟，就這樣，善良無辜的奇倫為了朋友犧牲了自己的生命。

宙斯知道這件事之後非常傷心，便將奇倫

17 世紀天文學家約翰・赫維留筆下的人馬座。

升上星空成為人馬座。

小知識

Tips

奇倫原是不死之身，但赫拉克勒斯的箭在先前射殺九頭蛇時，沾了毒血。由於無藥可救，卻又痛苦萬分的奇倫便把不死之身傳給了普羅米修士這位盜取天火給人類的神之後，就死去了。

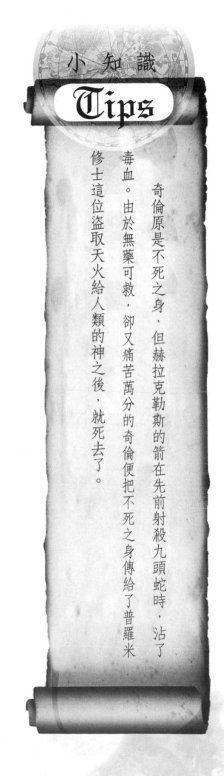

25

半人半蛇妖

拉彌亞

在希臘神話中，拉彌亞是海神波塞冬與拉比所生的女兒。

她從小就聰慧漂亮，有著出眾的美貌。長大後，她成為令人愛戴的利比亞國的皇后。她的一生本來應該就這樣平安順利地度過，享受著富貴榮耀還有人們的愛戴，可是命運總是不盡人意。

有一天，拉彌亞想要享受一下大自然，便帶著貼身隨從來到郊外。郊外陽光明媚，有大片延綿不盡的嬌嫩鮮美的草地，還有美麗的鮮花點綴其中。

牛羊都在這裡悠閒地吃著草，時而還抬頭對著天空發出「哞哞」、「咩咩」的叫聲，似乎是在感謝諸神的恩賜。放牧人也悠閒地坐著樹蔭下吹奏悅耳的曲子。拉彌亞看著眼前這安祥的一切，不由得心生感激，便在心裡默唸，感激宙斯給予人間這一切的美好和幸福。

此時的宙斯正在天上出遊，牠突然感到心情很好，「肯定是有人在祈禱感激我」，牠想到這裡，就想看看這個可愛的人是誰。當牠悄悄來到拉彌亞身邊時，不禁被她的美貌所吸引，立刻心生愛慕。為了接近拉彌亞，宙斯變成了一個英俊帥氣的男子，假裝也在郊遊，偶然間碰上了美麗驚人的拉彌亞。拉彌亞沒能抵擋住這場偶遇的誘惑，與宙斯交歡，成了宙斯眾多情婦中的一個。

宙斯有了新情人的事，不久便被嫉妒成性的天后赫拉發現，怒不可遏的赫拉做出了一件殘忍瘋狂的事情。她不僅把拉彌亞擄走，還帶走了她所生的孩子，當著拉彌亞的面將他們殺害，其殘忍的程度令拉彌亞幾乎瘋掉。

拉彌亞看著自己的孩子一個個被殺害，自己卻無能無力，她在悲痛中昏厥了好幾次。但已經被嫉妒沖昏頭腦失去理智的赫拉並不解氣，她一次次弄醒昏厥的拉彌亞，讓她「欣賞」孩子的屍體。突然間，拉彌亞發出瘋狂而絕望的笑聲，她抬起頭看著赫拉，眼神裡不再有仇恨，而是溢滿了平靜，好像剛發生的這一切都跟她沒有關係，她就那樣平靜的望著赫拉，讓赫拉感到了陣陣寒意。

生為天后的赫拉怎麼會知道那是怎樣的一種絕望才會生出這樣平靜的眼神。赫拉被拉彌亞看得害怕，不由得生起氣來，一怒之下將拉彌亞變成了半人半蛇的怪物，但她覺得這樣還不夠，因為她覺得她不能夠再讓拉彌亞感到悲痛，這也就不是她要的結果了。所以赫拉又對拉彌亞施咒，控制了她的心智，讓她無時無刻都能看到自己孩子被害的場景。

約翰·威廉姆·沃特豪斯作品
《Lamia》909：拉彌亞褪下蛇皮。

拉彌亞在赫拉咒語的影響下，變得憶子成狂，傷心欲絕時就不能抑制地到處殘殺、吞食孩童，以做報復。一時間，人間變成了地獄，好多人家的孩子都沒逃過這厄運。人心惶惶的日子裡，大家都盡量把自己家的孩子藏起來，不敢見人，但還是逃不過拉彌亞的殘害。赫拉為了讓拉彌亞無盡地受苦，還奪走了她的睡眠，讓她不斷地看見自己孩子被殺害的情景，以致於拉彌亞日以繼夜地受咒語折磨而殺人。

宙斯想要對拉彌亞做出補償，又不敢過於拂逆赫拉的咒語，在這種情況下，祂賜予拉彌亞一種魔力，就是她能在短時間內取下自己的眼睛，不至於無時無刻都看見那殘忍血腥的場景，並且還讓拉彌亞精於占卜。但這些都沒有從根本上解決拉彌亞的悲痛，沒有把拉彌亞從水深火熱中拯救出來。

因此，拉彌亞就只能夠活在仇恨與哀痛之中，不斷地由妒生恨地殺害別人的孩子，令其他母親感受與她一樣的悲痛。

小知識 Tips

在西方社會，很多母親都會以拉彌亞的傳說恫嚇孩子，要他們聽話，「拉彌亞」的故事經常被如此宣揚，逐漸成為一個為人熟知的妖怪故事，並且被利用為具備訓育意義的反面工具。

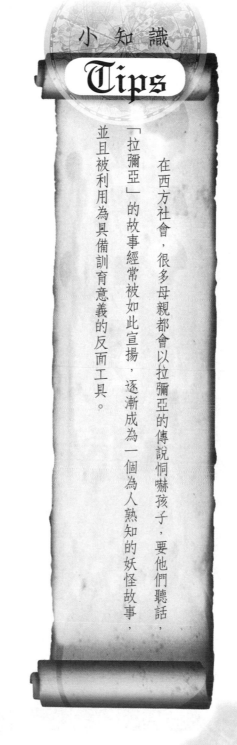

26 牛頭人妖

彌諾陶洛斯

彌諾陶洛斯是牛頭人妖的怪物，牠住在一座巨大的地下迷宮中，以犯人和雅典城進貢的童男童女為食。

這個怪物是哪來的呢？還有精彩的一個故事：

克里特國王彌諾斯的兒子安德洛革俄斯，在雅典參加雅典娜競技會時，戰勝了所有的雅典人，摘得了桂冠。雅典國王埃勾斯看到外國的王子在自己國土上獲勝稱雄，深感恥辱，頓生妒意，他慫恿安德洛革俄斯前去捕捉那頭馬拉松野牛，結果安德洛革俄斯被野牛踩死了，於是雙方就結下了樑子。彌諾斯怒而興兵討伐雅典，並大敗雅典人。埃勾斯被迫求和，答應每九年向克里特進貢七對青年男女，以供彌諾斯的牛頭人兒子彌諾陶洛斯食用。

進貢的期限又到了，大船停靠在港灣，並升起了令人恐怖的黑帆。被選定的青年正在與家人做最後的告別，整個碼頭哭成一團，十分悲慘。

雅典城的百姓成群結隊來到王宮，他們向國王說：「我們把自己的孩子貢獻出來餵怪物，可是你的私生子卻在這裡安享富貴，實在是太不公平了！再說，災禍是你引來的，為什麼讓我們這些無辜的人來承受呢？」

特修斯忍受不了這種指責，他對百姓說：「我可以替換一個人去克里特島，來彌補父親的過錯。但是我可以保證，我一定會殺掉彌諾陶洛斯怪獸，讓雅典永遠擺脫這種殘酷的貢役。」

埃勾斯聽到兒子這麼說，頓時嚇得臉色蒼白，他請求特修斯留在雅典，又勸說百姓不能把未來的國王送入虎口。但是，特修斯態度堅決，他安慰父親說：「如果想要在自己的爐邊建立幸福，那麼必須從勇敢和冒險中去追求。現在正是一個好機會，我必須用勇敢來表明自己的與眾不同，這樣才能夠贏得民心。再者，我也有自己的打算，不僅要殺死那個怪物，一舉把希臘從被迫進貢的義務中解放出來；還要將克里特豐富的物產運回雅典，充實國家的實力。」埃勾斯迫於百姓的壓力，又不能說服特修斯，最後只得勉強同意了。在臨行之前，父子約定，如果特修斯平安回來，就把船上的黑帆換成白帆，否則，就表示失敗了。

一切準備就緒之後，這七對青年男女懷著死亡的恐懼和一線活命的希望登上大船，向克里特島行駛。

到達克里特島之後，他們被帶到了國王彌諾斯面前時。國王的女兒阿里阿德涅是一個美麗善良的姑娘，她不僅為特修斯英俊的外表所吸引，更為他的勇氣所傾倒，頓時對他產生了好感，她偷偷地向特修斯吐露了愛慕之意，並交給他一個線團和一把蘸上劇毒的匕首。她叮囑特修斯在進入彌諾陶洛斯的迷宮時，將線頭繫在宮門上，邊往裡走邊放線團，這樣就可以在殺死怪獸後順著線從原路走出迷宮。

在進入迷宮時，特修斯帶領一行人遵囑而行，一直走到了彌諾陶洛斯的住地。

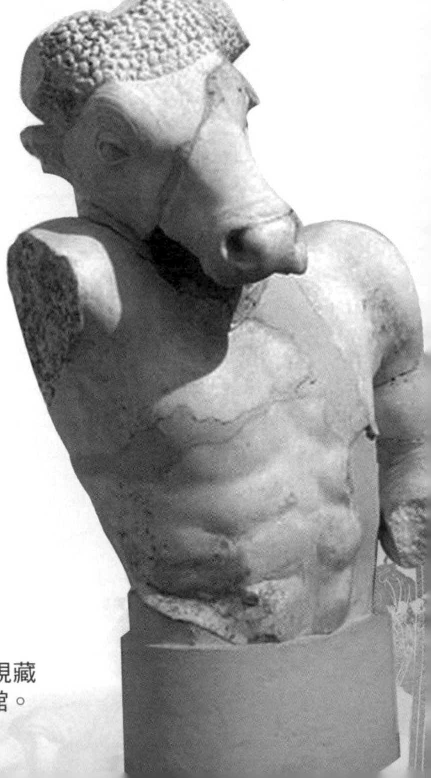

彌諾陶洛斯半身像，現藏雅典國家考古學博物館。

彌諾陶洛斯是彌諾斯的妻子帕西法厄與波塞冬派來的牛結合生下的。牠是牛頭人身，彌諾斯在克里特島為牠修建了這個迷宮。

彌諾斯成為克里特島新國王之後，拜祈波塞冬，想要讓神祇承認他的篡權是正當的。波塞冬便把一頭巨大的白色公牛賜給了彌諾斯，讓他把這頭牛祭獻給自己。但是彌諾斯因為捨不得這頭漂亮的牛就殺了另外一隻公牛來祭獻。憤怒的波塞冬便給他的妻子帕西菲下了詛咒，讓她患得了戀獸癖。因為嫌丟人，彌諾斯請人造了一隻木製母牛，把妻子藏在裡面。木牛做得太逼真了，竟使白色公牛愛上了這隻木牛並與其交配，帕西菲便生下了這隻牛頭人身的怪物。

當那頭人身牛首的龐然大物見獵物送上門，張開血盆大口便撲了過來。

眾人紛紛向後退避，唯獨特修斯一人迎向前去，與怪獸進行了殊死搏鬥。怪獸猛衝猛撞，力大無比，特修斯靈巧地左躲右閃，讓怪獸一次次撲空。當怪獸又一次撲來，張著雙手想抓他時，特修斯用匕首一擋，正好劃破怪獸的手指，劇毒攻心，怪獸發出陣陣嚎叫，最後倒在地上，抽搐而死了。

站在遠處的夥伴從目瞪口呆中清醒過來，他們激動得熱淚盈眶，緊緊抱住喘著粗氣的特修斯大聲歡呼。隨後他們順著阿里阿

特修斯即將進入迷宮，手裡拿著阿里阿德涅給他的線團。

德涅的救命線，穿過無數迂迴曲折的通道順利地走出了迷宮。

小知識 Tips

還有一種說法認為，安德洛革俄斯是由於受埃勾斯之命前去獵捕馬拉松野牛（與前面的克里特公牛是同一頭牛）而在馬拉松被該野牛所殺。總之彌諾斯由於兒子之死而對雅典發怒，迫使雅典人進貢活人做為怪物的食物。

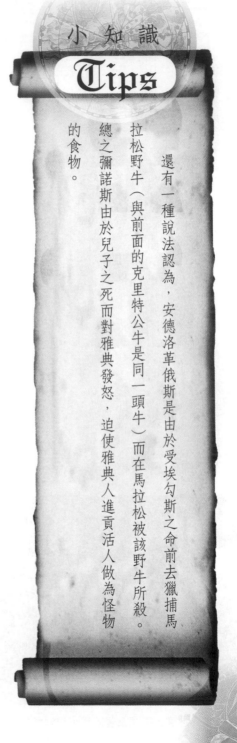

27 發芽的毒牙

兇惡武士

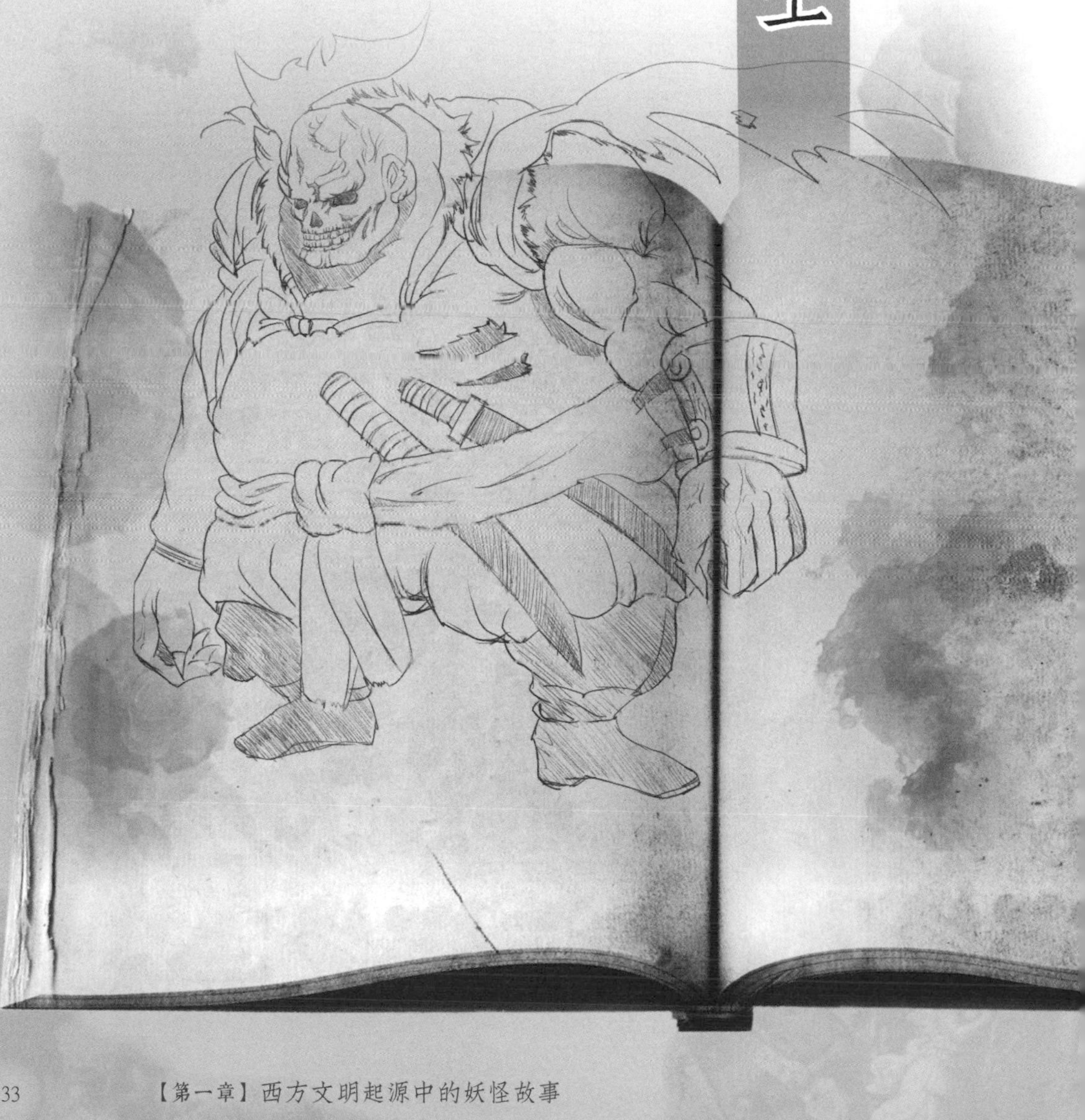

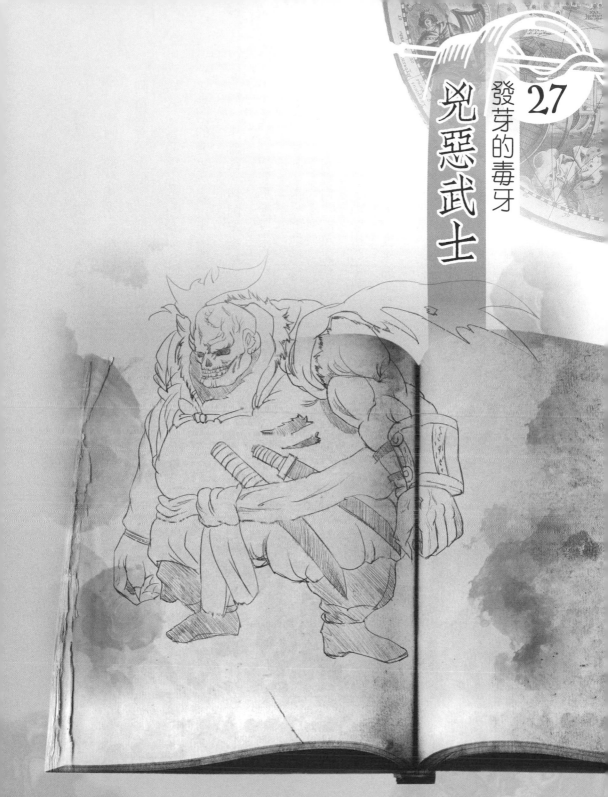

這是一個與英雄伊阿宋有關的故事：

伊阿宋的父親埃宋是個賢明的君主，埃宋治國有方，深受人民愛戴。伊阿宋年幼時，他的叔父珀利阿斯篡奪了王位，並把他們父子倆趕出國家。可憐的父子二人開始四處流浪，後來，他們遇到了喀戎。喀戎是當時著名的教育家，他教育出了許多傑出的人物。喀戎看到可憐的父子，動了惻隱之心，就答應了埃宋的懇求，盡平生所能幫助伊阿宋成材。

二十年後，伊阿宋被喀戎按照希臘人心目中的英雄形象嚴格訓練完畢，變成了一個英姿颯爽的勇士。他回到叔父那裡要求珀利阿斯歸還王位，珀利阿斯設計讓他去取金羊毛，意圖讓他在歷險中喪命。沒想到，伊阿宋很平靜地接受了挑戰。

伊阿宋召集自己的英雄朋友與他同行，又在智慧女神雅典娜的幫助下，找到希臘最優秀的船匠阿爾戈造了一艘大船。造船用的木料在海水中是永不腐爛的，大船可以容納五十名槳手，稱為「阿耳戈號」。一切準備就緒後，他們就乘船出發了，據說他們是第一批出海的希臘人。他們歷經艱險後終於到達了金羊毛的所在地科爾喀斯。

英雄們到了科爾喀斯先去晉見國王埃厄特斯。伊阿宋見到國王後直接說明來意。國王聽了他的話失聲大笑，說金羊毛是他們的傳國至寶，想要得到，就必須先完成兩件事。國王要求的第一件事就是駕著他的那隻鼻孔噴火、生有銅蹄、兇猛無比的神牛去播種毒龍的牙齒，還要獨自戰勝長出來的兇惡武士。聽完這個任務，隨行的英雄們都嚇呆了，大家都認為這是不可能完成的任務。伊阿宋沒有辦法只能答應。

但是讓國王和伊阿宋都沒有想到的是這裡的公主，國王心愛的女兒美狄亞被伊阿宋的英雄氣概吸引並愛上了他。美狄亞決定不惜一切代價幫助伊阿宋。

第二天早晨，美狄亞送給伊阿宋一種神藥，伊阿宋用它塗遍全身，頓時便感到自己渾身充滿了神奇的力量。他給自己的劍和盾牌也塗了一遍這種藥膏就準備出發，出發時，國王和這裡的居民都來送行了，他們的臉上掛著嘲笑。

伊阿宋來到田地間站定，環視了一下四周，他看見不遠處的地上放著鐵鑄的巨大的軛和犁。他還沒細看眼前的工具，就聽見兩聲驚天動地的怒吼。只覺得眼前金光一閃，兩頭神牛就出現在了他面前。牠們的八條銅蹄踏不停地在地上踢著，鼻孔裡噴著烈焰，

阿耳戈斯死後，天后赫拉將他的眼睛取下來，安在了孔雀的尾巴上。

感覺大地都在震動。

來這裡圍觀的人立刻消失了大半，隨行的英雄也變了臉色。伊阿宋巧妙地在兩頭牛之間周旋，牛角碰不到他，銅蹄踢不著他，神藥使火焰也燒不了他。不一會兒，神牛的攻擊緩慢下來，趁牠們喘息之機，他猛地撲上去，一把抓住牛角，用力向鐵犁處拖去。兩頭牛拼命掙扎，無奈伊阿宋神力無窮，只能眼睜睜地被抓到了鐵犁旁，抬起鐵犁和鐵軛套在牠們身上。然後，伊阿宋拿起長矛驅趕神牛，兩頭牛狂怒地向前走，身後犁出深深的壟溝，並播下了毒龍牙齒。

古斯塔夫·莫里歐於 1875 年所繪的油畫──《伊阿宋與美狄亞》。畫中描述美狄亞正爲伊阿宋塗油，爲他唸咒，保護他免受火焰、惡魔、刀劍的傷害。

播種完畢，伊阿宋坐在田邊等待著毒牙發芽，夕陽西下的時候，田地裡的莊稼變成了面目猙獰的武士，他們個個裝備精良，鎧甲、盾牌、長槍一件不少。伊阿宋向隊伍中扔了一塊巨石，便把自己藏在了盾牌後面。被巨石砸中的武士以為是他們中的人所為，便開始自相殘殺起來。刀光劍影，飛沙走石了半天，待到打鬥達到高潮時，伊阿宋進入隊伍，拿出自己的劍，開始了瘋狂的殺戮。最後，待所有武士被殺盡時，田地裡已經血流成河了。伊阿宋終於完成了國王所說的第一件事。

小知識 Tips

涅斐勒是一位雲神，她為了搭救受後母虐待的兒子佛里克索斯，在她的姐姐赫勒的幫助下，把兒子從宮中悄悄地抱了出來。她讓兒子騎在有雙翼的公羊背上。這公羊的毛是純金的。佛里克索斯則平安地到達黑海沿岸的科爾喀斯，受到國王埃厄特斯的熱情接待，並把女兒卡爾契俄柏許配給他。

佛里克索斯宰殺金羊祭獻宙斯，感謝祂保佑他逃脫。他把金羊毛做為禮物獻給國王埃厄特斯。國王又將它轉獻給戰神阿瑞斯，他吩咐人把它釘在紀念阿瑞斯的聖林裡，並派一條火龍看守著，因為神諭告訴他，他的生命跟金羊毛緊緊地聯繫在一起，金羊毛存則他存，金羊毛亡則他亡。金羊毛被看作稀世珍寶，很久以來，希臘人對它傳說紛紛，許多英雄和君王都想得到它。

28 金羊毛的看守者 兇悍火龍

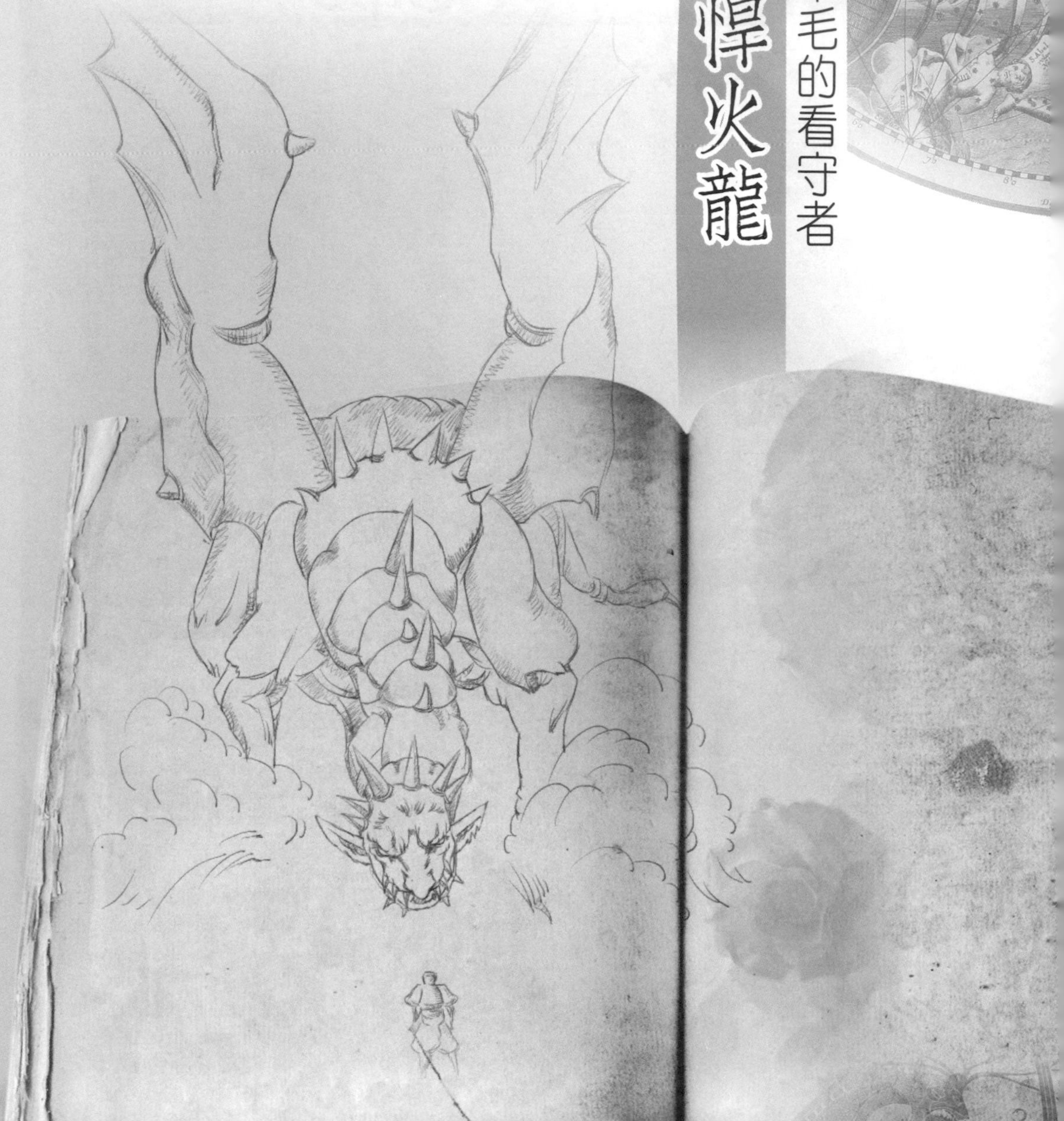

科爾喀斯國王埃厄特斯知道伊阿宋完成了第 個任務時，非常的驚訝，但他疑慮的眼神告訴大家他似乎明白伊阿宋的成功是因為自己女兒美狄亞的幫助。美狄亞也意識到了這一點，連夜出逃，投奔伊阿宋的航船，並幫助伊阿宋完成國王派給他的第二項任務。

國王埃厄特斯派給伊阿宋的第二項任務是從一條毒龍那裡搶奪金羊毛。看守金羊毛的這條毒龍有一雙永遠不會閉上的眼睛，而且長得巨大無比，隨便吼一聲就會颳起呼嘯的山風。

美狄亞逃到伊阿宋的船上後，告訴自己幫助他們的事已經被她的父王知道，而且國王正在準備追趕他們。於是伊阿宋決定立即出發去奪取金羊毛。期待已久的決戰終於來到了，英雄們紛紛請戰。

伊阿宋說：「這與打仗不同，只可智取，不能力敵。只需美狄亞、俄耳甫斯和我三個人去就可以了，其他各位留下來準備返航。」聽了伊阿宋的話，眾人都很信服，分頭去準備了。

伊阿宋隨身帶著寶劍，俄耳甫斯帶著他那神奇的七弦琴，跟隨美狄亞出發了。三個人先是走了一段崎嶇的小路，然後又穿過一片迷宮般的灌木叢，最後在一棵高高的橡樹下停了下來。這棵樹頂上發出金光的正是他們尋找的金羊毛。樹底下，那條巨大的毒龍睜大一雙永不閉闔的眼睛警惕地巡視著。

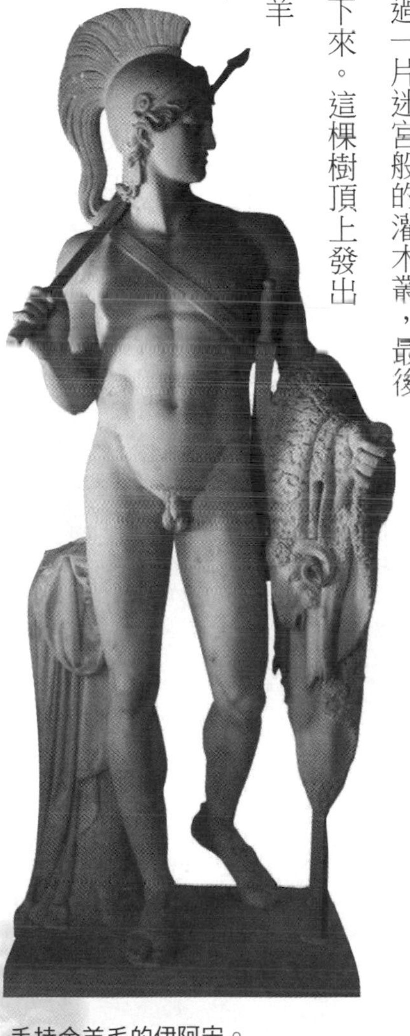

手持金羊毛的伊阿宋。

看見有人走來，牠發出一聲長嘯，似乎是在警告，看見來人還在繼續靠近就張牙舞爪地撲過來了，嘴裡鋼叉一樣的舌頭也吐了出來。兩位英雄不禁被這場面嚇到了，一時有點失神。美狄亞卻毫不畏懼地迎了上去。

「俄耳甫斯，快彈你的七弦琴！」美狄亞吩咐道。

俄耳甫斯聽到美狄亞的聲音，回過神來，開始了彈奏，悠揚的琴音飄盪開來，世界一下就靜了下來，時間也彷彿停住了。美狄亞趁熱打鐵，用她甜美的聲音祈求睡神斯拉芙來幫忙使惡龍入睡。慢慢地，毒龍開始安靜下來，牠高昂著的頭顱慢慢放下，緊張的身體開始放鬆，眼睛也慢慢閉上了。美狄亞又上前在牠眼睛上灑上魔液，使毒龍睡得更深沉。

時機已到，伊阿宋飛快地衝上去，踩著巨龍的身體攀上樹梢，取下了金羊毛。三人一得手，立即向海邊飛奔而去。

小知識 Tips

金羊毛被伊阿宋取走以後，那條毒龍也無事可做了。宙斯覺得牠對自己的工作很盡職盡責的，便把牠也升到了天上，這就是天龍座。

29 青銅巨人 塔羅斯

伊阿宋帶著他的夥伴在美狄亞的幫助下成功取得金羊毛後，開始踏上了回家之路。他們經過了許多海岸和島嶼，在故鄉伯羅奔尼薩斯的海岸已隱隱可見的時候，突然，船隻遭到一陣狂暴的北風襲擊，在海上漂泊了九天九夜，飄過了利比亞海，最後來到沒有生命跡象的非洲瑟提斯海灣。

他們看著眼前的一切，不禁感到害怕和恐慌。他們不知道被風吹到了哪裡，但知道這是沒有辦法逃出去的死亡之地。這些人絕望地度過幾天之後，神祇給了他們提示，幫助他們脫離了困境。英雄們合力扛起大船行走在沼澤中，幾天幾夜後終於看見了大海，於是他們的航船又可以行駛在大海上了。

他們在海上航行了幾天後，阿耳戈英雄平安地來到了喀耳巴托斯島，與這裡相鄰的是克里特島，他們從這裡路過，想在島上休息一下，然後再啟程。當他們的船開始靠近這個海島時，一塊從天而降的石頭砸在了船隻前面的海域裡，濺起來的海水把甲板都打濕了。突如其來的情況讓大家都莫名其妙，後來才發現在海邊的礁石上有一個巨人，他正在搬動另一塊岩石。

原來，扔石頭的就是這個巨人。

美狄亞說：「他是青銅時代留下來的巨人，名叫塔羅斯。宙斯讓他在這裡看守歐羅巴。他每天會在這個島上巡視三次。塔羅斯的身體是青銅的，可以刀槍不入，但他並不是不能戰勝的，因為他畢竟還是凡人。他的腳底有一塊是有筋脈和血管的肉，如果打中他的這裡，就可以殺死他。」

大家都不知道該怎麼辦時，美狄亞又說：「我知道怎麼打敗這怪物。我們先把船停靠在他石頭砸不到的地方。」說完，她便提起紫金袍跑到了甲板上。美狄亞小聲地唸著魔咒，伊阿宋也跪在她旁邊輕聲

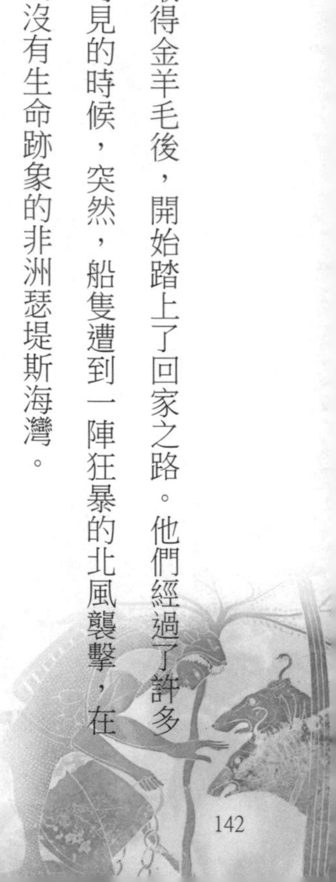

禱告著，儘管他並不會魔法。美狄亞用咒語三度召喚命運女神，以及到處追逐生命的地獄獵狗。

她又用魔法使塔羅斯沉睡，還讓噩夢侵入他的靈魂。巨人的腳趾裸露在外，這時伊阿宋拿起早已備好的弓箭朝巨人的裸腳射去，巨人痛得大叫起來，可是等他正要發怒的時候，他的腳上血流不止，他的身子又慢慢地倒下去了。

他的下半身露在陸地上，頭部和上半身被淹沒在海水中，死去了。

這個看起來不可戰勝的巨人就這樣就被幹掉，美狄亞又幫了伊阿宋一次。

火神赫菲斯托斯。

小知識 Tips

塔羅斯的身世有三種版本：第一種說法，宙斯曾創造了四代人類：黃金、白銀、青銅、黑鐵。塔羅斯屬於青銅一代，歷劫不滅，直到半神時代尚在人間；第二種說法，他由火神赫菲斯托斯和獨眼巨人鑄造，送給克里特國王米諾斯；第三種說法，史詩作者西尼松指其為古克里特信仰中的太陽神，赫菲斯托斯反倒成了祂的兒子。

30

宙斯的獵犬

婦人鳥哈耳庇厄

這是阿耳戈船英雄們在尋找金羊毛的途中發生的一件事。

阿耳戈英雄在探險途中經歷了幾次冒險，疲憊不堪的他們在卑斯尼亞的對岸休息。這裡有英雄阿革諾耳的兒子菲紐斯。阿波羅曾傳授菲紐斯預言的本領，後來因為他濫用了這個本領，晚年突然雙目失明。而且他身邊總有一些長著妖女頭的醜陋而討厭的婦人鳥，在他用餐時搶走他的飯菜，並且弄髒剩下的使他無法食用。儘管他已經餓得皮包骨頭，弱不禁風，但他還是頑強地活著，因為他曾收到神諭，會有北風神波瑞阿斯的兒子和希臘水手來拯救他。於是，他痛苦而心懷希望地活著。

現在，菲紐斯聽說岸邊來了一艘船，就跌跌撞撞地來到了海邊。當他好不容易來到阿耳戈英雄們的面前時，便一頭栽倒在地上。

阿耳戈英雄們圍了過來，立刻採取急救措施，把這個可憐的老者救醒。

菲紐斯緩緩地睜開眼睛，有氣無力地說：「你們之中有沒有北風神波瑞阿斯的兒子？我是特地來請求他們將那些可怕的怪鳥趕走的。」

原來，波瑞阿斯曾因追求雅典國王厄瑞克透斯的女兒奧律蒂里阿遭到拒絕而發怒，就把她從空中帶到了遙遠的色雷斯住了下來，最後生下了兩個兒子策特斯和卡雷斯。兄弟二人此時就在伊阿宋的隊伍中，聽到老者的話便走向前。

菲紐斯得知他們就是波瑞阿斯的兩個兒子，立刻就開始攀親戚，說我是你們姐夫，然後說明了自己的處境，哀求英雄們幫忙。策特斯和卡雷斯兄弟一口答應下來。其他人見老者很可憐，也同意伸出援手。

這時，英雄們見菲紐斯已經餓得奄奄一息了，就為他準備了一桌豐盛的食物，可是他還沒來得及進食，那群怪鳥就一陣風似的從空中撲下來貪婪地啄食。

英雄們手持武器大聲喝斥，但這些怪鳥卻無動於衷，牠們弄得杯盤狼藉，留下一片令人無法忍受的惡臭之後，才心滿意足地飛上了天空。策特斯和卡雷斯兄弟是風神的兒子，背上生有雙翼，見怪鳥飛走了，立刻拔劍登空追趕。他們越追越近，眼看就要抓住怪鳥了卻被彩虹女神伊利斯阻止住了。做為宙斯的使者，伊利斯告訴策特斯兄弟說：「這些女人鳥是眾神之王的寵物，千萬不能將其誅殺。我可以向你們發誓，這些怪鳥再也不會折磨菲紐斯了。」

策特斯和卡雷斯聽到這話，停止了追趕，

菲紐斯與北風神波瑞阿斯的兩個兒子。

返回船上。

小知識 Tips

一般認為，哈耳庇厄是海神陶瑪斯和大洋神女厄勒克特拉所生；也有說法認為牠們是堤豐與厄客德娜所生。在中世紀的歐洲，哈耳庇厄是騎士紋章上常見的圖案，尤其流行於東弗里西亞地區。

烏利塞·阿爾德羅萬迪所著《怪事奇譚》一書中的哈耳庇厄插圖。

31 原野禍害 卡呂冬野豬

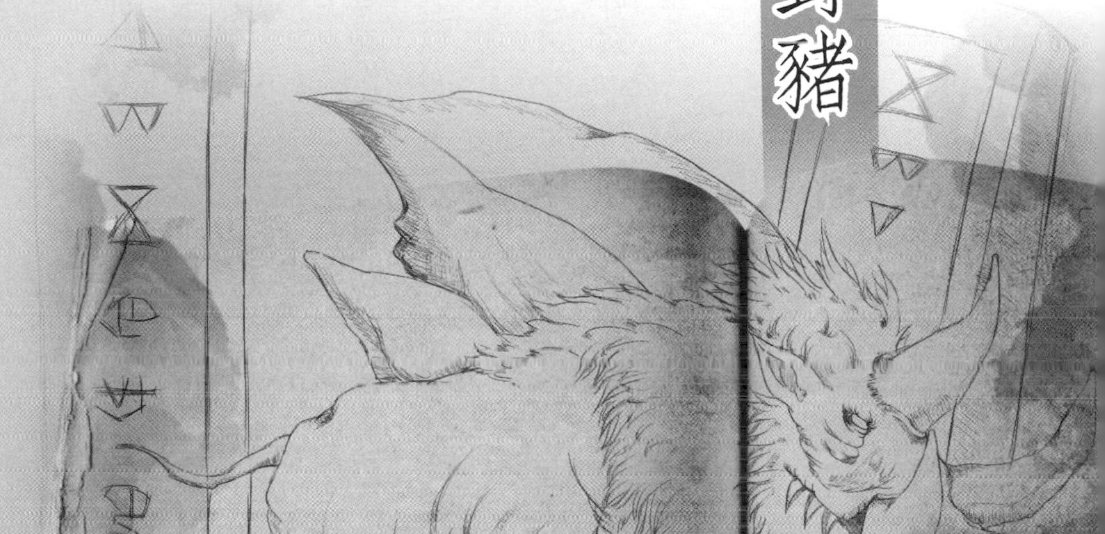

俄紐斯是卡呂冬的國王，秋收時他都會虔誠地祭獻每一位神祇，卻忘了狩獵女神阿爾特彌斯。狩獵女神看著別的神祇都收到供奉，自己的祭壇卻冷冷清清，便開始報復這個粗心的國王，她讓卡呂冬的土地上出現了一隻巨大的野豬，這頭野豬的眼睛因為能夠噴射火焰而顯出血紅色，堅硬的鬃毛豎在寬闊的背上，如象牙一般粗大銳利的獠牙。牠肆意地毀壞莊稼和農田，連羊群也不放過。這裡的人真的是深受其害。

國王俄紐斯見到這種情況，便決定召集一批國家中最勇敢的獵人來捕殺野豬，其中也包括他的兒子墨勒阿革洛斯，和亞加狄亞女英雄阿塔蘭特。阿塔蘭特幼年時被狠心的家人遺棄在荒山野嶺，但卻很幸運地在一頭母熊的哺乳下長大，後來當地的獵人發現了她，將她帶回了家。從此以後，她就跟隨獵人，以狩獵維生。但她十分厭惡男人，拒絕所有向她靠近的男人。

現在她為了共同對付野豬，她便只能不避男女之嫌了。她把頭髮挽成髮髻，象牙色的箭袋掛在肩膀上，讓她看起來美麗又不失威武。這一切被墨勒阿革洛斯看在眼裡，在不知不覺中就喜歡上了這個個性獨特的女獵手。

集合以後，獵人們便聚集到了這片野豬出沒的古老森林中，佈下種種機關，撒下天羅地網，然後他們分頭開始搜尋野豬的蹤跡。獵犬的狂吠聲驚起了正在山谷裡休息的野豬，牠「嗖」地一下不知道從哪裡就竄了出來，一下子便折斷了多棵樹木。獵人被牠的衝擊力震撼住了，他們齊聲呼喊，抓緊長矛圍成一團，慢慢地向野豬圍了過去。野豬慢慢後退，但看到前面的人多勢眾，便不顧一切地繼續衝過去，獵人們跟在發狂的野豬後面緊追不捨，並朝牠投擲矛槍和飛鏢。可是，這些武器對皮堅肉厚的野豬來說根本沒有殺傷力，反而使牠愈加發狂。

狂怒的野豬並沒有繼續向前逃跑來躲避獵人們的長矛和飛鏢，牠突然調轉了頭，瞪著熊熊燃燒的眼睛撲向獵人，頓時大家便被衝散，三個人被衝倒並當場就被野豬踩死在地。此時，慌亂中顯得更加冷靜的阿塔蘭特，從肩上的箭袋取出一支利箭，只一下便正中野豬的耳根。大家看到野豬受了傷，紛紛將長矛和飛鏢像雨點一樣地向野豬投去，卻無一命中目標。一位亞加狄亞獵手舉起一柄利斧不顧一切地朝野豬撲了過去，沒有劈到野豬卻順勢被野豬的獠牙拱翻在地，當即送了性命。墨勒阿革洛斯看準機會向野豬背部連投兩矛，第二矛終於擊中了野豬。

受傷的野豬顯得非常暴躁，在原地不停地打轉，墨勒阿革洛斯趁機舉起長矛，狠狠地將長矛刺進了牠

群獵野豬。

的脖子。見此情形，獵人們紛紛圍著野豬，舉矛便刺，很快，野豬便掙扎不得，躺在血泊之中無法動彈。

人們歡呼過後，開始分發戰利品，墨勒阿革洛斯想要把豬頭分給女英雄阿塔蘭特，結果遭到兩個舅舅的反對，他一怒之下殺了兩個舅舅。回到城裡，大家都在慶祝勝利時，他則因為這件事而死在了自己母親的手中。

小知識 Tips

狩獵女神阿爾特彌斯是萬神之王宙斯和暗夜女神勒托的女兒。據說她出生時全身閃耀著月亮般聖潔美麗的光芒，她的眉心嵌著一個耀眼的月亮，還手拿一把閃閃發光的弓箭。

狩獵女神。

32

獅身女怪
斯芬克斯

斯芬克斯是巨人堤豐和蛇怪厄喀德娜生的一個怪物，她有美麗迷人的臉龐，卻長了一個獅子的身體，還有一雙奇怪的翅膀長在背上，外形奇怪而可怕。但是她的法力無邊，張口一吐，便可以吹出瘟疫之風，讓觸碰者身染重病；雙翼一揮，就能遮蔽蒼空；然而最詭異的卻是她的雙眼，雖然看不見東西卻蘊含著全宇宙之謎，當你被她凝視時，除非你能夠解答全部的謎題，否則就會被她撕碎吃掉。這個可怕的妖女，被人們稱為「斯芬克斯」。

做為天后赫拉的使者，她帶著奧林匹斯諸神對人類的忠告——「人，認識你自己」，來到了古希臘的特拜城堡。經過精心的籌劃，斯芬克斯將那句神的箴言化作了一段「謎語」。她每天盤坐在城堡外的一塊巨石上，攔住過往的路人，用謎語問他們，如果對方不能猜中的話，就會被吃掉。她也因此經常的恥笑天下人愚蠢，但最後卻因為有人猜出了自己的謎語而羞愧地跳崖而亡了。

這個聰明人就是俄狄甫斯。

俄狄甫斯本是底比斯國王拉伊俄斯和伊俄卡斯特的兒子，因為他父親拉伊俄斯收到神諭說自己會死在兒子的手裡，便將襁褓中俄狄甫斯扔在郊外，想讓野獸把他吃掉，結果俄狄甫斯福大命大，被一位牧人給救了。牧人把他帶到科任托斯，交給國王波呂玻斯。國王可憐這個棄嬰，就把孩子交給妻子墨洛柏。墨洛柏待他如親生兒子。俄狄甫斯漸漸長大，他相信自己是國王波呂玻斯的兒子和繼承人，而國王除了他以外也沒有別的孩子。

有一次，俄狄甫斯外出，在路上碰見了一輛橫衝直撞的馬車，車上坐著一個陌生的老人，一個使者，一個車夫和兩個僕人。車夫看到對面來了一個人，便粗暴地叫他讓路。俄狄甫斯生性急躁，揮手朝無禮的車夫打了一拳。車上的老人見他如此蠻橫，便舉起鞭子狠狠打在他的頭上。俄狄甫斯怒不可遏，他用力揮起身邊的行杖朝老人打去，把老人打得翻下了馬車。於是，發生了一場格鬥，俄狄甫斯不得不抵擋三個人，但他畢竟年輕有力，結果把那夥人打倒在地，他獨自走了。但他並不知道自己殺死的人就是自己的親生父親。

俄狄甫斯殺父後不久，底比斯城外出現了一個帶翼的怪物斯芬克斯。她盤坐在一塊巨石上，對底比

斯芬克斯緊緊纏繞著俄狄甫斯，用誘惑的胸脯抵住美男子健壯的胸膛，揚起眸子似乎在唸著神祕的咒語。

斯的居民提出各式各樣的謎語，猜不中的人會葬身在她的口中。

底比斯全城都沉浸在失去國王的悲痛中時，這怪物出現了。國王被一個無名無姓的路人打死後，一直由王后伊俄卡斯特的兄弟克瑞翁執政。斯芬克斯殺人無數，國王克瑞翁的兒子未能猜中謎底，也不幸喪生。克瑞翁被逼無奈，張貼通告招募英雄，並許諾能除掉城外怪物的人可以獲得王位，還可以娶前王后伊俄卡斯特為妻。

此時，俄狄甫斯正好來到底比斯。他因為內心苦悶，一直希望解脫。於是他爬上山岩，來到斯芬克斯面前，解答謎語。狡猾的斯芬克斯給他出了一個自認為十分難的謎語。

她說：「有一種生物，早晨四條腿走路，中午兩條腿走路，晚上三條腿走路。這是唯一用不同數目的腿走路的生物，用腿最多的時候，正是力量和速度最小的時候。」

俄狄甫斯聽後，不禁微微一笑，很輕鬆地說出了答案。他回答說：「謎底是人，人在幼年，即生命的早晨，是個軟弱無力的孩子，他用兩條腿和兩隻手在地上爬行；他到了壯年，正是生命的中午，當然只用兩條腿走路；但到了老年，已是生命的遲暮，只好拄著枴杖，好像三條腿走路。」

斯芬克斯沒想到他猜中了，當即覺得羞愧難當，絕望地從山岩上跳下結束了自己的生命。

小知識

Tips

斯芬克斯最初源於古埃及的神話，牠被描述為長有翅膀的怪物，通常為雄性，有的人面獅身，有的羊頭獅身，有的鷹頭獅身。亞述人和波斯人則把斯芬克司描述為一隻長有翅膀的公牛，長著人面、絡腮鬍子，戴有皇冠。到了希臘神話裡，斯芬克司卻變成了一個雌性的邪惡之物，代表著神的懲罰。

斯芬克斯。

33 七頭蛇

仇恨中的大母神

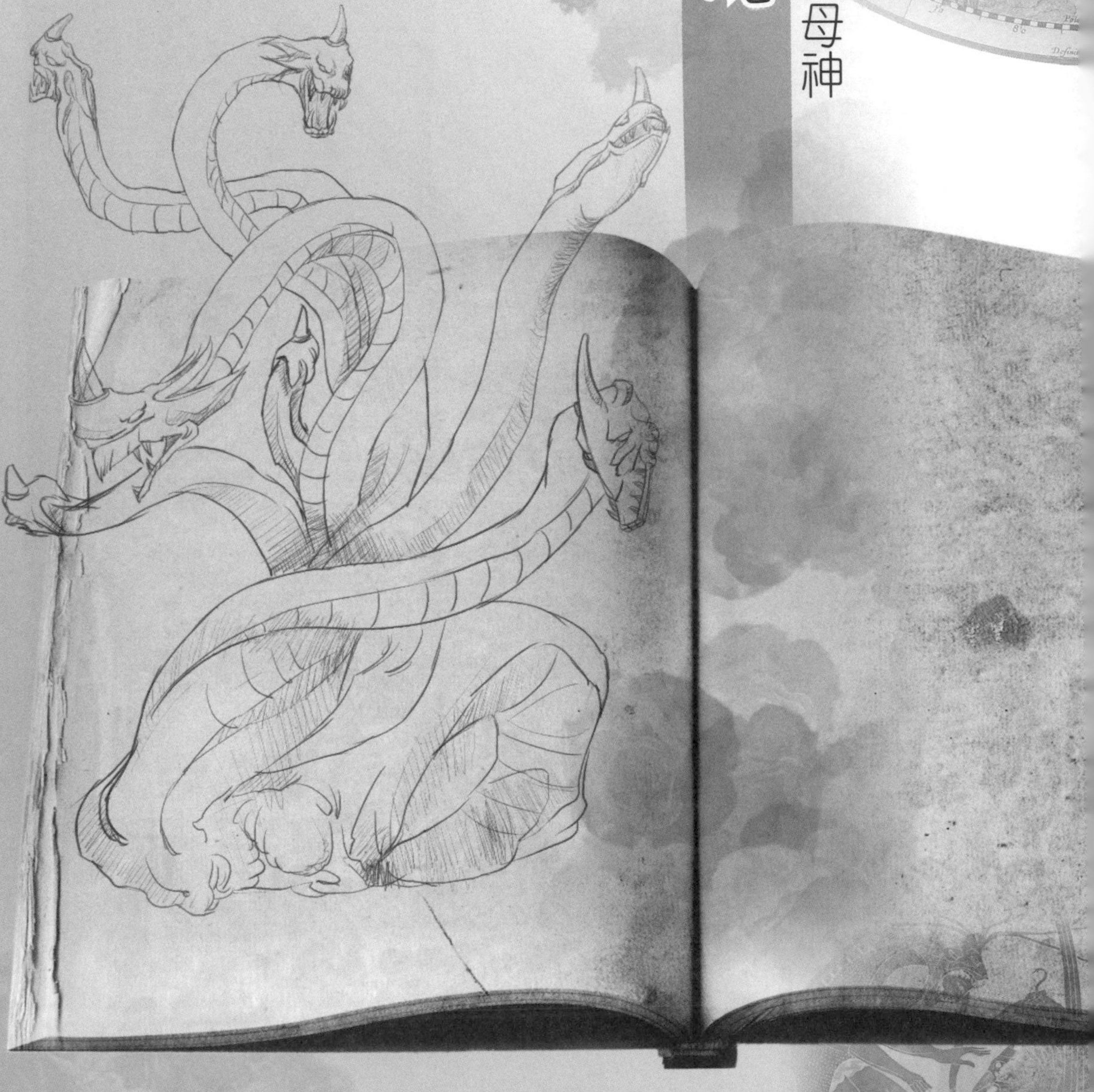

在巴比倫神話傳說中，起初的天地混沌一片，沒有天空、大地神和人之分。這渾濁的空間裡只有一些尚在孕育狀態的神。

時間在慢慢地流逝，天地也慢慢開始有了變化，有了界限。一片叫阿普蘇的淡水與一片叫提亞瑪特的鹹水結合了，兩者攪拌在一起，便產生了新生命。

於是，便有了天之主宰的主神和祂的兄弟姐妹們。天地之間伴隨著新生命的出現，新的問題也出現了。這些新生的神祇都精力旺盛，整個世界被祂們攪得不得安寧，有時連大母神提亞瑪特也忍無可忍。最後阿普蘇決定要消滅這些搗蛋鬼，祂把太太和一個名叫穆穆的心腹大臣召集在一起，探討殺掉子女們的可行性。

阿普蘇著了魔似地非要殺死祂的這些孩子們。儘管提亞瑪特捨不得，盡力勸諫了半天也無濟於事。但是事情還在密謀的過程中便敗露了。這些出生的神祇知道後憤慨地表示不會坐以待斃，祂們也坐在一起開始討論怎樣先發制人。水與智慧之神埃阿分析了雙方的力量，建議大家不要力敵，要智取。

於是，祂們商定要趁阿普蘇鬆懈的時候下手，埃阿唸起甜美的咒語使阿普蘇昏睡，然後趁祂在夢中的時候砍下了祂的腦袋。

阿普蘇的死使提亞瑪特幾近瘋狂。本來溫柔似水的她性情變得暴躁起來，就連模樣也變得駭人，變成了一條醜陋的七頭蛇。曾經的慈母被復仇的心理折磨得心亂如麻，那些失去了權力的老輩神祇也在不斷地挑唆她，讓她為自己的丈夫報仇。終於，提亞瑪特在內外的壓力下爆發了。

仇恨中的大母神又造了十一條蛇妖來壯大自己的聲勢，她帶著這些魔怪來到了被新神祇佔領的天國，這些妖魔中有殘暴兇猛的惡龍，也有劇毒怪蛇。她從自己早先所生的神中提拔了一個名叫金古的魔怪，對牠以身相許，又把宇宙運動和種種事態祕訣，與其中的至高無上的命運簿交付給牠，命牠為復仇之師的統帥。牠們氣勢洶洶而來，要奪取幼輩神的新政。

面對大母神的進攻，眾神都慌了。在這個關頭，埃阿的兒子馬爾都克挺身而出，率軍與大母神交戰。老天爺印證了祂是最合適的人選，祂對著全軍發號施令的時候，天上的星辰呼應似的或隱蔽或聽命。馬爾都克持拿著弓箭和棍棒在眾神的簇擁下投入戰鬥。掌握「命運薄」的惡魔金古親自迎戰馬爾都克。交戰中，提亞瑪特張口要吞噬馬爾都克之時，被祂把惡風放入口中，無法閉口，隨後用劍刺穿她的身體。即便強如提亞瑪特，也承受不了這一擊而死去。

馬爾都克與提亞瑪特交戰。

馬爾都克將她的身體一劍切為兩半，一半成為天，另一半成為地。提亞瑪特的乳房形成山脈，在它旁邊則形成泉水。從她的眼睛則生出底格里斯河跟幼發拉底河。就這樣，大母神提亞瑪特成為了世界的基石。

繼而，馬爾都克掃蕩清除大小妖魔鬼怪，並殺死了金古，取得「命運簿」，因而獲得了世界主宰的資格。

一場氣勢浩大的復仇行動頃刻間土崩瓦解。馬爾都克把從金古手上贏得的象徵著宇宙主宰權的「命運簿」用火漆封好，懸掛在自己的胸前。這可是最好的戰利品。

小知識

Tips

馬爾都克：巴比倫晚期的神祇，源自古美索不達米亞，為巴比倫城邦之神。祂是水的化身，為萬物的創造者，同時是種植、公正和魔法之神。巴比倫第一王朝時期（約前19世紀～前16世紀），馬爾都克被奉為主神，位居眾神之上。

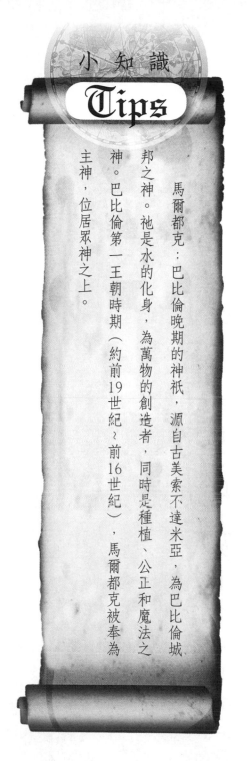

第二章

歐洲各國流傳的妖怪故事

34
伊米爾
北歐巨人族始祖

在北歐神話中，最初天地間也是一片混沌，沒有天和地的區分，卻有一道巨大的鴻溝橫在這混沌之中，這條鴻溝叫做金恩加之溝。

鴻溝裡面空蕩蕩的什麼都沒有，但是鴻溝的南北兩面卻別有洞天。鴻溝的北方是冰雪世界尼夫爾海姆，那裡有長年的積雪，萬年冰封使得那裡異常寒冷。有一股從尼夫爾海姆深處湧動出來的泉水夾帶著這裡的寒氣奔向了金恩加溝的南面，由這股泉水分成的很多溪流在山谷裡匯聚時，成了奔騰的「野馬」，夾帶著尼夫爾海姆的無數冰塊奔流而下，使金恩加鴻溝旁邊堆積起了許多冰丘。

在這條鴻溝的南方，卻是酷熱的火焰之國，那裡有終年噴射的沖天火焰。火焰噴射時飛濺出來的火星落在鴻溝旁邊堆積的冰丘上，冰丘遇到高溫後昇華變成水氣，水氣又把吹來的寒風凝結成冰粒。泉水經過這樣不斷地循環，在這炙熱和嚴寒地不斷作用下，竟慢慢地孕育出了生命，巨人始祖伊米爾就這樣誕生了。

身軀龐大的伊米爾在這混沌世界徘徊著尋找食物。不知多少年過去後，寒氣和熱浪的循環中又孕育出了母牛奧都姆布拉。母牛舔食含有鹽霜的冰雪，分泌出許多乳汁，乳汁分泌過多就流淌出來變成了白色的河流，伊米爾正好以乳汁為食。

又過了無數的歲月後，伊米爾在牛乳的哺育下變得十分成熟健壯。

一次，他飲完牛乳沉沉地睡去，卻沒想到在雙臂下生出兩個巨人，正好一男一女，然後在雙腳下也生出了他的一個兒子。後來，來自他雙臂下的那對巨人成了夫妻，養育了很多巨人孩子。這些巨人孩子裡有一個叫密密爾的，極富智慧。在伊米爾腳下誕生的卻是個六頭怪物，他生性邪惡，所以他的後代也多是野獸或多頭巨人，他們都生性愚笨，形體龐大。伊米爾之後又生下了一些巨人，這些巨人後來成為世界的主宰，因為他們都出生在冰丘之上，所以被稱為「霜巨人」。

母牛奧都姆布拉天天舔食冰雪，尋找鹽霜，有一天竟舔出了一個人，這個人就是眾神的始祖布里。布里是個英俊高大的男人，他性情溫良，體魄強健。後來他生出了一個同樣強健的兒子，叫博爾。

從伊米爾雙臂下生出的那對巨人的女兒叫培絲特拉，後來她成了博爾的妻子。這對夫妻又孕育了奧丁、威利和維三個兒子，後來他們成為三位偉大的神明，成為了世界的主人。

博爾的兒子們慢慢長大，覺得待在這黑暗混沌的世界裡十分委屈，就開始商量著要來改變世界。於是他們經過周密的計畫後，成功地打倒了洪荒世界的統治者伊米爾。

冰霜怪物伊米爾。

當伊米爾轟然倒下的那一刻世界就開始變了模樣，因為伊米爾流出的鮮血變造成了洪荒世界的第一場水災，這場水災淹沒了所有的一切，包括那些「霜巨人」。只有一對夫妻倖免於難，他們就是人類的始祖。他們乘坐石臼似的小船逃出災難，繁衍了人類。一個全新的世界也由此開始了。

小知識 Tips

在金恩加鴻溝邊，霧國和火焰國的相互交錯引起的巨大煙霧中，混進了埃利伐加爾的河水，據說其中一條河水有毒。在這樣的環境中，誕生了霜巨人的祖先伊米爾。由於混進毒水，所以巨人都是邪惡的。

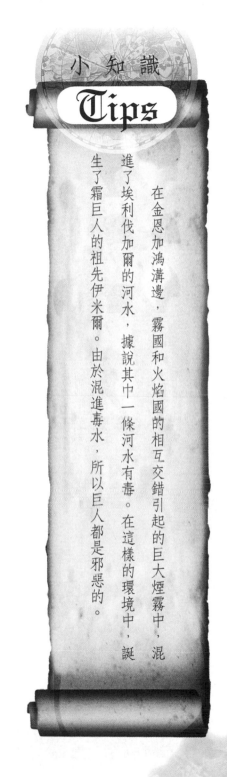

35 斯萊布尼爾

奧丁的灰色戰馬

在北歐神話中，主神奧丁的坐騎是一隻灰色的戰馬，牠叫斯萊布尼爾。這匹戰馬有八條腿，還有刻著盧恩文字的牙齒。牠能在海上或空中奔跑，可以馳騁在人間和地獄，是世界上跑得最快的動物。

關於斯萊布尼爾的出生有一個這樣的故事：

弗蕾亞是掌管豐收、愛情和生育的魔法之神。她長得美豔動人，性格善良，深受人們愛戴。她時而花枝招展，為人間送來春天，時而全副武裝，披甲上陣。嬌媚迷人卻又不失男子氣概的弗蕾亞擁有眾多的追求者，除了奧丁，還有布里辛斯，以及更多無名的巨人也都拜倒在她的石榴裙下，想要博得她的芳心。

有一位無名的巨人也愛慕著弗蕾亞，為了得到女神，這個無名巨人與諸神打賭：如果他在規定時間內成功地建造了亞斯格特的圍牆，就可以帶走弗蕾亞女神。北歐諸神認為時間過短，巨人絕對無法成功，但眼見圍牆建造得飛快且即將完成，便開始驚慌。

這時神祇中的搗蛋鬼洛基發現巨人身邊的一匹神馬——斯瓦迪爾法利發揮著很大的作用。這馬是巨人的助手，沒有馬巨人就無法進行工程。於是，洛基變成了一隻白色母馬去引誘斯瓦迪爾法利，為此圍牆沒有在規定時間內完成，巨人沒有帶走女神弗蕾亞。之後不久，洛基化身的母馬生下了斯萊布尼爾並將其送給了奧丁。

十八世紀冰島的一幅圖畫描繪了奧丁及斯萊布尼爾。

小知識 Tips

斯萊布尼爾，名字的意思有「滑行」之意。除了奧丁，唯一騎過牠的神是赫爾莫德。牠的後代是格拉尼。

36

最優秀的工匠 黑色侏儒

在北歐神話中，洛基是一個邪神，他總是喜歡惡作劇來取笑其他的神，但是有一次他的玩笑開得太大了，不得不讓侏儒國裡的能工巧匠來幫忙。

力量之神托爾的妻子西芙女神有一頭漂亮的金色長髮，洛基看到經常坐在花園裡梳頭的女神又想惡作劇。他竟然在西芙睡覺的時候，把她引以為傲的一頭金髮給剪得精光，西芙沒有了金髮悲痛欲絕。力量之神托爾回到了家中，看著傷心的妻子，心疼不已。在知道這是洛基的惡作劇後，氣憤的托爾衝出去找到洛基，準備把他身上的那些賤骨頭一根一根地拆下來。洛基被托爾逮住，他拼命求饒，發誓可以找到侏儒國的能工巧匠幫他歸還西芙的金髮。托爾想到自己可憐的妻子就決定讓他去嘗試一下。

相傳，在眾神還沒有想到要用伊米爾的屍體創造世界的時候，從伊米爾腐爛的肉體中生出了許多蛆蟲。從屍體受光一面生長出來的蛆蟲變成了精靈，從屍體背光一面生出來的則變成了黑暗精靈，人們一般把他們叫做侏儒。侏儒們雖然和精靈同出一物，容貌性情卻與之截然相反。他們長得矮小又難看，漆黑如瀝青，而且貪財好色，狡猾而愛撒謊。精靈及侏儒都屬於半神，他們為神服務。黑色的侏儒們因為品行欠佳，眾神罰他們只得居住在大地的下面，而且不得被白天的光線所照射到，否則他們就會變成石頭或者溶化掉。為此，矮小的侏儒們就在泥土下面或者岩石中鑿洞為巢，形成了一個黑精靈國，或者叫侏儒國。

暫時逃過一劫的洛基來到地下的侏儒國。侏儒國裡住著許多黑色的小精靈，他們個個都是能工巧匠，其中最有名的工匠是老侏儒伊凡爾第和他的兒子們。老伊凡爾第的女兒在神祇中任職，掌管重要的神物青春蘋果，因此伊凡爾第的一家人都和眾神的關係良好。當洛基慌張地來到時，伊凡爾第的兒子們誠懇地幫助了他。在洛基離開侏儒國時，他不僅得到了足夠以假亂真的金髮，還帶了侏儒們送給奧丁的一柄長矛和一條獻給夫雷能摺疊起來的神船。

滿心歡喜的洛基剛走出老伊凡爾第的大作坊，就碰上了另一個名叫布洛克的侏儒。得意洋洋的洛基拿起手中的三件寶物吹噓起來：「看見我這三樣寶物了嗎？聽說你哥哥的工藝也是赫赫有名，他能做出來嗎？」

「做出來又怎樣？」布洛克輕蔑地看著眼前這個得意洋洋的傢伙說。

「如果他能做出來，我就把自己的人頭送他！」洛基狂妄地說。

於是兩人一起來到辛德里的作坊，向他說明了原委。辛德里是個性格內斂的人，弄清楚他們來這裡的原因後，什麼都沒說就開始工作。只見他把一塊豬皮扔進煉爐裡，吩咐布洛芬要不停歇地拉動風箱，維持爐膛裡始終有熊熊的烈火，直到他回來。

很快一隻金燦燦的山豬就被鍛造出來了。然後，辛德里又把一塊金子扔進了爐裡，吩咐

《洛基與西格恩》，1890年由M·E·溫格所作的油畫。畫中描述當洛基遭受亞瑟諸神的懲罰時，他的妻子西格恩始終站在他的身旁。爲了緩解丈夫的痛楚，她高舉著小碗承接著毒蛇的毒液。

了布洛芬同樣的事情後又轉身出了作坊。洛基看到辛德里輕而易舉地就用豬皮鍛造出了一隻工藝精美的金豬，便開始不安起來，他擔心自己腦袋不保了，於是就開始搗亂。

辛德里剛離開，洛基就變成蒼蠅搗亂，他飛到布洛克的脖子上狠狠地咬他，布洛克忙著拉風箱沒有時間理他，儘管脖子又癢又痛，他還是堅持到哥哥回來才停下。這一次，一個金鐲子又被鍛造出來了。最後，辛德里放進爐子裡一塊生鐵，就神祕地走開了。洛基為了保住自己的腦袋開始發狠了，他這次變的蒼蠅又大又兇，不停地在布洛克眼前亂飛，有時還停在他眉眼間狠狠地咬。起初布洛克強忍著做自己的工作，可是鮮血模糊了雙眼，布洛克不得不停下來清理，這樣爐子裡的火變得微弱了。

所以，當辛德里從爐子裡取出鍛造的鐵錘時，這個鐵錘因為不夠火候就沒有那麼精美了，但卻依然結實。辛德里讓布洛克帶著這些新造出來的金鬃山豬、鐵錘和金鐲子，隨同洛基一起去見眾神，由大家來評判誰的寶物更好。

他們一起來到眾神面前，洛基先將金髮交給了托爾，西芙戴著這做的跟真的一樣的假髮，更加迷人了，於是托爾不再跟洛基計較了。洛基又把長矛獻給奧丁，這是支神奇的矛，在後來幫了奧丁很多忙。然後洛基又交給夫雷那條能摺疊在口袋中，也能打開承載千軍萬馬的寶船。洛基把侏儒老伊凡爾第獻上的禮物呈遞上去後，布洛克也獻出了自己的寶物。

布洛克先把金鐲子獻給了奧丁，這個金鐲子實際上是個聚寶盆，每過九個夜晚，就會變出八個一樣的金鐲。然後夫雷得到了那隻金鬃的山豬，這是一隻能夠飛跑於崇山峻嶺，飛躍湖泊海洋的金豬，如在夜間騎它行走，它周身發出的金光還能照明。最後，托爾得到了那把並不十分精美的鐵錘，但是這鐵錘不僅可以隨意放大縮小，而且永遠不會讓主人失手或找不到它，因為只要扔出去，目標就會變得不堪一擊，而且還會自動飛回主人手中。托爾表示雖然不精美，但是很實用。

奧丁、托爾和夫雷三位神祇討論後，最終決定辛德里送給托爾的神錘最傑出，所以辛德里贏了。洛基必須要遵守自己的諾言將人頭送給辛德里。

洛基平時的搗蛋使眾神吃盡苦頭，大家都等著看好戲，沒有人願意幫助他，一開始洛基企圖用金錢來換自己的腦袋，但是被他變成蒼蠅捉弄得很苦的布洛芬堅決不同意，無奈的洛基想要逃跑卻被托爾抓了回來。

被逼無奈的洛基只好要賴說：「我賭的只是我的腦袋，可不是我的脖子，你可以拿去我的腦袋，但絕不能把我的脖子割走一點皮肉。」

布洛芬沒有辦法做到，就生氣地要把他那張花言巧語的嘴切成碎片，無奈洛基臉皮厚，嘴唇上的皮肉也厚，竟然刀切不動。最後沒辦法，布洛芬找來尖鑽在他嘴上打洞，然後又用針線把洛基的嘴巴縫上，不讓他再胡說八道，信口開河。

洛基的惡作劇和競賭，讓西芙難過了一場，自己

托爾手持神錘與巨人交戰。

也受了一些皮肉之苦，但卻給神祇帶來了許多無價之寶，也給侏儒帶來了榮譽。

小知識 Tips

洛基是北歐神話中許多邪惡怪物的父親，也是綽號最多的神：狡猾的人、奸詐之神、形變者、騙子、天空行者、空中旅行家等等。

37

毀滅北歐眾神的元兇

巨狼芬里爾

巨狼芬里爾是北歐神話中最著名的魔獸，當牠張開嘴時，上下顎可以頂住天地。牠的父母是搗蛋神洛基和女巨人安格爾伯達。芬里爾生性兇殘，經常製造麻煩害得諸神苦不堪言，很多神祇都恨牠入骨，都想要制伏牠。於是大家合力用九天九夜的時間鍛冶了一條鐵鎖鏈，鎖住了芬里爾。這條鐵鏈異常沉重，諸神合力都無法抬動牠，可是芬里爾奮力一躍就掙脫了。諸神傷心得無計可施，他們最後向地下侏儒國的侏儒們求助，侏儒裡有一個叫斯華特海姆的侏儒，善於鍛造各種兵器。

於是侏儒們用六種稀有之物製造了一條加上詛咒的鎖鏈，這六種稀有之物就是女人的鬍鬚、魚的氣息、貓的腳步、鳥的唾液、石頭的根鬚和熊的感覺。這條鎖鏈質地柔軟，美麗奢華，但是當諸神拿到芬里爾的面前時，芬里爾似乎感覺到了它的魔力，拒絕接受。

諸神便想盡辦法哄騙牠，並故意煽動牠的傲慢，說牠是沒有能力才不敢接受這條鎖鏈。再三勸說後，芬里爾同意了，但條件是必須有人把手放入牠的口中來保證牠的安全。芬里爾嘴裡尖銳的牙齒使大家都感到害怕，於是諸神都沉默不語，後來還是提爾英勇地站出來，把手放進了這頭惡狼的嘴裡。

芬里爾就這樣受騙了，牠被鎖在了巨石上。牠用盡所有的力量反抗，但都是徒勞，慢慢地，芬里爾停止了掙扎，眼神裡露出了哀求，但是諸神都視而不見，於是絕望的芬里爾咬斷了提爾的手腕，提爾也因此永遠地失去了一隻手。但這並不是芬里爾的命運，牠沒有被永生永世的鎖在這塊巨石上，在諸神遇到劫難，神魔混戰時，芬里爾趁機掙斷了詛咒之鎖。

來到戰場的芬里爾，立刻撲向了主神奧丁，牠要找這個讓牠失去自由的神報仇。在芬里爾與主神奧丁的交鋒中，巨狼芬里爾越戰越勇，牠的身體也越長越大，直到後來牠的血口上撐出天，下挫著地。芬里爾張著牠那撐滿天地的巨口，向前噴發熊熊的烈焰，眼睛發射著閃電的光芒，牠氣勢洶洶地朝奧丁猛撲過去，奧丁不幸死在了這頭怪狼的利齒下。當時在這場激戰中沒有一個神能夠抽身幫助奧丁，因為諸神都在浴血奮戰，全身心地投入在與對手的搏鬥中。奧丁之子尾達爾發現的時候，奧丁已經慘死在芬里爾的血口之中，於是憤怒的尾達爾從戰場的一角衝過去要為父親報仇。尾達爾穿著準備了很久的厚靴子，一腳踏住了芬里爾的下巴，用手撐住了牠的上顎，將這隻惡狼的巨口撕成兩半，然後向狼的心臟刺進一竿長槍，報了殺父之仇。

代表邪惡勢力的芬里爾殺死了主神，毀滅了美好的世界，也被神祇所滅，美好與邪惡同歸於盡，正好契合北歐人民「有生必有死」的信仰。

提爾失去手的情節激發了幾個世紀以來畫家的想像，這是十八世紀冰島手稿中的插畫。

小知識 Tips

搗蛋神洛基和女巨人安格爾伯達一共生了三個可怕的子女——死亡女神和冥界女王赫爾，塵世巨蟒約爾曼岡德，以及巨狼芬里爾。

38 象徵永恆的怪物

塵世巨蟒

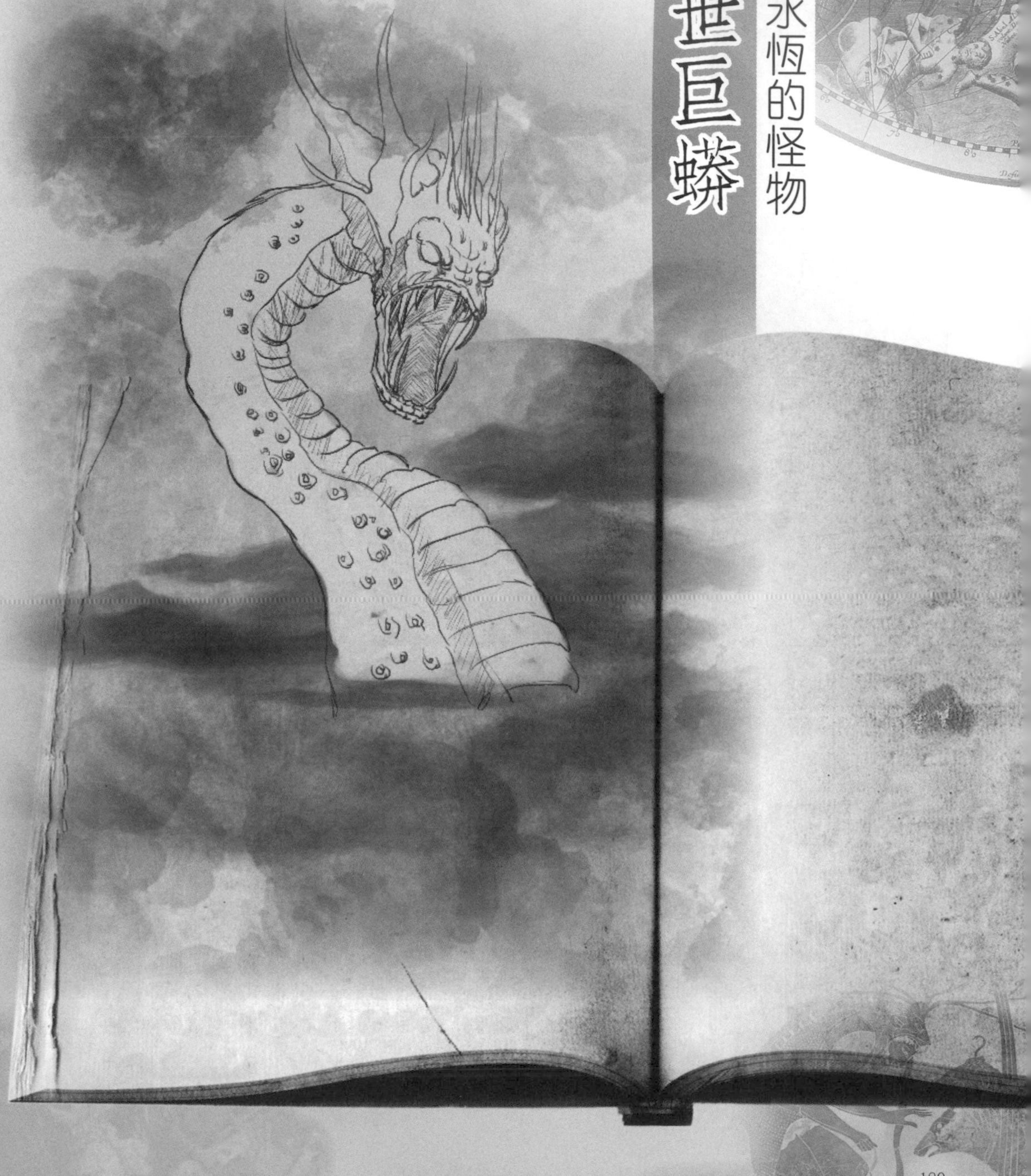

北歐神話中的另一個怪物，是巨狼芬里爾的弟弟，叫塵世巨蟒，也叫約爾曼岡德。這條巨蟒用嘴銜著尾巴，環繞著北歐世界，象徵永恆。在古人的想像中，人類居住的巨大城堡位於這個宇宙的中央，這條巨蟒就盤繞在城堡周圍。

北歐神話充滿了悲劇色彩，神跟人一樣也有滅亡的時候，在神的劫難到來時，這條巨蟒也參與其中，激起了可怕的波濤。

諸神的滅亡是不可避免的，世界也要按照古老的預言毀滅。神妖混戰，世界一片混亂，海洋這塊空間也不例外，纏繞著大地的巨蛇約爾曼岡德不安分起來，牠扭動著身體，激起了前所未有的大浪，這駭人的巨浪沖斷了命運船吉爾發爾的繩索，使得擺脫束縛的洛克帶著火巨人乘上這條船，乘風破浪地向戰場趕去。不久，巨蟒約爾曼岡德也衝出海洋，來到了陸地上，直奔尾格呂特大戰場。

巨蟒來到戰場時，兩邊已經開戰。奧丁在和芬里爾惡戰，洛克和赫姆達爾扭打在一處，於是約爾曼岡德也加入到戰場與托爾對抗了起來。

約爾曼岡德與托爾的恩怨由來已久。

某天，托爾隨巨人伊米爾出海捕魚，為了向伊米爾顯露實力，托爾把船開到離岸遠處，以巨牛的頭部

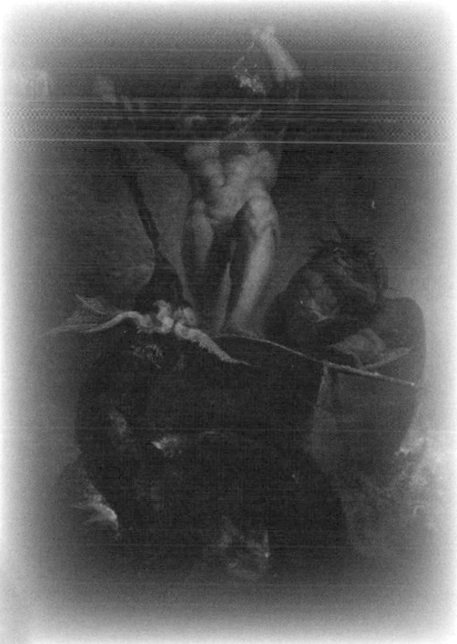

托爾大戰巨蟒。

當作魚餌，放到海洋深處，用盡畢生氣力與咬著牛頭的巨蟒角力，並成功把巨蟒引出海面。巨蟒約爾曼岡德衝到海面後，既驚且怒，不斷釋放毒氣與蛇血，並用力拉扯著，連托爾立足的船隻都受到破壞。這時候，托爾拿起巨錘想要擊在巨蟒頭上，可是伊米爾卻怕得把絲線剪斷了。跌回大海的巨蟒，從此與托爾結下了不共戴天之仇。

雙方惡戰了很久，托爾趁機一雷錘打死了巨蟒約爾曼岡德，但也被約爾曼岡德身下噴出洪水一般的血潮淹死了……

原來，命運早已註定了神祇們的失敗。

最後，宇宙間起了一場大火，這場惡火，燒盡了空陸冥三界的一切。善的和惡的，同歸於盡。大地焦黑而破敗，慢慢地往沸滾的海水中沉下去。世界末日果然到了，混沌的黑暗似乎又要包裹了宇宙。

小知識

Tips

在世界各地的許多文化中都有這種頭尾相連的蛇的形象，例如沃洛波羅斯，牠的意思就是「咬著自己尾巴的蛇」，牠頭尾相銜，雌雄同體，盤繞著整個世界，象徵「一切」、「完美」、「輪迴」和「陰陽」，代表著自然界周而復始的現象，既是開始，也是結束。

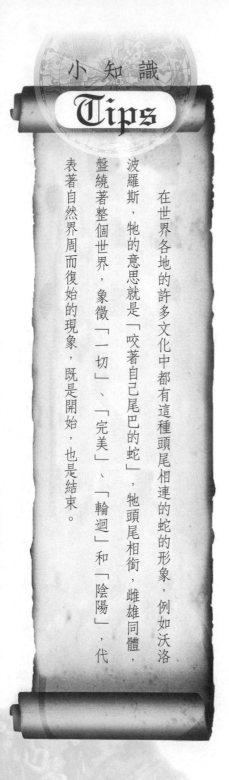

39 死亡的使者 赫爾

赫爾是邪神洛基和和女巨人安格爾伯達的第三個孩子，是冥國的女王。赫爾的膚色一邊是肉色，一邊是藍色，她總是神情嚴肅地出現。主神奧丁把她安置在充滿悲哀的死人國度，於是她就和自己的愛犬加爾姆統治了這黑暗的王國。

在《諸神的黃昏》裡是這樣描述她的：「從東方，巨人赫拉姆掌著船舵，和大蛇約爾曼岡德一同向『諸神國度』划來。胸前沾滿鮮血的地獄惡犬加爾姆，立在面臨灰暗悲哀深淵的岩石上狂吠。身體一半肉色一半藍色的『死人之國』女王赫爾站在用死人指甲製成的大船上，船中載滿霜巨人的軍隊向『諸神國度』開來。」

赫爾參與了誅滅神族體系的大戰，在這場戰爭裡沒有描述赫爾是怎麼死的，但是她是死神，應該只是隨著天地的覆滅而一起消失的吧！

北歐人認為赫爾的國度在地下，離人間很遠，想要到達冥國的大門，必須在極冷的黑暗之地行走九天九夜，所以北歐人會為死者穿上鞋底極厚的鞋子，來應對長途的跋涉。相傳速行之神赫爾莫德騎著奧丁的八足神馬跑了九個日夜才到達吉歐爾河。這條河是尼弗爾海姆的邊界，河上用頭髮吊著一座鍍金的水晶橋，被一個叫做莫德古德的長相猙獰的枯骨守著。這個殭屍樣的守橋者特別好戰，要過橋的人必須跟它戰鬥，如果輸了就要把鮮血做為通行稅獻給它。

過了吉歐爾河，會來到鋼鐵的樹林，這裡幾乎是不毛之地，過了樹林才能到達冥國的大門，叫「赫爾之門」。門口守著的是一隻血斑巨犬加爾姆，只有用名為「赫爾餅」的食物才能買通牠。在這大門裡是無盡的黑暗和刺骨的寒冷，赫瓦格密爾泉嘶嘶叫著奔湧而出，還有冥界九河的一條叫斯利德的河流，這條河流裡流淌著鋒利的尖刀。

繼續往前才能到達赫爾的宮殿，赫爾吃的東西是「餓」，用的餐刀是「饕餮」，男傭的名字叫「遲緩」，女傭則是「怠慢」，臥室名為「毀滅」……這裡所有的一切都是折磨。赫爾就在這樣的地方生活著，不知道她心裡會不會痛苦，她用很多這樣的房間來接待從陽間來的客人，但拒絕所有冤死者和殺人者。

小知識

Tips

北歐神話本身就是具有悲劇性的，不僅毀滅了人類的世界，所有的神祇與他們的家園也在這場慘烈的戰爭中徹底覆滅，同時這場毀滅又是在神創造世界時便已註定的，誰也無法避免，誰也無法阻攔。

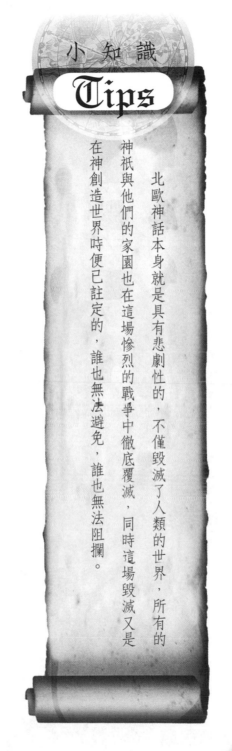

40 寶藏守護者 法夫尼爾

法夫尼爾，北歐神話中的一名侏儒，他是侏儒赫瑞德瑪的大兒子，有兩個弟弟，一個名叫歐特，另一個叫雷金。這本來是幸福的父子四人，可是弟弟歐特的意外死亡使他們的命運徹底改變了。

赫瑞德瑪的二兒子歐特化身為水獺在水中捕魚時，被經過的奧丁神隨行者洛基殺掉，不知情的洛基還帶著奧丁和海尼爾來到赫瑞德瑪的家，希望他幫忙烹煮獵到的水獺。父親赫瑞德瑪看到兒子的屍體，怒不可遏，便施法困住奧丁和海尼爾，讓洛基去尋找寶藏，尋找回來的寶藏要蓋住這水獺皮。可是水獺皮一直在無限的延伸，洛基有些為難了。

就在洛基一籌莫展的時候，海神之妻瀾幫助他找到了侏儒中的首富安德瓦利，心急的洛基毫不留情地搶走了安德瓦利全部的財產。在所有的財寶中有一個叫安德華拉諾特的戒指，悲憤的安德瓦利便對這個戒指下了詛咒：凡是擁有財寶和戒指的人都會遇上滅頂之災，直到所有的寶藏和戒指沉入水底詛咒才會解除。

水獺皮終於被安德瓦利的財寶蓋住了，可是鼻頭卻露在了外邊，洛基只好把被詛咒的戒指也放上去，隨後發生的一切就跟洛基沒有關係了。

接下來赫瑞德瑪家族真的倒楣了。法夫尼爾受到財富的誘惑，不僅殺害了父親赫瑞德瑪，還變成一條巨龍守護財寶。他的弟弟雷金被他趕出住所，只好到人類的世界去。法夫尼爾變成龍後，全身都散發著惡臭，他經過的地方都會寸草不生，據說誰吃了他的心臟就可以得到無邊的智慧。可是不管他有多大的能力和神奇力量，他還是徹底淪為了一個悲劇的守財奴，每天就守著這些錢財不敢離開一步，總覺得隨時都會有人來搶走他的財寶，所以他一直過著提心吊膽的日子。

流落人間的雷金成為了一個鐵匠，但是每天都活在仇恨中，他發誓要為自己的父親報仇。後來出現了一個人，他不僅幫助雷金報了仇，自己也因貪戀富貴而悲劇收場。這個人就是齊格飛，他是齊格蒙德的兒子，屬沃爾松一族。他的父親在他出生前就戰死沙場，只留給他自己寶劍的碎片，母親改嫁瑞典的國王後生下他。他被瑞典國王交給了雷金，於是雷金把他撫養成人。

長大後的齊格飛英勇機智，他聽過雷金的家事後決定幫助雷金剷除這條惡龍。但是齊格飛卻缺少一把寶劍，於是雷金便為他鑄造了三把劍，第三把劍因為施用了齊格蒙德生前寶劍的碎片，所以削鐵如泥，尖銳無比。

齊格飛為雷金報了仇，殺死看守寶藏的巨龍法夫尼爾，並得到了寶藏。

隨後，他用龍血沐浴，變得刀槍不入，但因為背上黏著一片樹葉的地方沒有浸到龍血，便有了致命的弱點。吃過龍心的他聽得懂鳥語，他從鳥的口中知道雷金想要謀害他，就把雷金也殺了。

得到寶藏的齊格飛繼續受到戒指的詛咒，死在了自己妻子的手中，最後幾經周折寶藏落到了另一個叫阿提拉的手中，阿提拉被自己的兄弟殺死，帶著戒指一起沉到了萊茵河底，這樣侏儒的詛咒才算了結了。

小知識

Tips

這是出自北歐神話故事《沃爾松格傳說》的一個小情節，從這裡我們明白財富能帶來幸福也能帶來災禍，提醒我們可以嚮往財富帶來的舒適生活，但是不能為了錢財失去自我。

41

班西 報喪女妖

在愛爾蘭傳說中有一種擁有女人外表的女妖精，會在家族中有人死期將至時現身，用悲泣的方式告知家人死亡的到來。

報喪女妖分布的地區相當廣，從愛爾蘭到蘇格蘭、英國的威爾斯等地區都可以見到她們的身影。她們與來自地獄要人性命的死神截然不同，報喪女妖是居住在有地位的家族中的一種居家精靈。據說，報喪女妖是這個家族在很久以前死去的年輕女孩，死後靈魂留在家中所變成的。

相傳，有一個出門在外的遊子在回家的途中，碰見了一個女子坐在一棵樹下痛哭流涕，她穿著一身白衣，傷心地痛哭著，還不停地用手捶打著地面。遊子好奇地走上前想問問她遇到什麼傷心事才會如此悲傷欲絕。當她抬起頭的時候，男子幾乎嚇得暈過去，這個白衣女子的雙眼因為哭得太厲害變得紅腫不堪，兩眼的四周好像是綴了兩圈紅線，這紅線般的眼中是冰藍色的眼珠，透射著絕望，讓人分不清這是死人還是活人的眼睛。白衣女子看了遊子一眼就消失了。遊子莫名其妙地呆立了一會兒，沒有想明白發生了什麼，最後默默地繼續自己的行程。

後來，遊子在路上又碰見了一位老者，他們相伴了一天後分道揚鑣。在一天的相處中，遊子把他遇到的這件奇怪事情告訴了老者，老者好心地提醒他，說他是遇見了報喪女妖，可能他家裡會有親人去世。老人又跟他說了一些關於這個報喪女妖的事，他半信半疑地聽著。跟老者分別後，遊子加快了回家的腳步。

結果正如老者所言，遊子的母親病重，幾乎到了油盡燈枯的時候，但為了見兒子一面，她一直強撐著，幸虧她等到了，遊子也見到了母親最後一面。

關於報喪女妖的說法很多，有的說她們擁有超人的能力，能夠一眨眼就飛到幾百公尺的前方不見蹤影，也能穿牆而行，還會乘風在山壁上移動。也有的說法認為報喪女妖是家居精靈，她們除了報喪外也會守護活人。

報喪女妖因為是常常會現身給人類看的妖精，所以就留下許多人目睹過她們的傳說。

小知識 Tips

報喪女妖常常會以少女、婦女或是老人的形象出現，通常會穿著壽衣，有時會清洗死者的衣物。在小說《吸血鬼獵人》中曾有提到她，說她白臉赤眼，大聲哭報死訊。

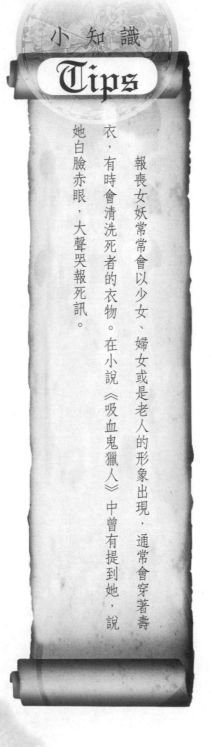

42 夜間出沒的亡靈
無頭騎士

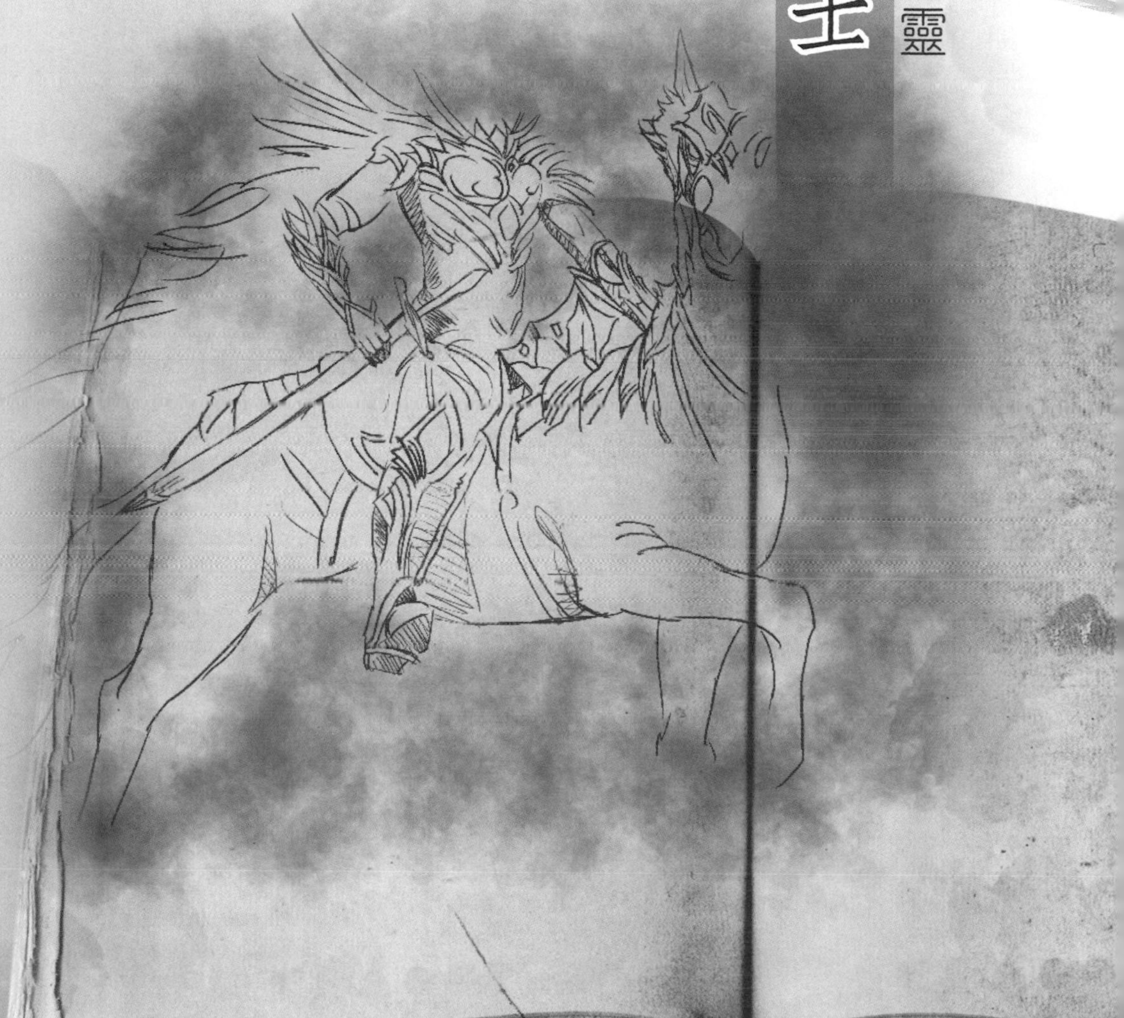

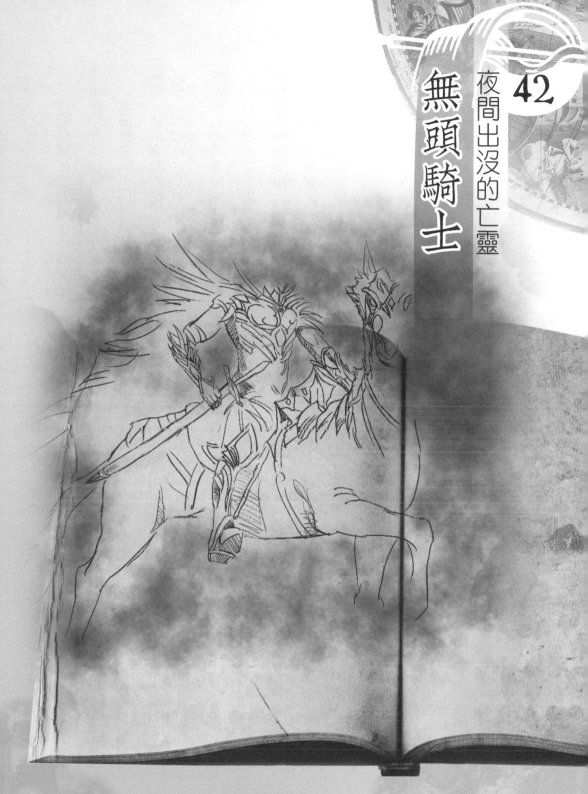

在愛爾蘭民間有這樣一個習俗，在宗教節日期間（尤其八月底九月初這段時期）愛爾蘭人通常都拉下窗簾閉門不出，而且都配帶金飾，因為傳說在這期間會有一個無頭騎士出沒。

這個無頭騎士出現的時候會騎著一匹黑色的戰馬，一手緊緊抓著韁繩，另一隻手將自己的頭顱抱在腰間。他的座騎亡靈黑馬擁有比馬身還要長六碼的頭顱，短耳以及一雙如火焰般燃燒的眼睛。而抱在腰間的頭顱的臉色和膚質像發了霉的乳酪，有一張大嘴和像蒼蠅一般的大複眼，當他遇到人類時頭顱就會自動變一個裝滿鮮血的桶，然後成桶的血就潑在他們身上。

有時無頭騎士出沒的時候身邊會跟隨一群妖怪，比如班西，他們乘坐一輛由六匹黑馬領頭的拉車，驅趕馬車的鞭子用人類的脊髓做成。但是，無頭騎士可以用於說話的力量極其有限，並且每次出巡他只有一次開口的機會，而在這僅有的機會中他會呼喚將死之人的名字並將其靈魂帶走。

無頭騎士生前是一名勇猛的騎士，在戰場上與敵人交戰時不幸身亡並被割去了首級，因此每當別人歡慶的時候，他就出沒來尋找自己的腦袋，一開始是看見與自己生前長相相似者便會斬其頭顱帶回。到後來就慢慢地成了一個惡魔，一到時候他就出來禍害沉睡谷裡的居民。

可憐的居民一度沉浸在恐慌中，後來他們在與無頭騎士的對抗中慢慢發現了他的弱點，無頭騎士會畏懼金子發出的光芒，因為金子雖不能對無頭騎士造成傷害，卻可以保全沉睡谷居民的靈魂不被帶走，這樣不幸遭遇無頭騎士受傷不重的人就還可以活下來。

因此，一到宗教節日期間大家都穿金戴銀地待在家裡不出門。

小知識
Tips

關於無頭騎士，也有傳說在一個萬聖節的晚上，一個年輕人在被他追逐的時候，情急之下把手裡的南瓜燈套在了無頭騎士的脖子上才逃過一劫，而且此後，無頭騎士也很少出沒了。

43 溺水鬼

可愛的水中幽靈

維斯瓦河裡，在斯可卓夫那一段的河灣裡有一個溺水鬼王國。溺水鬼的個頭跟小矮人差不多，都長著翹鼻子，猴子一樣的腦袋，前肢的指頭間長著像鴨子一樣的蹼，可以幫助他們游泳。他們都穿紅色的短上衣、連身裙或者短褲子，此外，他們都有一個像皮球一樣圓滾滾的肚子。溺水鬼在白天都會躲起來不見人，偶爾碰到人也會用魔法讓自己隱身。他們只會在月夜露水多的時候，爬到岸上欣賞這美麗的大地。

溺水鬼的鬼王是個上了年紀的迷糊老頭，可能是人老了，他看起來有點像一隻癩蛤蟆。有一次，他在一個月朗風清的晚上來到岸上，拄著枴杖搖搖擺擺地走著，頭上的王冠總是隨著腳步掉到眼前，害得他一步一扶，樣子特別滑稽。

鬼王好像特別愛花，他每看到一朵花都會停下了嗅聞，然後被花粉嗆得不停地打噴嚏。他打完噴嚏便摸摸肚皮朝下一朵花走去，然後又重複之前的動作。鬼王這樣在草叢上轉來轉去，不久就累了，便停在一株寬大葉子的植物邊休息，不知不覺就睡著了，這一睡就到了天亮。

鬼王醒來的時候，太陽已經高高地照在天空，草地上有嗡嗡飛的蜜蜂，有不停爬來爬去的蟲子，可是就是沒有露水，老鬼王著急起來。因為沒有露水，他根本沒有辦法走回河裡，如果一直在太陽底下就會有生命危險。正在老鬼王焦急萬分的時候有一個小女孩走了過來。「小姑娘，妳好！」老鬼王急切地喊道。

「嗨，你好！」小女孩找了半天才看見青草的葉子下面藏著一隻癩蛤蟆，「是你在叫我？」

「是，是我在叫妳。」老鬼王著急地說，「妳可以幫我回到河裡嗎？我的腿受傷了。」小女孩立刻就答應了老溺水鬼的請求。在後面簡短的對話中，老鬼王知道小女孩叫蘇贊卡。老溺水鬼王回到水裡才告訴蘇贊卡他是一隻溺水鬼，可以滿足她一個願望。

小女孩很認真地想了想說：「那就讓我的鄉親們永遠都生活得幸福快樂吧！」

老溺水鬼笑了笑說：「我答應妳，再見了，善良的女孩！」

老溺水鬼回到了自己的王國，大家都纏著他問晚回來的原因。老鬼王把自己碰見蘇贊卡的事告訴了小溺水鬼們。小溺水鬼們都好奇地想要見一見這個善良的人。於是，他們就開始暗中觀察蘇贊卡。慢慢地，他們知道蘇贊卡在一個叫庫熱伊卡的農民家裡當女僕，在為他放牧鵝和乳牛。他們還知道了農民庫熱伊卡對蘇贊卡非常吝嗇，常常欺負蘇贊卡，於是他們決定幫助這個小女孩。

有一天，蘇贊卡從平時睡的乾草墊上醒來，覺得身子下面不太舒服，似乎墊子上的乾草變硬了，發僵了。她一看，不禁叫了出來，因為乾草都變成了黃金，每一根乾草都是金子的。她身邊的乳牛也驚訝地叫個不停。主人聽到了聲音以為是偷牛的來了，他跑來一看，嚇得一屁股坐到了地上。

蘇贊卡的事情很快傳到了皇宮裡，國王便想把她嫁給自己的兒子。可是貪財的農夫提出一個條件，那就是要大批的錢財做禮金，國王後來聽說了農夫對待蘇贊卡的方式，很生氣，就把他的財產分給了村民，讓他淪為了一個乞丐。

蘇贊卡同意成為王妃是因為她想，將來她成了王后，就能給人們做更多的好事。她帶著金草墊子上了國王的轎式馬車，來到國王的宮殿。此後，她也如願地讓村民都過著幸福的日子。

小知識 Tips

在蘇格蘭傳說中的黑色水鬼，半馬半牛形，頭上長有兩根尖尖的犄角，常會變幻為一匹美麗的白馬，一旦有人騎上就會拔腿狂奔，直至將人摔入水中淹死，然後飽餐受害人的血肉。有時這種水鬼也會變幻成英俊小生的模樣，不知情的年輕女子很容易受到它的誘惑而追求它，結果走入自掘的水墓，不過只要細心一點就會發現，這位「英俊小生」的頭髮總是濕漉漉的，中間還夾雜有水藻。

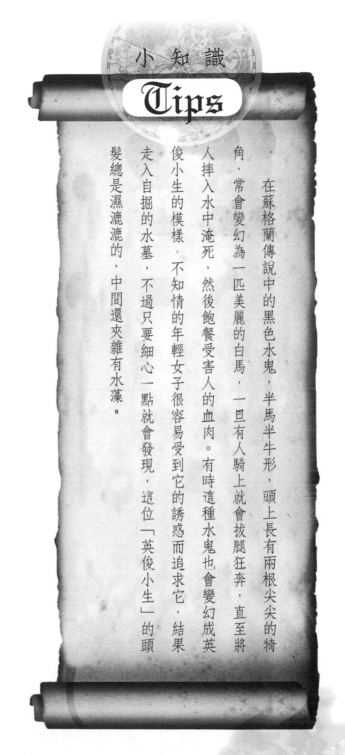

44

另類的財富

穿靴子的貓妖

從前有兄弟三個，他們的父親是個窮苦的磨坊主，磨坊主死的時候只留下一頭驢、一隻貓和一個磨坊。大哥霸佔了磨坊，二哥拉走了驢，只把貓留給了小兄弟。

小兄弟抱著貓悲傷地說：「我們靠什麼維生呀？」此時貓說話了，嚇了小兄弟一跳。貓說：「不要擔心，我親愛的主人，請為我準備一雙靴子和一個布袋讓我到樹林去，然後你會遇上好運的。」小兄弟半信半疑地照做了。然後，這隻會說話的貓穿上靴子，背好布袋，朝著樹林出發了。

貓每天都會捕到一隻獵物，今天是兔子，明天是鵪鶉，牠把這些獵物都以卡拉拔公爵的名義獻給國王，國王非常高興，也記住了有一個卡拉拔公爵。有一天，貓去送獵物時候聽說國王和美麗的公主要在第二天去河邊郊遊，於是牠跑回家告訴自己的主人。

老實的小兄弟說：「這跟我有什麼關係？」

貓說：「親愛的主人，你要是相信我，就照我說的來做。」

第二天，他們算準時間提前十分鐘來到了河邊，貓讓小兄弟脫了衣服到河裡洗澡。不一會兒國王的車隊過來了，貓就在這時拼命地大叫起來：「救命啊！卡拉拔公爵溺水了！」

聽見叫聲的國王從車窗裡看見了大叫的貓，並認出牠就是常來送獵物的那隻貓，就命衛兵去救卡拉拔公爵。可憐的卡拉拔公爵被衛兵從河裡救上來後，貓走到國王跟前說：「卡拉拔公爵在河裡洗澡，小偷偷走了他的衣服。」國王聽後，命人取來幾套華貴的衣服讓小兄弟穿上。本來就長得英俊的小兄弟穿上華麗的衣服顯得更加華貴，公主只一眼就愛上了他，於是請他一同坐在馬車裡遊覽。

他們在後面慢慢地遊覽欣賞大自然的風光，貓跑在他們前面另做準備。牠吩咐割草的農夫和割麥的割麥工都要在國王問起時，回答他們是在為卡拉拔公爵服務，否則國王就要砍他們的腦袋。就這樣，國王聽到這大片的土地都是卡拉拔公爵的。貓在前面不斷吩咐著，國王在後面聽到的都是同樣的回答，他不由得驚訝這個卡拉拔公爵竟會這麼富有。

貓提前來到一座豪華的城堡前，這裡住著一個很富有的妖精，剛剛路過的一切都是他的。貓禮貌地對妖精說：「卡拉拔公爵命我向您問好。」妖精感到很榮耀，就盡力用文明的禮節接待牠。他們坐在一起談話的時候貓說：

「聽說您有很多本領，會變成獅子！」妖精為了顯示自己的本領就變了一隻獅子，嚇得貓一屁股坐在了地上。然後，貓尷尬地笑著說：「您是有真本領呀！那您能不能變成小一點的動物，比如田鼠、老鼠之類的？」得意的妖精立刻又變成了一隻老鼠，在地上竄來竄去。貓立即縱身一躍，撲上前把牠吞了下去。

國王的馬車來到城堡前時，貓已經等候在門外。牠紳士般地站在宮殿前說：「歡迎國王陛下光臨卡拉拔公爵城堡。」

國王驚呼起來：「我親愛的公爵，這氣派的城堡也是你的嗎？」

國王看到英俊的小兄弟這麼富有，人品又如此謙和，就決定把自己的女兒嫁給他。於是，當天晚上他就和公主舉行了婚禮。

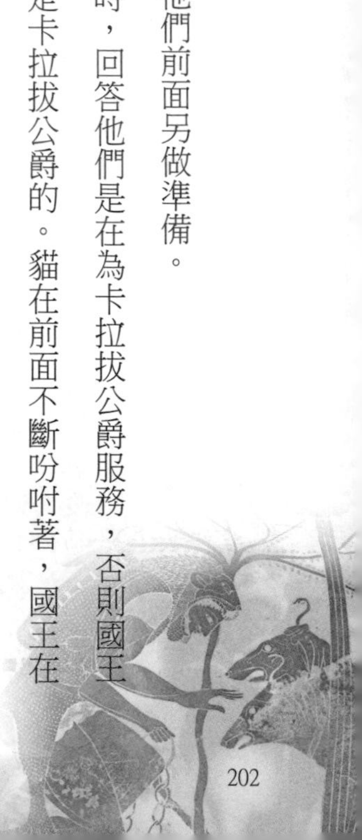

後來，貓也被封了勳爵。牠也過著優越的生活，偶爾無聊的時候才會捉幾隻老鼠玩玩。

小知識

Tips

在英格蘭、愛爾蘭和蘇格蘭的傳說中，凱西貓是一隻貓國國王。在這個貓國裡，貓擁有完整的社會等級體系，在這個體系裡有皇室成員也有百姓，牠們將那些被人類虐待的貓帶回自己的國家，使牠們成為這個國度的一員。貓不僅擁有自己的智慧，還能夠瞭解人類的語言。

凱西貓是一隻胸前有白毛的黑貓，後足站立，雙眼閃爍著智慧的綠光，喜歡在黑暗的地方出沒，一般人無法見到。這裡選的這隻神奇的「穿長靴的貓」的童話以及《愛麗絲夢遊仙境》裡的笑面貓就是以牠為藍本的。

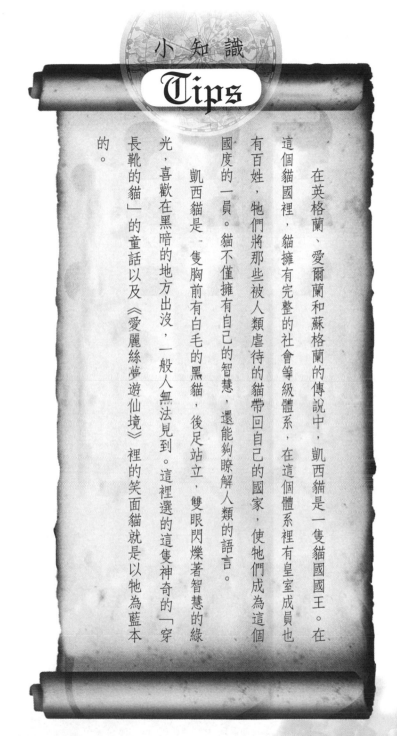

45 鞋精靈

會做鞋子的精靈

從前有一對老夫婦，他們沒有子女，只有兩個人相依為命。他們一起開了一個鞋匠舖，靠老頭做鞋子維持生計。可是他們的生意並不是很好，家裡越來越窮，窮得甚至沒錢買做鞋用的皮革。

一天晚上，他們只剩下一雙鞋子的皮革，老鞋匠無奈，只能向上帝禱告：「上帝啊，我該怎麼辦，這是家裡最後一點皮革了，請祢幫幫我吧！」

禱告完，老鞋匠就睡著了。第二天老鞋匠開始工作的時候，發現桌上那塊皮革不見了，取而代之的是一雙做工精美的鞋子。正在老頭納悶的時候，進來的一個客人看中了這雙鞋子，用很多錢買走了它，這些錢足夠買兩雙鞋子的皮革。

晚上，老鞋匠又在桌上擺放了裁剪好的新皮革，打算明天把它們做好。

可是第二天早上，皮革又不見了，兩雙鞋子擺在桌上。鞋子同樣被幾個大方的顧客買走了，老鞋匠又買了四雙鞋的皮革，同樣，這四雙鞋的皮革也在他沒有動的情況下變成了精美的鞋子。就這樣過了好一段時間，老鞋匠很快就富有起來了。

一天晚上，老鞋匠實在忍不住好奇，就和妻子半夜起來在桌上點了燈，然後躲在暗處觀察。夜半的時候，兩個小精靈出現了，他們光著膀子，看起來很結實。只見他們敏捷地爬到桌子上，就坐在燈下開始認真地工作起來，他們用靈巧的小手先把皮革一塊塊縫好，然後用木槌輕輕的敲實……他們工作得那麼認真，一點也沒有發現躲在暗處的夫婦。一旁的老鞋匠看呆了，他找到了自己好多不足的地方，不禁打心眼裡佩服這些小傢伙。不久，這些小傢伙就把所有的皮革都做成了鞋子，看著一雙雙做工完美的鞋子擺在桌上，兩個小精靈高興地說了些什麼，然後就消失了。

第二天，老鞋匠的妻子說：「他們是多可愛的小精靈呀，給我們幫了那麼大的忙，我們應該做些什麼來回報他們。」老鞋匠表示贊同。最後，老夫妻兩商定給小精靈每人做身衣服。

於是，鞋匠夫婦開始為小精靈們忙碌起來，天黑的時候，他們終於忙完了。晚上睡覺前，老鞋匠把做好的小衣服、小鞋子放在桌上，悄悄地躲了起來。夜半，小精靈又出現了，他們爬上桌子準備工作的時候，發現沒有皮革，而是一些適合他們的衣服和鞋子時，立刻驚喜地開始試穿起來。穿戴好後，他們發現衣服剛剛好，於是都高興地又唱又跳，他們鬧騰了好一陣子。

老夫妻看見這一幕激動地流出來淚水，他們只是高興，卻不知道為什麼要流淚。小精靈們最後唱唱跳跳地走出了大門，再也沒有回來。大概他們可能又去幫助另一個貧困的人家去了吧！

老鞋匠用從精靈那裡學來的手藝，像往常一樣辛勤的工作，所以他的鞋子依然賣得很好。從那時起，老倆口事事順心，直到離開人世。

小知識 Tips

愛爾蘭傳說中會做鞋的小精靈，通常穿著一身綠色的衣服，衣服外繫著一條皮圍裙，腳穿銀色扣鞋，頭戴紅色帽子，尖尖的鼻子上架著一副眼鏡。這些鞋精靈的最大特點是善於做鞋，但每次只做一隻，從來不做完一雙。他們喜歡捉弄人類，反應很靈敏，可以很快地躲開人們的視線，如果你非常幸運能夠抓到他的話，他就會把祕密財寶的藏匿處告訴你，在他們帶你去挖寶的路上，你一定要目不轉睛地盯著他，否則稍一挪開他們就會消失無蹤。

46

調皮的精靈

花匠太太家的小魔仙

從前，有一位花匠太太。她很有學問，也很能背詩，自己還能輕鬆自如地寫詩。

「穿著星期日盛裝的大地真漂亮！」她把這個想法寫在自己的詩集上，又添上其他的詞句，湊成了美麗的長詩。

吉瑟俄普是花匠的外甥，是一個專科學生，他來花匠家串門子。「舅媽，太棒了，這是多麼富有靈氣的詩句啊！」吉瑟俄普進門時聽到太太吟誦的這句詩，由衷地讚嘆道。

花匠對著吉瑟俄普說道：「別胡說了，婦人最重要的是要有像樣的身體而不是頭腦。」

「快去看著妳的鍋吧！別讓粥煮焦了。」花匠又轉頭對自己的太太說。

太太在丈夫的臉上吻了一下說：「你喜歡的是花，不是白菜、土豆。我用木炭可以除掉粥的焦味，而你身上的俗氣，我吻一下也就可以去掉。」花匠無奈地看了太太一眼，便轉身走向廚房，他可不想吃糊掉的粥。

吉瑟俄普和舅媽便坐在那裡開始聊天。他用自己的方式，對她的那句讚揚大地的話發表了自己的想法。他從這句話裡總結出了人的情感和地理知識。太太聽完他的高論說：「你的知識太淵博了，我聽你一席高論，就完全理解了。」他們繼續談論著，時而發笑，時而沉默，氣氛十分融洽。廚房裡也有一位在說話，她就是穿灰衣戴紅帽的小魔仙。可是除了那隻老是偷奶油的大黑貓以外，再也沒有人聆聽。

花匠太太不相信精靈的存在，所以小魔仙很生氣。小魔仙自言自語地抱怨道：「她從來都不相信我的存在，可是她有淵博的知識，她不應該不知道我的存在。聖誕夜的時候，我的先人都會得到一小勺粥，因為她們的主人沒有學識。可是我的主人卻從來沒有想到過我。我先人分到的粥裡還有厚厚的奶油。」

大黑貓聽她說到這裡便流出了口水。

「她說我只是個傳說！」小魔仙說道，「她竟然否認我的存在，我要讓她知道我的存在。我要讓她煮粥的鍋溢出來。」說著，小魔仙便對著火爐吹氣，使火燒得旺旺的。「我還要在花匠的襪子上咬許多洞，我讓她沒有時間讀書、寫詩。」

「我去打開餐廳的門」，小魔仙引誘著大黑貓說，「櫥櫃裡有熬好的奶油，你要不要舔一下？」

「儘管會挨打，我還是舔一下吧！」大黑貓沒有經得住誘惑。

小魔仙在廚房搗亂完後，跑到了小屋門口偷聽太太和專科學生的談話。

太太正好和專科學生談論著自己的詩集，他們談到了一首《小魔仙》的詩集。太太被想當詩人的想法控制著，無心做別的事，所以她把這個念頭比喻成小魔仙。她大聲朗讀著自己的事，讚美著這個「小魔仙」帶給她的快樂和憂愁。

專科學生認真聽著，門外的小魔仙也認真聽著。她聽到太太嘴裡唸著小魔仙，以為那是為自己作的詩，詩裡讚揚小魔仙的了不起，頌揚小魔仙對太太的統治，她生氣的臉龐上露出了微笑，眼睛也閃閃發光。

「原來是我冤枉她了，她是那麼有靈氣，有教養，我居然被她收進了《丁當集》，如果詩集被印出來，我就家喻戶曉了。哦，我不能再讓貓偷吃她的奶油了，我得去把剛才搗的亂收拾一下。」小魔仙高興而慌亂地說道。

「看她這個樣子，太太只是甜甜地喵了一聲，她就變成這樣了。這太太可真夠精明的。」在一旁觀看的大黑貓不屑地看著小魔仙說道。不是太太精明，而是小魔仙像是一個人。大家說小魔仙像誰呢？

小知識 Tips

歐洲民間傳說中一類很重要的精靈，通常生活在森林裡。現代通俗文學通常把她描寫為「小仙子」的形象——體型很小，比昆蟲略大一些，體色透明，長有蝴蝶的翅膀和觸角，其實這是對精靈的誤解甚至貶低。真正的精靈應該譯為「小魔女」比較妥當，因為魔法是她們的生命之血，是她們的動力，失去了魔法，這些小精靈就會逐漸枯萎直至死去。小魔女生活的世界是一個充滿奇蹟、遍布危險的魔法世界，在這裡，宏偉的天堂與可怖的噩夢共存。

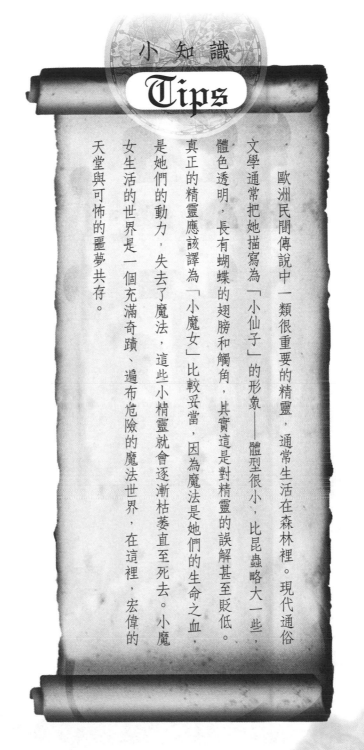

47

騙子惡魔

墨菲斯托

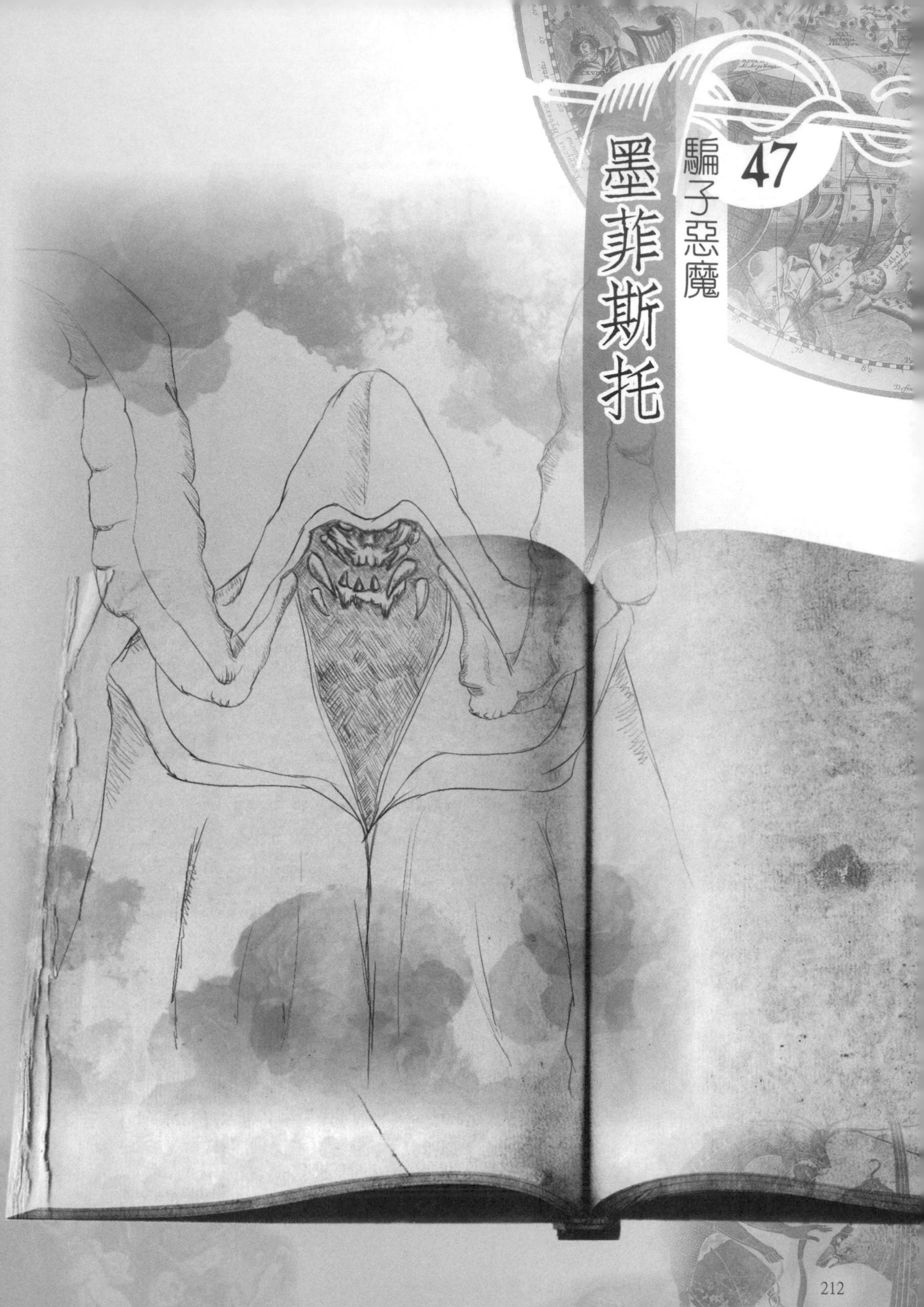

上帝和魔鬼墨菲斯托在一起討論信仰的力量，他們拿人間的浮士德來舉例。

墨菲斯托說浮士德是個貪婪的人，有無窮的慾望，他幹了壞事還想得到好名聲。

上帝說一個人在追求自己理想難免會走錯，只要有理性和智慧的引導，就會找到正確的道路。墨菲斯托卻不贊成上帝的想法，於是就和上帝打了個賭，它一定能夠把浮士德引向墮落，使他走上邪路。上帝便把浮士德交給了它。

墨菲斯托變成一個學者來到人間，假裝與浮士德相遇並成為朋友。

此時的浮士德正處在苦惱中，他的思想也是矛盾的。墨菲斯托告訴他：他的本性就是「惡」，應該按照自己的本性來做事。

他們簽訂了一個契約：墨菲斯托願意做浮士德一生的僕人，幫助他排憂解難，尋找樂趣，滿足他的一切需求：條件是浮士德表示對生活滿足的一瞬間，他的靈魂就歸墨菲斯托所有，來生做這個魔鬼的僕人。浮士德是個不相信來生的人，所以就不假思索地簽訂了這個契約。

墨菲斯托在引誘浮士德墮落的過程中，浮士德愛上了少女瑪甘淚。

在墨菲斯托的幫助下，浮士德擄獲了純潔的平民少女瑪甘淚的心。他們為了能在家中暢享愛情的歡樂，浮士德設計讓瑪甘淚給自己母親的水裡下安眠藥，使她沉睡。結果不小心藥量過足，母親竟在沉睡中離開了人世。

瑪甘淚為自己的無心之失懊悔不已，她認為是自己殺死了母親，悲痛欲絕的她只有用懺悔來祈求內心片刻的安寧。可是她的醜聞傳遍了大街小巷，處處都是別人鄙夷的眼神和痛恨的指責，她痛不欲生。

軍人華侖亭是瑪甘淚的哥哥，在一天晚上回家時，碰上浮士德又來與瑪甘淚幽會，一腔怒火的他立刻向浮士德挑戰，浮士德在墨菲斯托的唆使和幫助下，拔劍殺了華侖亭。

哥哥的死亡使瑪甘淚徹底崩潰了，她在恐懼和不安的壓迫下，終於不省人事。浮士德卻在墨菲斯托的幫助下逃走了，瑪甘淚被當成兇手抓了起來。

墨菲斯托帶著浮士德來到了下流淫蕩的瓦普幾司的晚會上，他們在那裡沉醉著，忘記了之前發生的一切。當墨菲斯托在晚會結束時，把瑪甘淚身陷囹圄的事告訴浮士德，浮士德的良知暫時甦醒了。他暴怒地斥責這個魔鬼的鐵石心腸和背信棄義，於是便冒著生命危險去救瑪甘淚。

當他們到達監獄時，瑪甘淚已經瘋了，她不認識浮士德，看到他只是嚇得閃躲著，不讓他靠近。浮士德看到瑪甘淚非人的模樣，內心萬分悲痛，決定一定要救出她。可是她一直說自己犯罪了，不能離開。糾纏了一夜，瑪甘淚還是堅持不走。天快亮的時候，墨菲斯托衝進來，堅決地拖走了悲痛欲絕的浮士德……

後來，墨菲斯托施法使浮士德忘記了心中的罪孽感，又幹了許多荒唐事。最後，浮士德死去的時候還是上帝出來拯救了他。

小知識 Tips

《浮士德》是一部長達一萬兩千一百一十一行的詩劇，第一部二十五場，不分幕。第二部分五幕，二十七場。全劇沒有首尾連貫的情節，而是以浮士德思想的發展變化為線索。這部不朽的詩劇，以德國民間傳說為題材，以文藝復興以來的德國和歐洲社會為背景，寫一個新興資產階級先進知識份子不滿現實，竭力探索人生意義和社會理想的生活道路。是一部現實主義和浪漫主義結合得十分完好的詩劇。

48 被凍住的鬍子

冰鬍子

傳說，在法國和瑞士的山區中，尤其是在冬天下雪後，經常會出現一種小精靈，他們的雙腳非常大，可以當作雪鞋，防止自己陷入厚厚的雪中，又可以當作滑雪板，還可以用作鏟子來挖隧道。這些小精靈是人類很好的朋友，他們能夠而且喜歡駕馭雪崩。

這些小精靈會在雪崩即將發生時向人類發出警告，同時也會救助被雪崩困住的人，把他們從雪裡挖出來。

「雪崩剛剛結束，不知道哪裡冒出來一個矮小的傢伙，說是一個傢伙是因為他長得有些像人，但是耳朵卻是巨大而尖尖的，這說明他絕對不是人，不夠一米的身材，卻長著一雙巨大無比的腳，腦袋上光禿禿的，白色的鬍子卻長得很長，上面還掛著亮閃閃的像水晶一樣的冰晶。這個小傢伙手裡拿著一個冰鍬開始一下下專注地鏟雪。」從雪崩中逃生出來的人曾這樣繪聲繪影地描述這些精靈拯救被雪埋住的人時的情景。

這些對人類友好的小精靈的住處在山頂上，他們在那裡自己開鑿山洞或隧道用來當房子。

他們被稱為「被凍住的鬍子」，也就是冰鬍子。冰鬍子不會在夏天的時候出現，因為這個時候他們都在「夏眠」，當冬天降臨，氣溫降到零度以下時後他們才會出現。他們的鬍鬚上結滿了細細的冰柱，所以會顯出閃亮的銀白色，這些冰柱融化後就會露出正常鬍鬚。冰鬍子可以在幾秒鐘內把自己藏在厚厚的雪裡，也可以在幾秒內從很深的雪底下爬出來。冰鬍子因為都穿白色毛外衣，所以在遠處很難分出男女。

小知識 Tips

冰鬍子是精靈的一個分支，精靈是從巨人伊米爾的屍體上幻化出來的，有很多分支。精靈的總體特點為：長壽，高貴，優雅，聰明，美麗，和大自然幾乎融為一體，擅長使用魔法和弓箭，組成比較鬆散的王國，彼此之間平等友好。精靈通常是善良的，他們敵視邪惡種族，而和善良種族都能友好相處。

49 殺人魔王 戈蘭德爾

戈蘭德爾是一隻半人半獸的怪物，每天晚上在月亮當空的時候，牠都會出現在丹麥國王洛特戈爾的城堡裡殺人，並以殺人和折磨人為樂趣。洛特戈爾國王派出很多士兵和英勇的武士來抵抗戈蘭德爾的殘暴行為，結果都無濟於事，全城的人民一直生活在恐懼的陰影下。

國王洛特戈爾為了保護自己的子民，一直努力地招納賢士，希望出現一個英雄能夠拯救他的子民於水深火熱之中。當然這期間他與戈蘭德爾的戰鬥也一直沒有停止過，但是由於戈蘭德爾受到魔法的保護，是刀槍不入的，所以他們一直處於戰敗的狀態。

事情出現轉機是因為貝爾武甫的到來。貝爾武甫遊歷到這座城堡的時候，看到這裡居住的人民每個人都神色慌張、緊張兮兮的，似乎有什麼不好的事情要發生，才讓他們都提心吊膽地生活。當貝爾武甫拜見國王的時候，發現國王也是愁眉不展的，他很奇怪為什麼這個國家舉國上下都沉浸在這悲傷焦慮的氣氛中。於是，貝爾武甫在與國王閒談的時候便提出了自己疑惑：

「親愛的國王陛下，您是這麼仁慈善良的人，您的子民生活應該是無憂無慮、幸福而快樂的，可是我要不敬地說，我發現全城的人都生活在不安與恐懼中，包括您，您好像也遇到了什麼難事。」

「哦，偉大的貝爾武甫，你是正確的，不瞞你說，我確實遇到了一件難事，它困擾我好多年了……」

就這樣，國王洛特戈爾將城堡遭遇的不幸都告訴了貝爾武甫。

貝爾武甫聽完國王的陳述，不禁怒火中燒，他甚至想要立刻會一會這個讓人民飽受痛苦的妖怪。但是既然這麼多年了，國王都拿牠沒辦法，那所有的事情都得從長計議。

貝爾武甫在接下來的幾天，走訪了幾個參與過與戈蘭德爾戰鬥的人，瞭解了一些實際情況，然後開始養精蓄銳，準備與戈蘭德爾戰鬥。

又是一個月朗星稀的夜晚，一輪明月高高地掛在空中，給大地披上溫柔的薄紗，世間的一切都顯得那麼祥和安靜，如果此刻來到這裡的人不可能想到這裡將要發生一場大戰。

貝爾武甫躲在一個角落裡等待著戈蘭德爾的出現。突然一聲淒厲的叫聲劃破了夜的寧靜，貝爾武甫立刻循聲追去，在不遠處，就看見了戈蘭德爾正在追一個嚇得失魂落魄的男了。貝爾武甫立刻跑過去截住了兇殘的戈蘭德爾。被攔住的戈蘭德爾勃然大怒，生氣的朝貝爾武甫撲了過來，一場惡戰開始了。激戰的過程中，雙方都受傷了，但最後戰鬥以貝爾武甫砍下了這隻野獸的一隻胳膊告終。

雖然貝爾武甫沒有親手殺死這隻怪獸，但是逃回洞裡的戈蘭德爾，最終因傷勢過重而死去。貝爾武甫成就了一段英雄事蹟。

小知識 Tips

這個故事為讀者展現一幅原始部落的人們，在英明而強大的領袖指揮下戰天鬥地不向艱苦的自然環境低頭的畫卷。這部史詩還是將自然界神話與英雄傳奇相結合的典型例子。

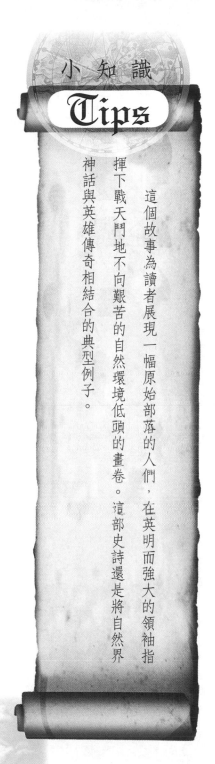

50

巨大水怪

戈蘭德爾之母

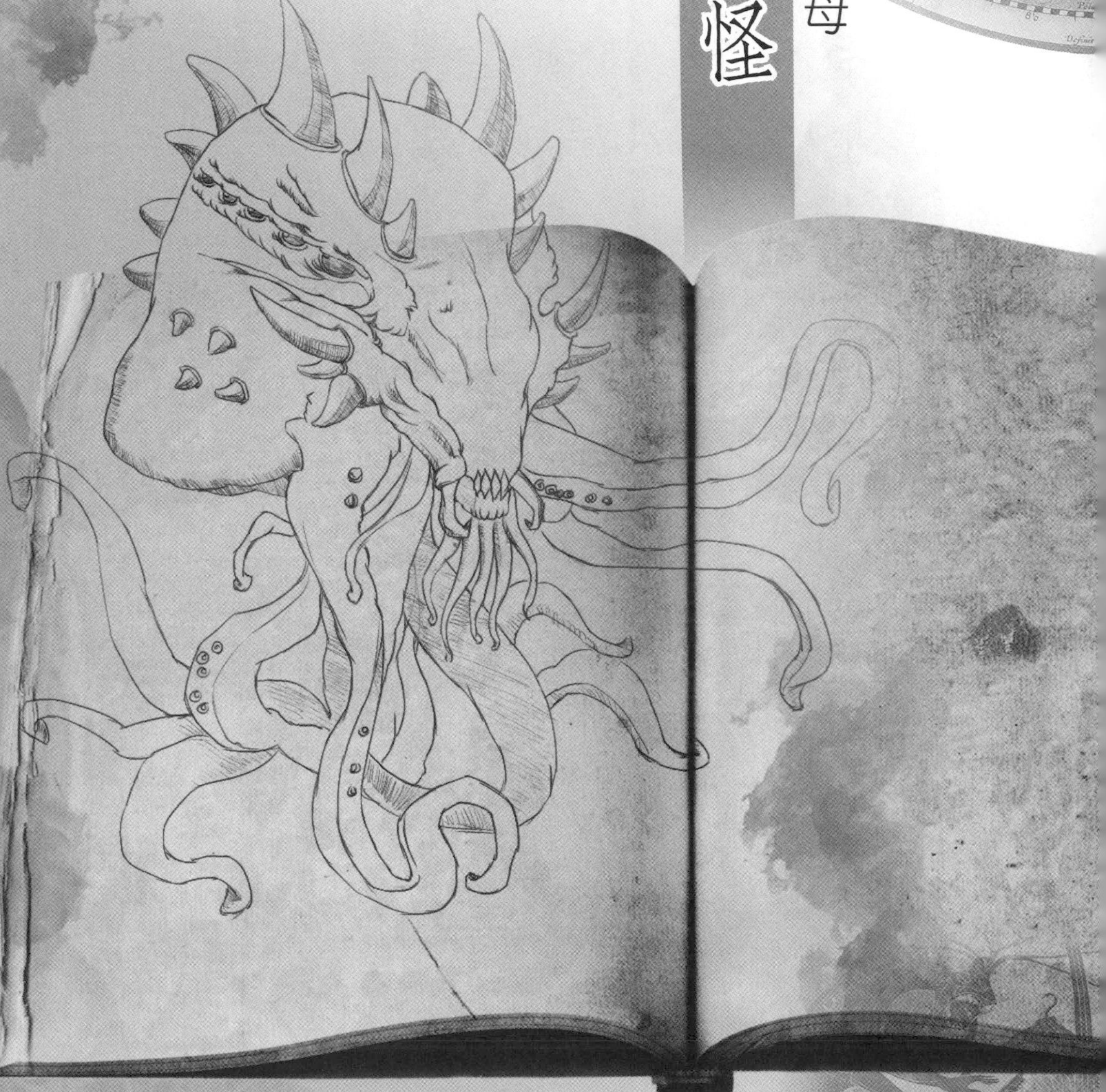

貝爾武甫在戰勝戈蘭德爾之後，把這個怪物的胳膊做為戰利品掛在了城牆上。國王高興地立即下令全城狂歡三天，一是要慶祝他們終於擺脫了恐懼的生活，二是要感謝他們的大恩人——貝爾武甫。

當全城人民都沉浸在歡樂的氣氛中時，城外傳來了不幸的消息，一隻大水怪又出現了，牠開始引發水災，淹沒良田，後來也在夜間出沒，傷害城裡的居民。全城又陷入了恐慌之中。

一天夜裡，這隻水怪潛入了國王的城堡，悄悄爬到城牆上取走了戈蘭德爾的胳膊，貝爾武甫則偷偷的跟在牠的後面，發現牠消失在黑暗的湖水之中。貝爾武甫想要一探究竟，就跟在後面也潛入了湖水。冰冷的湖水讓貝爾武甫感到刺骨的疼痛，但是他強忍著繼續跟蹤這隻水怪，終於在水底的一個洞穴裡發現了牠。

他看見水怪抱著戈蘭德爾的胳膊在傷心的哭泣。貝爾武甫停了片刻才明白這隻水怪是戈蘭德爾的母親，牠要為自己的兒子報仇。

「你們無惡不作，遇上我就算你們倒楣！」貝爾武甫心裡想到，不禁笑出了聲。水怪發現了躲在洞外的人，狡猾的牠沒有做出什麼反應，而是悄悄放出一條毒蛇。沒有留意的貝爾武甫受到了毒蛇的攻擊，一下子沒有了抵禦能力。水怪這時出手用牠的巨爪抓傷了貝爾武甫，儘管這樣，貝爾武甫還是能與牠戰鬥的。

在打鬥中，由於毒症發作，貝爾武甫漸漸處於劣勢，但是這時他在洞裡找到了一把巨大的寶劍，這把寶劍是唯一可以殺死水怪的武器，最後，他用這把寶劍砍下怪物的頭顱帶回城堡。

看到凱旋的貝爾武甫，全城人民更加敬佩他的英勇了。貝爾武甫又成就了一段英雄事蹟。

小知識

Tips

《貝爾武甫》詩歌以貝爾武甫先後戰勝戈蘭德爾和母怪的英雄事蹟為主要線索，描寫了主角年輕時代斬妖除魔的光輝業績，貝爾武甫不僅是一位光榮的英雄，而且也是人民的保護神。

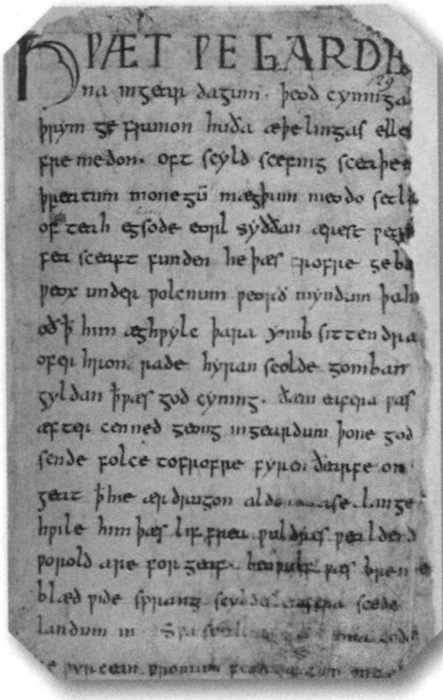

《貝爾武甫》手稿。

51 傳說的惡魔 狼人

傳說很久之前，在一個迷霧瀰漫的山脈裡有一頭狼人和一隻吸血蝙蝠，牠們在同一個山洞裡居住著。人們聽說牠們的消息之後，都會來挑戰。這些來挑戰的「正義之士」打著各式各樣的名號，或說為民除害，或說維護和平。但是這些來挑戰的人都只有一個結果，就是變成洞外的一堆堆白骨。漸漸地，洞外的白骨越堆越高，來挑戰的人也越來越少。

一個悶熱的中午，在狼人和蝙蝠都昏昏欲睡的時候，洞外傳來了奇怪的聲音。狼人走出洞外，蝙蝠閉著眼睛等待脖子被扭斷的聲音傳來。奇怪的是，什麼聲音都沒有，什麼都沒有發生，只是狼人回來的時候懷裡多了一個嬰兒。

「你瘋了嗎？他的同類把我們騷擾得夠慘了，為什麼不趕快殺了他？」

蝙蝠抱怨道。

「他只是個孩子，我看到他母親死了，他應該是餓了，你看他對我笑呢！」狼人根本不理會蝙蝠的抱怨。

「你會為你今天的行為後悔的！」蝙蝠氣憤地說道。

自這天起，常常會有嬰兒的哭聲傳出洞外，這哭聲又引來了騷擾者，他們要解救被狼人綁架的嬰兒。洞外又多了一堆堆白骨。蝙蝠在這段期間從來沒有停止對狼人的勸說，企圖說服牠把孩子還給人類，牠似乎知道未來將要發生什麼。可是狼人卻不聽，只是用心呵護著這個可愛的、小小的孩子。洞

狼人，1722 年德國的木版畫。

外的白骨越來越多，來的人也越來越少，直到沒有人敢再出現。這樣日子一年一年過去了，嬰兒漸漸變成了一個孩子。

「十年了，這孩子來了十年了，如果當初不是你攔著，我早就吸乾了他的血，哪裡會有這調皮的東西。」蝙蝠滿是憐愛地看著這孩子說。

「我們是不是應該把他送回人類中，他畢竟不是我們的同類！」狼人若有所思地說。

「你簡直瘋了！你是想讓他也變得虛偽嗎？你忘了那些虛偽的人類是為了什麼來騷擾我們嗎？難道就真的如他們所說的一樣？」蝙蝠激動地說道。

「就這麼決定了，我明天送他下山！」狼人頑固地說道。

「你真是無可救藥了，你一定會後悔的！」蝙蝠氣憤地說道。

第二天，狼人從外面回來，身上帶著傷。「你怎麼會受傷的，有厲害的對手了嗎？」蝙蝠用嘲笑的口吻表示自己的關懷。

「剛才帶孩子下山遇到幾個武士，我不想讓孩子看見我殺人！」狼人笑笑說。

「真不知道我怎麼會和你做鄰居！」蝙蝠無奈地說。

時間在悄悄地流逝，蝙蝠總是會嘮叨說：「終於沒有人哭著要我抱著他飛了，你是不知道他有多重。」狼人則靜靜地看著洞外一言不發。就這樣，狼人看了十年，蝙蝠嘮叨了十年。

又一個十年後的某天，一把鋒利的劍向蝙蝠的喉嚨刺了過去，蝙蝠並沒有閃躲，牠知道自己躲不過，因為牠和劍的主人是那麼熟悉，牠們曾經一起生活了十年，牠懂得牠所有的絕招，剛才那一劍已經斷了牠所有的後路。蝙蝠轉頭看了看狼人，慢慢地閉上眼睛，牠的手裡還抓著一隻羚羊，這本來是用來慶祝離開牠十年的孩子歸來的。

狼人在一旁靜靜地看著，只是對孩子淡淡的說：「你會後悔的。」

「我是在做一個英雄該做的事，你們是養育了我，可是你們也殺了我父母。」

狼人沉默地看了看孩子。牠腳步沉重地走出洞外。孩子的劍刺向了狼人，狼人沒有閃躲，因為牠想起了曾教孩子練劍的情景，牠還教孩子劍要刺在敵人心臟偏三分的地方，因為這裡是最致命的位置。現在孩子的劍卻朝牠刺了過來，狼人抬手扭斷了孩子的脖子，隨著「啰嚓」一聲，狼人說：「我說過，你會後悔的！」狼人把孩子扔在了洞外的白骨堆上，因為他現在只配在這裡。

狼人腳步沉重地離開了這個地方，在那孤獨的背影後是一輪圓圓的月亮。

小知識

Tips

歐洲的民間傳說，狼人是能變形的人，能隨意或者身不由己地變成狼。變形之後，牠會難以自制地想吃活人或動物生肉，並會對著月亮長嚎。早在史前，世界各地的古代文化中就有關於狼人的種種傳說。

52 海豹人 賽爾克

相傳，在英國的奧克尼郡或設德蘭群島附近的海域，生活著一種生物，他們的眼睛或者是豔麗的祖母綠色，或者是明亮的天藍色，他們在水裡時都是海豹的模樣，在海洋的各處旅行。據說那些特別大的海豹或顏色是灰色的海豹就會幻成人形，更古老的傳說講他們只在一年中固定的時候才褪去海豹的外皮現出人形，比如在仲夏夜或海羅恩節時。這種生物被人們稱為海豹人。

有一個名叫賽爾克的海豹人，一次在水裡嬉戲時，不小心來到了岸上，天色剛好是傍晚時分，美麗的夕陽照在海面上，將海面染成了金色。賽爾克被眼前的景色迷住，不禁在岸邊多停留了片刻，大概是景色太迷人了，她都沒有注意到自己的形體已經發生了變化——她已經變成了一個絕美的少女，她赤身裸體地躺在海灘上忘情地欣賞著大自然的美麗景色，根本沒有留意到朝她走來的英俊男子。

男子每天捕魚回來都會經過這片海灘，今天他也像往常一樣路過，當然也就發現了這個美女，他以為她是在海上遇難，被海水沖到這裡的，就立即走上去想要救這個「可憐的人」。還沒等賽爾克反應過來，他就用自己的外套遮住她的身體一把抱起來，朝著自己家走回去。

後來，他們自然而然地相愛，結婚生子，可是好日子沒過幾年，賽爾克突然消失不見了，男子幾乎尋遍了全世界都沒有找到自己的妻子，他悲痛欲絕，如果不是為了孩子，他大概也會殉情，不再受這相思之苦。瞭解他們故事的鄰居，看他可憐就幫著他尋找，後來他們慢慢的才瞭解，原來海裡有一種海豹人，他們來到海灘上會變成人，如果遇到心儀的對象還會成為人類的伴侶。

人類如果想要與他們結合，就得先把他們的海豹皮藏起來，當晚再往海水裡滴七滴淚就能夠得到留下海豹人後代的機會。可是跟其他傳說的異族通婚的情況一樣，這種婚姻關係往往不會長久。海豹人總會想方設法找到自己的海豹皮，離開自己的孩子和伴侶。女海豹人會經常回來，在遠遠的地方遙望曾經屬於自己的人類家庭。男海豹人則會為兒女帶回一些財物做為贍養費。

後來，男子明白自己的妻子可能就是海豹人，他便不再痛苦，因為他相信妻子會回來看望他和孩子，就把家搬到了海邊，守候著，等待著。我們不知道他們有沒有再次相聚，因為海豹人的行蹤不定，大家都沒有親眼見過她的再次出現，只是男子依然每天都幸福而快樂地生活著，當大家問及的時候，他也總是笑而不語。人們都在猜想或許男子是靠精神的力量在活著，或許是真的跟妻子團聚了，誰知道呢？

小知識 Tips

居住於蘇格蘭奧克尼郡和舍爾特蘭島附近海域中的海豹人，外形與常人並無不同，但體外卻長著一層光滑的海豹皮，使他們可以在水中自在地游泳。當塞爾克上岸的時候，會褪下自己的海豹皮藏起來，如果幸運的你在岸邊發現了塞爾克少女的海豹皮的話，一定記住把它藏在其他地方，找不到海豹皮的塞爾克少女會主動嫁給你，不過如果她今後又找回自己的皮膚的話，會立刻返回大海。據說那些天生有蹼的嬰兒有著塞爾克人的血統。

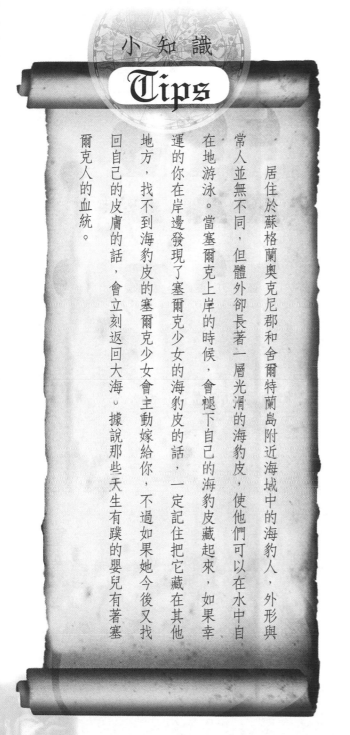

53 列那狐

亦正亦邪的狐狸精

那是一個陰沉沉的天氣，氣溫很低，列那狐看著空空的食廚發呆，坐在安樂椅上的艾莫麗娜夫人也神情憂鬱地搖著頭。「家裡什麼也沒有了，我們一點食物都沒有了！小傢伙們就快回來了，肯定會吵著吃東西。」她突然憂愁地說道。

「我還是出去試試運氣吧！天太冷，去哪裡好呢？」列那狐嘆著氣說。

牠不想看見妻子和孩子的眼淚，所以還是走出了家門。牠漫無目的地走著，東瞧西望地不知道該怎麼辦，然後牠沿著一條林間小路來到了用籬笆隔開的大路上。

牠無助地坐在大路邊，皮毛被刺骨的寒風吹得凌亂不堪，牠一動也不動地坐著，似乎陷入了沉思中。在牠漫無邊際地亂想的時候，一陣大風送來了一股誘人的香味，牠立刻來了精神，使勁用鼻子嗅了幾下。

「好鮮的魚呀，是鮮魚的香味啊！哪裡來的呢？」牠想著便縱身跳了起來，一下就跳到了籬笆邊上。列那狐不但身體敏捷，鼻子靈敏，而且目光也非常敏銳。牠發現遠處有一輛大車正朝著這邊駛過來，立刻知道了那誘人的魚香來自這輛車子。車子慢慢靠近時，牠看清了車上放著一筐一筐的鮮魚。

事實上，這是去城裡賣魚的商販，他們要把這一筐鮮魚運到附近城裡的魚市場。

列那狐決心要吃到這些魚，還要給妻子和孩子帶回去，於是一條妙計就冒出來了。牠向前跑去，跑到離車輛較遠的馬路中間，躺了下來，伸出舌頭，閉上眼睛，裝出暴死的模樣。

開著車子的魚販看見了馬路中間躺著的狐狸，就停下來看了看，發現是隻死狐狸就高興地撿起來扔在車上的魚筐旁邊，他們心裡還高興地想著：看這狐狸漂亮的皮毛，可以賣個好價錢呢！可是他們卻不知道這是一隻詭計多端的狐狸，於是他們開心地開著車子繼續往前。

而列那狐則開心地趁著魚販不注意時，不動聲色地用利牙咬開其中一個魚筐，先讓自己吃得飽飽的。牠整整吃了一筐魚，至少有三十條。然後牠又咬開另一個魚筐，嚐了其中一條，確定牠們是美味的。

牠用一條繩子把鮮魚串成一串項鍊，掛在了自己的脖子上，然後輕輕一躍，跳下了車。雖然牠很小心，可是魚販還是發現了。魚販們還在疑惑這狐狸怎麼又活過來的時候，列那狐用嘲笑的口吻跟他們說道：「親愛的人，願上帝保佑你，也保佑皮貨商省了幾個錢吧！」

商販們這才明白被列那狐捉弄了，可是這時列那狐已經跑得沒有了蹤影。

列那狐飛快地跑回家，把鮮魚帶給正在承受飢餓的家人。牠的妻子看著牠脖子上的這串項鍊，不禁誇讚這是世上最美的首飾。然後，牠們一家人就這樣飽餐了一頓。

小知識 Tips

《列那狐的故事》是中世紀法國民間長篇敘事詩。是一部傑出的民間故事詩，是中世紀市民文學中最重要的反封建諷刺作品。故事主要描寫動物的生活，以狐狸列那和代表貴族的狼伊桑格蘭的鬥爭為線索，揭露了重重的社會矛盾，辛辣地嘲諷了專制的國王、貪婪的貴族、愚蠢的教士等。

54

阿凡克

康威河裡的妖怪

康威河旁有一個大水池叫阿凡克池沼，這裡有一個妖怪，人們都叫牠阿凡克。這隻妖怪很強壯，力大無窮，而且心情不好的時候就會製造水災，每次發水，農田會毀於一旦不說，連牲畜、房子也會遭殃，被泡在水裡。

康威山谷裡的人民對牠深惡痛絕，決定要把牠趕出去，不想再忍受牠的作惡。於是山谷裡的每一個年輕人都參與其中，他們用自己所擅長的各種辦法來對付這隻妖怪，可是妖怪似乎太過強大，他們總是無法成功。

於是老人們又開始商量別的辦法，他們知道不能跟妖怪硬拼，得用計策。最後，他們商定要把這隻妖怪趕到別的地方，得是一個沒有人的地方才行，這樣牠就不再禍害人類。就這樣，他們把這隻妖怪的新家定在了格拉斯萊恩池沼，這個地方離村莊很遠，只是被很少的人知道，而且這個池沼很大，水很深，妖怪在這裡再合適不過了。

主意打定後，他們開始著手準備逮捕和運輸妖怪的工具。很快，準備好了鋼製的鏈條和幾頭身體強壯的黃牛。聽說這個妖怪喜歡年輕貌美的女孩，他們又選出一個勇敢漂亮的女性志願者來當誘餌。

這天，女孩坐在水池邊呼喊著妖怪，不一會兒，妖怪就出現了，牠從水裡露出頭，慢慢朝女孩靠近，女孩柔柔地唱著歌引誘著牠。牠靠過來把醜陋的頭放在女孩的膝上，爪子放在女孩的胸部，聽女孩唱歌，很快就睡著了。

這時，女孩招呼藏身在水池附近的青年們靠近，用鐵鏈把妖怪輕輕地綁起來，再把鐵鏈的另一頭綁在黃牛身上。可是有一個人不小心把妖怪給弄醒了，妖怪發現自己被騙了，就生氣地用爪子撕扯女孩的胸部，大家急忙上去救女孩，可是已經晚了，女孩被妖怪給殺了。

年輕人就在悲憤中加快動作，把妖怪拉出水面。妖怪的力氣真是太大了，十多個年輕人都竭盡全力地在拉牠，可是牠仍舊沒動。大家又叫來更多的人，好不容易才把牠拉出水面。

黃牛又幫著人們把牠拉到了格拉斯萊恩池沼。終於皇天不負苦心人，這隻妖怪最後被制伏了，牠再也禍害不到人類了。

小知識 Tips

摘自威爾斯民間傳說。威爾斯人把不列顛的傳奇人物亞瑟王和著名的魔術師梅林，跟中世紀威爾士著名的《傳說故事集》中裡的人物相提並論。傳統的威爾斯文化十分強調口述或文字形式的詩歌和散文。聲樂，尤其是合唱，也在這個國家的文化遺產中扮演著重要角色。

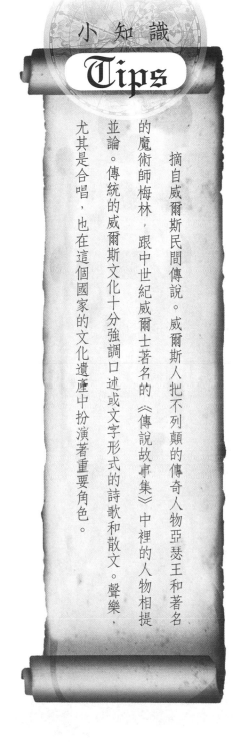

55 彈簧腿傑克

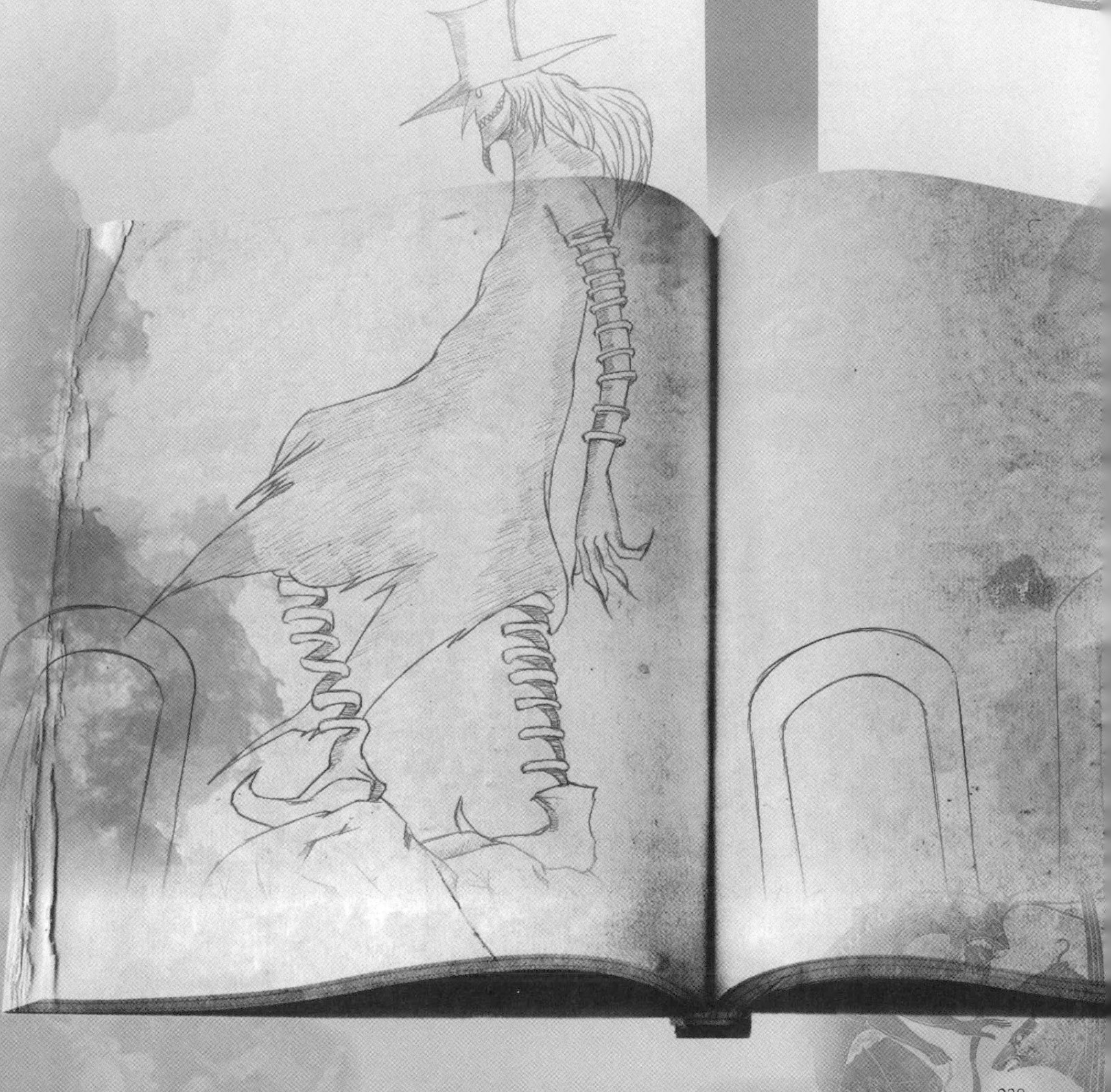

在英國民間傳說裡，維多利亞時代出現了一個怪人，大家都叫他彈簧腿傑克（Spring Heeled Jack）。

一八三七年九月傍晚，在倫敦大街上，一個輕快的身影一閃而過，然後從公墓高聳的圍欄上一躍而過。這一幕被一個下班回家的商人正好遇見。不久以後，類似的人再次出現，他從黑暗的小巷裡突然冒出來攻擊路上的行人。據一名被襲擊的酒吧說，襲擊者扯開她的上衣，襲擊她赤裸的胸部，然後用爪子捅她的腹部使她流血昏迷。

後來，在一八三七年十月，一名女孩探望完自己父母後走路前去薰衣草山丘，她是那裡的工作人員。經過克萊芬公園時，從旁邊的巷子裡跑出一個奇怪的身影，他從背後緊緊抱住她，讓她動彈不得，然後開始親吻她的脖子和臉頰，同時扯爛她的衣服在她身上亂摸。女孩能感覺到他冰冷的爪子劃過皮膚的疼痛。女孩害怕地大聲呼救，攻擊者見有人過來，就迅速消失了，後來大家聚集起來尋找，卻沒有任何結果。

外貌猙獰恐怖，眼珠像火焰般通紅，身材瘦高，手像器械一樣的冰冷尖銳，還帶著頭罩披著黑斗篷，這些特徵都是受害者在回憶時說的。都說他有著惡魔的體態特徵，善於跳躍，甚至有人稱他能口吐藍色的火焰，指尖有利爪。人們將他稱為彈簧腿傑克。

與彈簧腿傑克有關的，最早的目擊紀錄是在一八三七年，此後英格蘭各地都有目擊報告，一八五〇年代至一八八〇年代達到高峰。儘管後來還有報導聲稱他仍有活動，但一般人相信已消失於一九〇四年。

當時有關彈簧腿傑克的都市傳奇很受歡迎，因為他那怪異的出現方式和異於常人的一雙怪腿的能力，後來經典科幻小說的題材和許多有關超能力的想像都與他有關。

小知識

Tips

彈簧腿傑克出現在一本廉價驚險小說封面。大量以彈簧腿傑克為背景的都市傳奇影響了生活在維多利亞時代的人們許多看法，尤其是對當代大眾文化。由於傳說中他怪異的天性，在奇幻娛樂領域裡，彈簧腿傑克的傳說也發揮了廣大的影響力。

56

巴羅爾

深海巨人

傳說中，統治愛爾蘭的最後一個神族是達努神族，領袖是偉大的「銀手」努阿達。愛爾蘭先後被費伯格人和深海巨人族弗莫爾人統治，然後才由他們接手。

在達努神族到達之前，費伯格人生活的愛爾蘭總是被深海巨人侵犯。在第一次神族大戰的時候，達努神族戰勝深海巨人成為愛爾蘭新的領導者。達努神族的領袖神王努阿達在這一次戰鬥中被砍去一隻手臂，於是他用了一隻銀手。

努阿達沒有了手臂，不得不讓位給布瑞斯。但布瑞斯是個殘暴的領袖，他的暴行很快就引起了眾神的不滿，於是努阿達在神醫迪安克特之子的幫助下有了一隻有血有肉的手，又從布瑞斯手裡搶回了王位，魯格在努阿達死後成為新的領袖，他把布瑞斯關進了監獄。

深海巨人族生性殘暴，長相醜陋，他們的國王是巴羅爾，又叫「邪眼魔王」，他是愛爾蘭的死神之一。巴羅爾聽預言家德魯伊說他的子孫將來會死在自己手裡，為了避免悲劇，他就把自己的女兒恩雅鎖起來，囚禁在水晶塔裡。達努神族裡的薩安偏要搗亂，他獲得恩雅的好感，並共枕而眠，然後生下了三個孩子。巴羅爾知道後很生氣，他想把三個孩子扔進大海淹死，這個想法卻被一個侍從知道了，就把三個孩子偷偷抱走了，但是途中跑得太急遺落了一個。這個被遺落的孩子被工藝神海爾波撫養長大，後來成了達努神族的新領導——魯格・麥克・埃索倫。

達努神族和深海巨人的第二次大戰時，死神巴羅爾用魔眼殺死了達努神族的領袖努阿達，魯格上前用彩虹和銀河做成的投石索，投出閃電做的光彈射穿了魔眼，並把他殺死，深海巨人戰敗，然後被永遠趕出了愛爾蘭。

從此，達努神族開始了對愛爾蘭人的統治。

小知識

Tips

凱爾特民族是愛爾蘭人的前身，如今凱爾特人的後裔多居住在歐洲的西海岸，他們主要居住在布列塔尼、康沃爾、威爾斯、蘇格蘭、馬恩島和愛爾蘭。所以凱爾特傳說是愛爾蘭的文明中不可或缺的一部分。

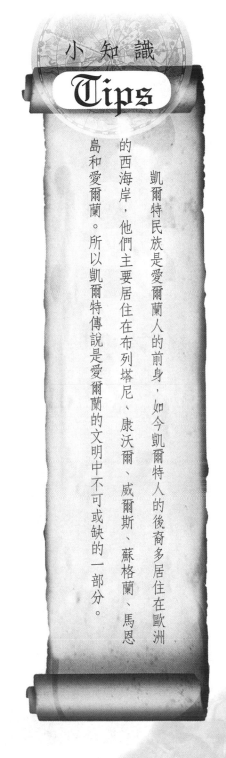

57

梅爾頓航海經歷

巨蟻、飛鳥、巨馬和巨貓

艾倫安島上的首領是梅爾頓的父親，他當年帶兵襲擊愛爾蘭時，洗劫了愛爾蘭的一所教堂，並玷污了裡面的修女，後來在回家的路上被海盜殺死。

不久以後，一名修女生下了一個男孩，男孩由修女的姐姐，也就是當地恩格納特長官的妻子撫養長大。

時間很快過去了，梅爾頓長成了一個英勇優秀的戰士，他才能突出，各種比賽總是拿到第一。有些嫉妒他的人就開始奚落他，說他是野種，並非長官妻子親生。生氣的梅爾頓詢問「母親」自己的身世，才知道自己的生父和生母，並決定為父報仇。

梅爾頓請德魯伊努卡為他造了大船，並選好了航海的吉日。然後梅爾頓組建了一支船隊，由梅爾頓的兄弟和十七位武士還有他自己組成。他們在航海的吉日揚帆出發踏上了漫長的復仇冒險之旅。

梅爾頓他們很快到達了仇人的所在地，可是他們沒有找到真兇，稍作停留後他們又繼續遠航。

梅爾頓的船在大海上孤獨地航行，一連好幾個星期都沒有發現陸地，他們也離愛爾蘭越來越遠，前後都只有一望無際的大海。很久之後他們望見遠處有一個奇怪的小島，靠近小島的時候，一些船員興奮的登岸，可是不久就都臉色慌張地跑了回來，原來這是一個巨蟻國，巨型螞蟻到處都是，那些螞蟻身形巨大，幾乎一口就可以把這艘船吞進嘴裡。他們看見這些巨蟻因為飢餓都在相互撕咬，所以覺得還是立刻離開為妙。

船立即離開，駛向了遠方。後來他們還經過了「飛鳥國」、「巨馬惡魔國」等許多匪夷所思的地方，看到了無數怪異的動物。但他們也有好運氣的時候，遇到過好事情。

幾天後，他們發現海面上漂浮著一個房子，裡面一應俱全，什麼都有，有吃有喝，還有舒服的大床，可是卻沒有人，大家在這裡舒服地享受了美味的食物，然後離開。梅爾頓在海上發現一根巨大的銀柱子直插雲霄，有一個巨大的銀網拴在銀柱子上，船員們經過時，每人都剁下一片銀網留作紀念。

此後，他們又陷入危機了，一次不小心登上了充滿血腥的小島，島上的動物都在互相殘殺，鮮血流了一地，還有自動變化顏色的羊群和安然沉睡的巨貓。一個好奇的船員想逗一逗那隻巨貓，結果被牠一口吞掉了。他們害怕極了，於是趕緊離開了。

接著，梅爾頓的船經過了很多島嶼，他們看到了很多奇聞異事，孤獨的巨人鐵匠、湧出牛奶和酒的井、下鮭魚雨、玻璃海洋和身上都是火焰的怪人，還有不能停止的恐怖笑聲等。

經過歷險，梅爾頓終於找到了真兇，卻因為憐憫而饒恕了他們。

小知識

Tips

梅爾頓被譽為古愛爾蘭最偉大的航海家之一。他帶領武士們遠洋歷險的故事已成為神話傳說中的經典。

58

樹精美男子 烏列

古時候有個惡魔叫薩拉魯馬，不知道出於什麼原因，他放了一把大火，把尤拉卡雷人的土地燒得什麼都沒有了，莊稼、樹木、牲畜還有人都未能逃過，一個美好的世界瞬間被一場大火給毀了。

但是，有一個人逃過了這場大火，他躲在地下一個挖得很深很深的洞裡，靠儲備好的糧食躲過了這場大火。待在洞裡的他不知道地面上什麼情況，也不知道地面上的火燒過去了沒有，就用一根木棍從地下捅到地面上，然後把木棍拉回來檢查情況。前兩次他發現木棍都是被燒焦的，第三次的時候木棍是好的，就這樣他猜想出了地面的情況，就在地底下又待了四、五天才出來。

他在被燒焦的地面上四處遊竄，不知道該怎麼繼續接下來的日子。這時放火的妖怪穿著水紅色的袍子出現了，他對這個人說：「你的家園是我毀的，但我可以幫你建一個新的。」於是惡魔給了這個人土地、種子、房子，還有森林等，這個人也很快娶了老婆，有了兒女。

後來，他們的女兒長大了，姑娘經常感到孤獨。

一天，一棵長在河邊開滿紫紅色鮮花的烏列樹吸引了女孩的注意，姑娘看到這棵挺拔高大的烏列樹，不禁心裡想著：「你要是個男人就好了。」她每天看著樹發呆，終日心神不寧，似乎是在等待著什麼。沒想到令人驚奇的事情發生了，這個被她日日觀望的樹變成了一個俊美的小伙子。姑娘心裡高興極了，天黑的時候她不再是孤身一人了，這個樹精美男子會陪在她身邊，可是天一亮，美男子就不見了。姑娘想要讓自己的幸福更長久，就把所有的情況都告訴了母親，祈求母親的幫助。

第二天晚上，烏列再次和姑娘相聚的時候，姑娘便按照母親的計策，用繩子把烏列緊緊地捆住，然後哀求他永遠留下來，直到被綁的第五天，烏列才同意永遠留下了。隨後，他們結為了夫妻，幸福美滿地過日子。

可是好日子並不能長久，有一天烏列和他老婆的兄弟去打獵，他們走了好多天，姑娘擔心，就帶著甜酒動身去找他們。結果她看見了草地上躺著丈夫的遺骸，旁邊都是斑斑的血跡，她的兄弟告訴她，烏列是被豹子殺害的。

她看著丈夫支離破碎的遺體不禁嚎啕大哭，痛哭自己的不幸。可喜的是，她的眼淚落在烏列的屍體上，於是烏列又活了過來，幸福的夫妻倆又團聚了。

在回家的途中，烏列到小河邊喝水，當他在水裡看見自己的倒影時，怎麼也不願意跟著姑娘走，因為他看見自己被毀容了，他接受不了自己醜陋的樣子。

可憐的姑娘白高興了一場，她還是失去了自己的丈夫。

小知識 Tips

在那些古老的故事中，人們敬畏一草一木，相信偉大的神靈和神力蘊含於自然界的每個生靈中，自然界的花草樹木、飛禽走獸都有自已的靈魂，並且在冥冥中被賦予了神祕的力量。

59

豹兒子的仇恨

吉利的報復

烏列打獵時被豹子給毀了容，他接受不了自己醜陋的樣子，便與姑娘分手了。不管姑娘怎麼哀求他，他還是堅持分手，姑娘傷心欲絕地往回走。他囑咐姑娘說：「妳沿著這條小路一直走，若有葉子什麼的落在妳身上，妳不要搭理，不要回頭，只在心裡說：『我丈夫烏列在打獵呢！』就會什麼事都沒有。」

看著自己的樹妖丈夫消失在眼前，傷心不已的姑娘害怕地全身發著抖，一步一拐地沿著小路往前走。姑娘沉浸在自己的傷心中忘了烏列告訴她的話，當一片樹葉落到她肩膀上的時候，她下意識地回頭看了一下，只一下，她就覺得暈頭轉向，搞不清方向了。姑娘在森林裡四處遊盪，怎麼也找不到剛才那條小路。她不知怎麼就到了美洲豹的窩裡。

豹媽媽很熱情地接待了姑娘，可是豹媽媽有三個兇惡的兒子，把姑娘給吃了，沒想到姑娘肚子裡還有一個小孩，牠們把小孩分給豹媽媽。豹媽媽可憐這個小生命，就偷偷地把他藏起來，然後撫養長大，並給他取名叫吉利。

吉利很快就長成了一個大人，他十分孝順，總是幫豹媽媽工作，並且把自己的獵物都交給豹媽媽。有一次，豹媽媽受到一隻老鼠的騷擾，就讓他去把那隻老鼠給射死。在吉利捉到老鼠的時候，老鼠說：「你放了我，我告訴你一個祕密。」吉利好奇地同意了。

老鼠告訴了吉利他的親生母親是怎麼死的。「那三隻豹子知道你還活著的話，牠們也會把你撕碎的。」

這件事讓吉利很震驚，他下決心要殺死這些可惡的豹子為媽媽報仇。從這以後，他一直在尋找機會。

終於機會來了。這一天，豹兒子們滿載獵物回來的時候，吉利用弓箭一個個射死了牠們，為自己的母親報了仇。可是，他卻讓豹媽媽傷心了。

吉利過人的膽識讓他有了一種神力，他成了大地的主宰。豹媽媽因為失去兒子很傷心，吉利就劃出一塊森林歸豹媽媽獨自享用，這片森林裡的其他生物都要為豹媽媽服務。豹媽媽就這樣在這片森林裡安享晚年。

吉利在這片大地上生活著，管理大地上的事物。一天，吉利看見一隻美洲豹嘴邊全都是血，便認定這隻豹子剛吃完人，於是他便把牠逮住，拔光了牠身上的毛，並要殺了牠，豹子苦苦哀求說自己吃的人是被山洞裡的巨蛇咬死的。

吉利聽後，說要去看看。

豹子把吉利帶到蛇洞口，吉利說：「既然你喜歡吃屍體，你以後就以腐肉維生吧！」說完，豹子就變成了一隻禿鷲。

接著，吉利把蛇打死了，不讓牠再害人。可是奇怪的事情發生了，巨蛇死了之後，山洞裡走出許多人，大地都放不下了，人還在不斷地冒出來，吉利趕快用巨石把洞口堵住。

看著這麼多人，吉利對人們說：「你們要各自過自己的日子，而且彼此為敵。」話音剛落，天上就掉下許多武器，每個部落用這些武器把自己武裝起來，彼此打個沒完沒了。直到現在，吉利留在人間的仇恨還在不斷地滋生。

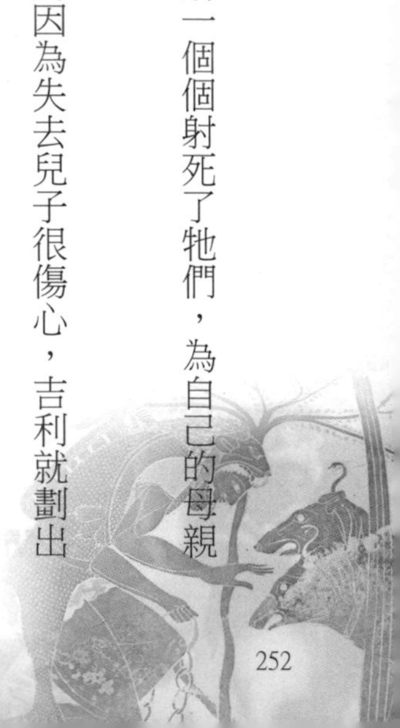

小知識
Tips

對於人世間的愛恨情仇，人的七情六慾以及各種妄念的來源，古代的人們用傳奇故事做出了很多演繹和解釋。

60 淘氣鬼 迫克

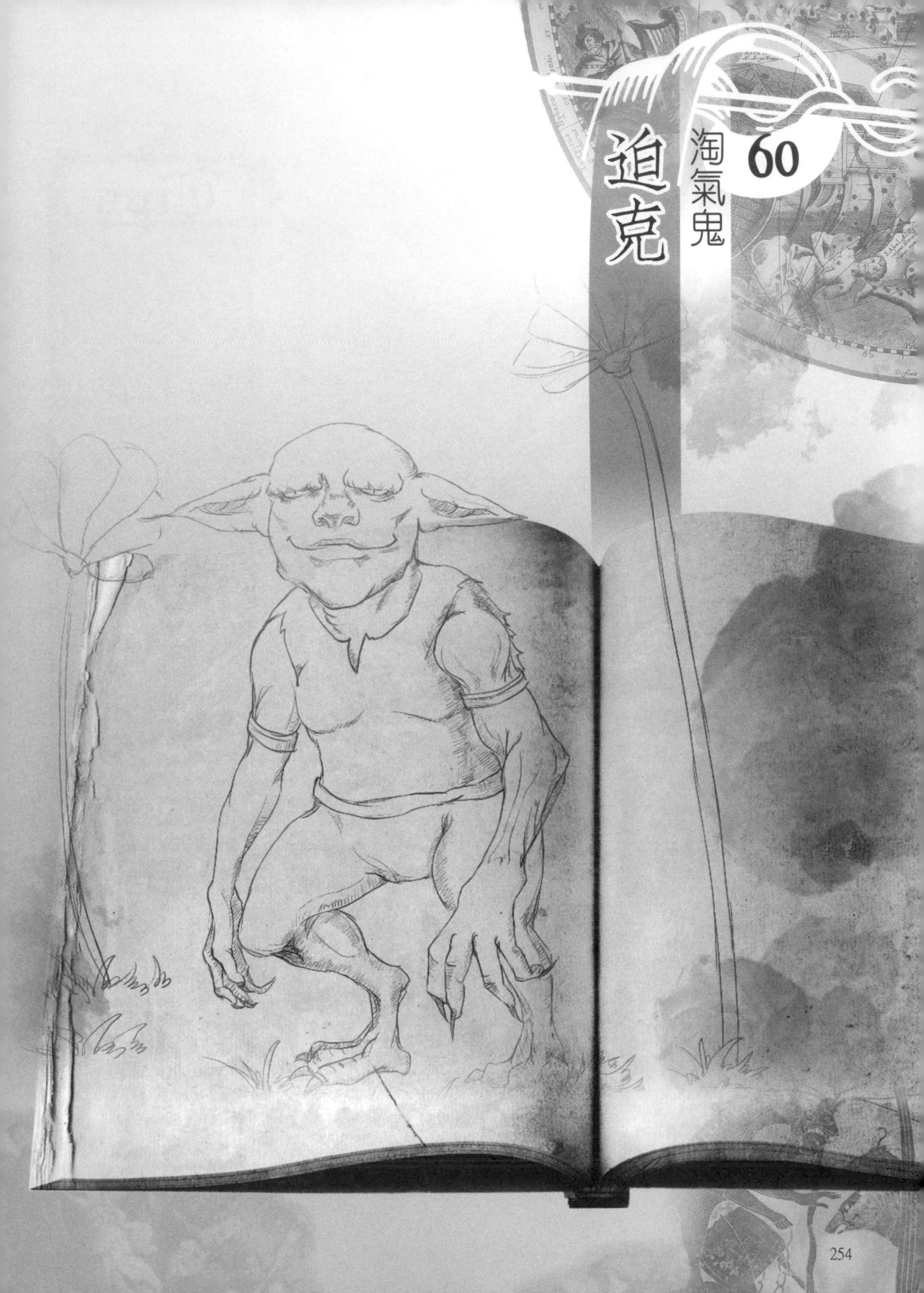

在英格蘭南部的傳說中，有一群小精靈，他們都穿著綠色緊身衣，就像傳說中的匹克希。但是他們與匹克希不同的是，小魔女與他們的關係很好。

這些小精靈還喜歡和人類開玩笑，有時候會捉弄一下人類，而對於那些背信棄義的人，他們則會更加放肆地戲弄。

莎士比亞的《仲夏夜之夢》中也有這樣一個小精靈，名叫迫克（又名好人兒羅賓），不過這個迫克可是個淘氣鬼。這部作品中對迫克有這樣的描述：

「小仙要是我沒有把你認錯，你大概便是名叫羅賓好人兒的狡獪的、淘氣的精靈了。你就是慣愛嚇唬鄉村的女郎，在人家的牛乳上撮去了乳脂，使那氣喘吁吁的主婦整天也攪不出奶油來；有時你暗中替人家磨穀，有時弄壞了酒使它不能發酵；夜裡走路的人，你把他們引入了迷路，自己卻躲在一旁竊笑；誰叫你『大仙』或是『好迫克』的，你就給他幸運，幫他做工。那就是你嗎？」

迫克說：「仙人，你說得正是；我就是那個快活的夜遊者。我在奧布朗跟前想出種種笑話來逗他發笑，看見一匹肥胖精壯的馬，我就學著雌馬的嘶聲把牠迷昏了頭；有時我化作一顆焙熟的野蘋果，躲在老太婆的酒碗裡，等她拿起碗想喝的時候，我就啪地彈到她嘴唇上，把一碗麥酒都倒在她那皺癟的喉皮上；有時我化作三腳的凳子，滿肚皮人情世故的嬸嬸剛要坐下來一本正經講她的故事，我便從她的屁股底下滑走，把她摔了一個大跤，一頭喊『好傢伙！』一頭咳嗆個不住，於是周圍的人笑得前仰後合，他們越想越好笑，鼻涕、眼淚都笑了出來，發誓說從來不曾遇到過比這更有趣的事。」

像這樣出現在文學作品中的小精靈還有很多，在另外一些傳說中，某些方面迫克和牧羊神潘很像，他們照顧的對象遍及森林原野所有的動植物，不同於潘的是，他對羊和其他家畜沒有什麼興趣，他只愛森林中的松鼠、兔子、狐狸和其他的野生動物。這或許是因為他們更加熱愛大自然的緣故。

小知識 Tips

精靈是一種和自然合為一體的虛構生物，他們不像吸血鬼一樣憂愁，他們悠閒地生活在一起，大部分的精靈喜歡樹木，他們熱衷於讓小樹發芽當作消遣。有些精靈長有翅膀，有些強大的精靈甚至可以控制災難。

牧羊神潘。

61

樵夫的劫難

魔鬼的誘惑

在西方的民間傳說中，魔鬼是人類的敵人，但它可以幫助上帝瞭解人的本性是善良還是貪婪。一個魔鬼閒得發慌，就把自己變成氣體關在了小瓶子裡，然後扔進大海。瓶子在大海裡隨波漂流，最後被一個漁夫給打撈上來了。漁夫看了看是個空瓶子，心裡抱怨道：「怎麼不是一條魚呢？要是打上來幾條魚，那有多好啊！」在他舉起手打算扔掉瓶子的時候，聽見一個聲音說：「請把它送給我吧！如果你不要的話。」漁夫回頭一看，原來是路過一個樵夫在他身後喊話。

漁夫看了看樵夫背上的柴說：「如果你同意用你背上三分之一的柴來交換的話，我可以把瓶子給你。」原來這是個好利的漁夫。

憨厚的樵夫同意了，因為他家裡正缺一個用來裝油的瓶子，想到自己妻子滿足的笑容，他就高興地主動替漁夫把柴挑回家。

樵夫如願地拿到了瓶子，他看瓶子太髒，就想先拿到海邊洗洗。當他在海邊打開瓶蓋時，奇蹟發生了，一個伸著懶腰的魔鬼從瓶子裡冒出來，懶洋洋地說：「謝謝你把我放出來，我可以幫你實現願望，來做為你好心的回報。」

樵夫乍看魔鬼的時候有些害怕，可是聽到魔鬼這樣說的時候就沒什麼恐懼了。樵夫看了看魔鬼說：「謝謝你的好意，我現在生活很滿足，沒有什麼願望。」

魔鬼引誘他說：「看你每天砍柴這麼辛苦，我可以給你很多錢，錢可是好東西，有了它就可以要什麼有什麼。」魔鬼相信沒有不愛錢的人，只要他選擇要錢，它就變成強盜殺死他全家，然後他們家人貪婪的靈魂就可以歸自己所有了。

可是樵夫一臉抱歉地說：「先生你真是個好人，可是我不需要那麼多錢，我每天能夠靠自己賺得一天的開銷就足夠了，我的家人也都很滿足。」

魔鬼簡直不相信自己的耳朵聽到了什麼，於是它繼續引誘地說道：「那我給你至高無上的權力好了，權力可是好東西，有了權力後，所有人都會對你俯首稱臣，你也會要什麼有什麼的。」魔鬼又想著只要這個笨蛋選擇了權力，我會變成他的政敵，害死他們一家，把他們家人的靈魂佔為己有。

樵夫又傻傻地說：「對不起，先生，我見我們鎮長每天忙得都沒什麼時間回家，如果我見不到我的孩子和妻子，我會很痛苦的，所以我不想像他一樣，所以謝謝你的好意了。」魔鬼聽了差點氣得快吐血了，它從沒見過這樣的傻瓜。

然後它又說了許多的好處，來引誘樵夫，想要讓他露出貪婪的本性，可是樵夫都有一大堆拒絕的理由。

魔鬼恨恨地說：「你這個愚蠢的人，你還是讓我回到瓶子裡，回到海上繼續漂流吧！我實在受不了你了。」

樵夫聽魔鬼這樣說，立刻警惕地把瓶子藏在身後說：「不行，瓶子要拿回家裝油的，我不能給你。」

無奈的魔鬼只好把自己身上的瓶子給了樵夫，樵夫才同意把魔鬼裝進瓶子，扔向大海。樵夫把瓶子帶回去交給了妻子。隔天早上，妻子很興奮地跟樵夫說：「我只是倒進這瓶子一點點的油，可是我都用了好多天了，瓶子裡還有油，好像怎麼倒也倒不完。」

樵夫看著自己妻子臉上滿意的笑容，自己也幸福地笑了，他覺得自己是世界上最幸福的人，能讓自己的妻子開心才是他最想要的。

小知識

Tips

樵夫面對魔鬼的金錢和權力的誘惑，保持著自己無欲無求的純樸性格，最後不僅沒有受到魔鬼的迫害，還得到了意想不到的收穫。這個故事告訴我們不對生活奢求太多，才會生活得更幸福。

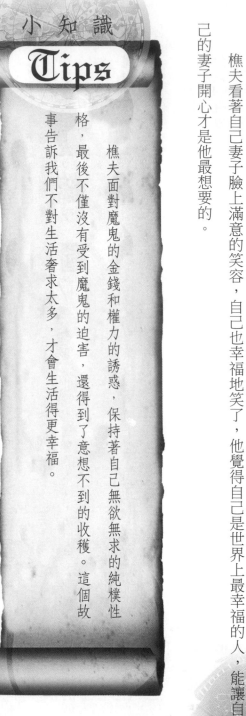

62 尋水獸

水災的製造者

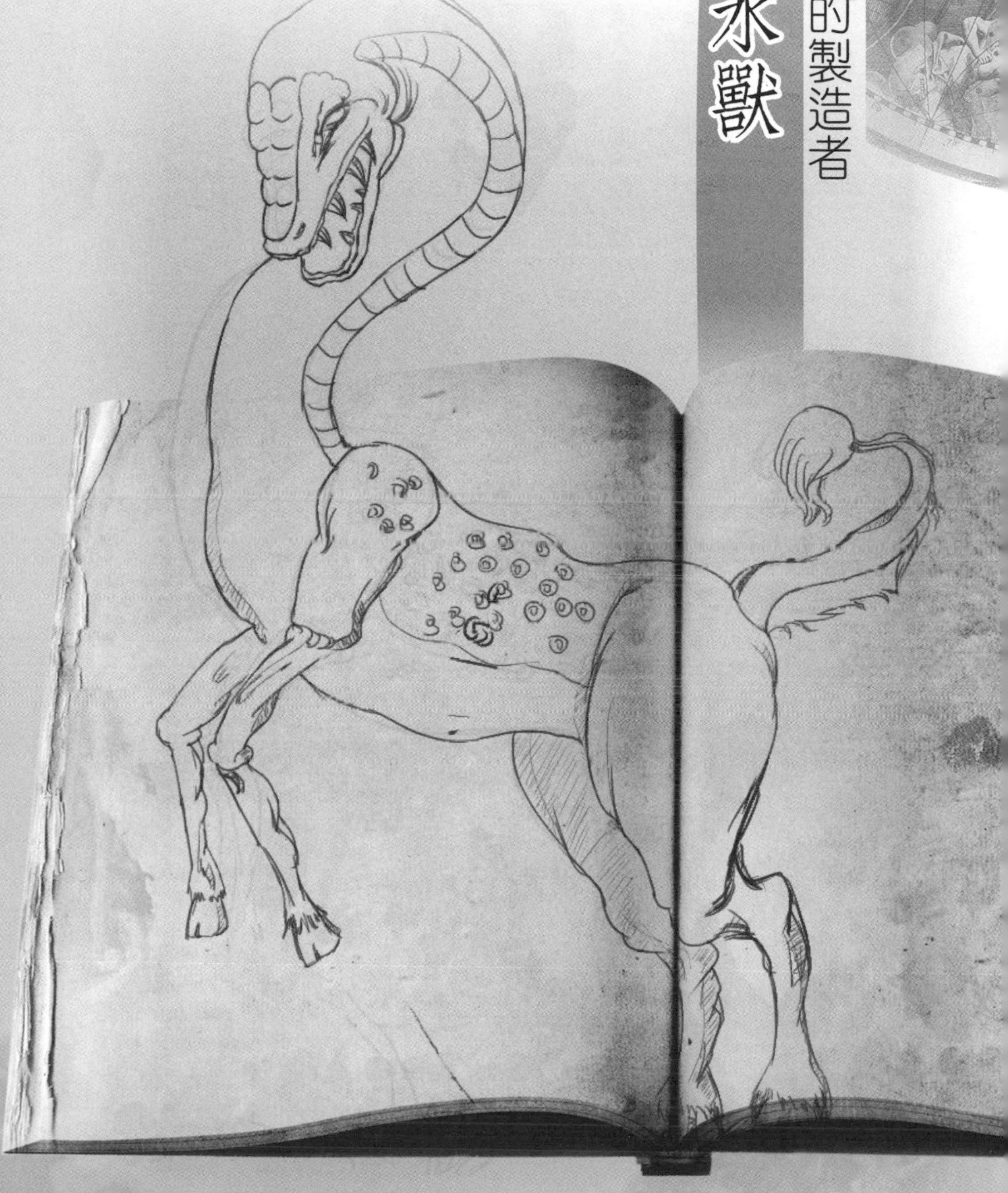

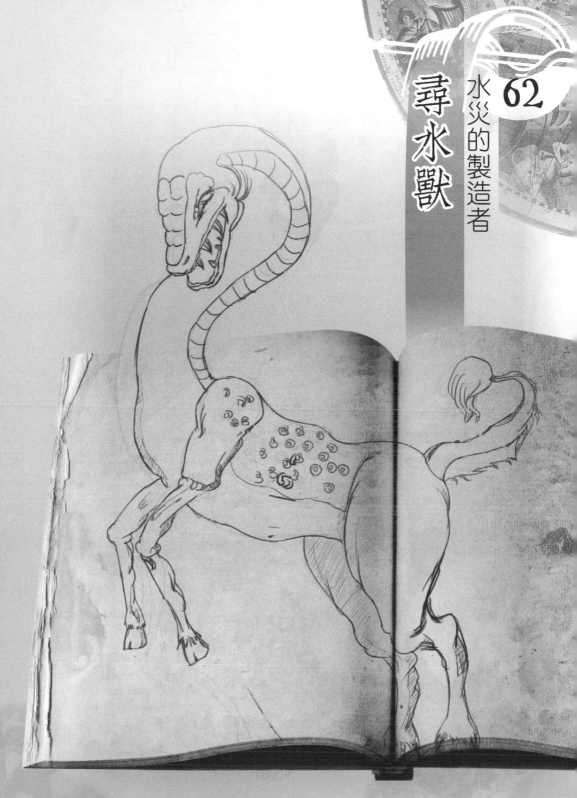

亞瑟王的傳說中出現過一種名叫尋水獸的怪物。這個怪物像中國傳說中的四不像一樣，長著蛇的腦袋，豹子的身體，獅子的屁股和鹿的蹄子，牠總是奔跑著尋找水源，似乎很久沒有喝水的樣子，看起來焦渴難耐。

相傳，這個由強力魔法催生出來的怪物殺傷力很強，人類只要被牠所傷，都將必死無疑。牠還可以引發瘟疫，製造水災，民眾深受其害，總想要把牠消滅，可是人力卻總是無法與牠抗衡。

一九六〇年的一件事情似乎讓關於這個妖怪的傳聞變成了事實。

這一年的一天，有三個酷愛生物研究的人追尋著一串奇怪的足跡，進入到英格蘭森林的深處。這些腳印不像是一個動物的，又是爪印又是蹄印的，但是特別一致的步調和速度又讓人疑惑不解。這三個興奮的人追著這些腳印一直往前，他們在一個深水潭裡發現了他們的目標。

眼前確實是個怪物，牠的蛇頭一揚一揚的，用分叉的舌頭喝水。脖子上的蛇鱗自然過渡到背上的豹紋毛髮，讓人覺得很怪異。豹子一樣的身體很強健，一條獅子的尾巴在屁股後面甩來甩去。這怪物的前腳是蜥蜴一樣的爪子，後腳則是一對蹄子。由此可見，剛才的腳印也就不再奇怪了。

這三個人藏在灌木叢後，看著這個怪物沒有感到害怕，而是個個都激動不已，情緒亢奮，他們拿出早就備好的相機，給這難以讓人相信的怪物拍了很多照片。其中一個人朝著這個怪物開了兩槍，怪物中彈身亡了，似乎這怪物並沒有傳說中的那麼厲害。

怪物的屍體被運回城裡，有關人員對其進行解剖，發現這怪物腦內神經遞質濃度偏低，中樞神經系統抑制活動弱，所以讓牠看起來像個過動症患者一樣。隨後，屍體被冷凍封存，尋水獸的傳聞也就此被掩蓋了。

小知識 Tips

亞瑟王，傳說中古不列顛最富有傳奇色彩的偉大國王。人們對他的瞭解大多來自傳說和中世紀的一些文獻，是一位近乎神話般的傳奇人物。

63 女巫

擁有超能力的女人

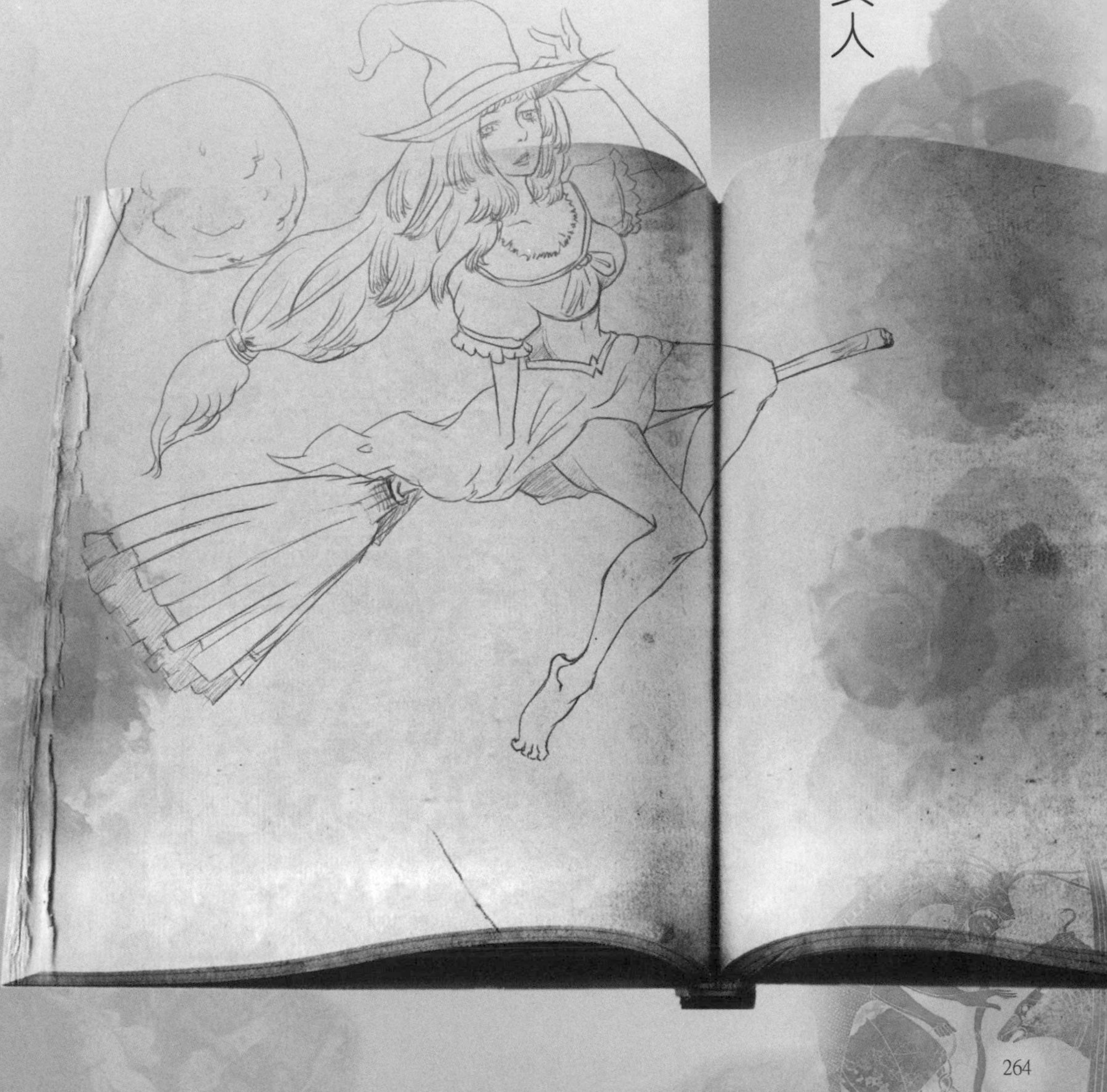

米科瓦伊的一塊沼澤地裡住著一個女巫，有時到森林裡去採蘑菇的婦女會看見她。這個女巫有一頭很長的頭髮，她總得小心翼翼，因為頭髮有時和蘆葦纏在一起，就得花三天三夜才能解開。女巫很愛搗亂，她經常讓乳牛擠不出奶，弄壞漁民們的漁網，把喝醉酒的人引入迷途，夜裡，還學鵰鴞叫，繞著村子飛。村裡的人都不喜歡她，男人見了她會吐口水，女人見了她會嚇得面無血色。

維松村的一個農民生了很多孩子。一天，他又有了第十二個女兒。村子裡已經沒有多餘的人做他家的教父和教母了，但他的孩子必須有個教母，於是他跑到大路上，希望能遇見一個過路人給女兒當教母。不幸的是，他遇見了女巫，女巫似乎在等他一樣，坐在石頭上，手裡拿著唸珠。這個農民遠遠地繞開了，女巫明白了農民的意思就生氣地說：「你不請我當教母，你女兒是不會幸福的。」農民沒有理會，只管自己走自己的，而女巫又向來說話算話。

小女孩慢慢長大了，可是相貌醜陋，幾乎是維松村最醜的。大家都不跟她玩，都譏笑她，說她是女巫的女兒。女孩開始變得孤僻，經常一個人跑到森林裡獨自傷心。一天，她又被村裡的小孩欺負了，就哭著跑進森林，坐在湖邊的石頭上，望著水裡映出的醜陋容貌獨自流淚。這時水裡又映出一個女巫的面孔，女孩回頭一看，原來一個女巫已經站在她的身後。

女巫偽善地說：「別人不都說妳是女巫的女兒嗎？那我就送妳一份嫁妝。這珊瑚串妳戴上吧！妳出生的時候我就要送給妳的，現在是該給妳的時候了。去湖裡照一照吧！」

小女孩把珊瑚串掛在脖子上，在水裡一照，一個美麗的姑娘在看著她。

她不敢相信自己的眼睛，不停地摸摸臉，拉拉頭髮，水裡的美人也跟著做同樣的動作。女孩驚奇的問：「她是誰？為什麼跟我做一樣的動作？」

女巫說：「我的女兒，那就是妳呀！妳現在變得漂亮了，誰都會對妳一見鍾情的。但是妳得記住，不能把珊瑚串拿下來，否則妳就會回到原來的模樣，妳的幸福也會跟著消失的。」

小女孩高興地謝過女巫就回村了。女巫卻幽幽地說：「妳不會得到永遠的幸福，也不會給任何人帶來幸福。」

小女孩回到村裡，大家都沒認出這個美麗的姑娘是誰。她的姐姐們認出了她，她們都奇怪地問她是怎麼變漂亮的。女孩牢牢記住女巫的吩咐說：「森林的小溪邊有一棵花楸樹，我向它鞠躬，求它讓我變漂亮點，它就給了我這個珊瑚串。」於是，村裡的姑娘都跑到森林裡尋找花楸樹，所以有一段時間大家脖子上都帶著花楸串。

雖然姑娘們都很漂亮，但是誰也沒有小女孩漂亮。她們不再嘲笑小女孩，而是整天圍著她轉，就連村裡的小伙子們也都不時地來送殷勤。

一天，小女孩又來到湖邊的時候，女巫出現了，她對小女孩說：「妳不能談戀愛，妳會毀了自己，

女巫。

也會毀了他。」女巫說完就消失了。小女孩看著女巫消失的地方，不禁傷心起來，因為她愛上了一個小伙子埃雷克。曾經她還是個醜姑娘的時候，他還請她跳過舞，他是村裡唯一一個沒有欺負過她的人。

埃雷克向女孩求婚了，女孩很痛苦，她不知道自己該怎麼辦，就去找女巫。她向女巫哀求道：「請妳幫幫我吧！他對我那麼好，我也是那麼愛他！」女巫想了想說：「若是他能為了妳去把貝烏丹湖裡最漂亮的貝殼找來，他就可以娶妳為妻。」

女孩心裡既高興又不安，她高興的是她終於找到辦法了，可是不安的是埃雷克的安危，她不想他為了自己去冒險。湖裡有一個水怪，牠不容許任何人故意進入湖裡，誰要是侵犯了，就會把誰囚禁起來。女孩憂傷地坐在湖邊，真想這一切都沒有發生，她想到一個沒有人知道她過去的地方，那樣她就不用為了這意外的美麗發愁。

埃雷克又再一次懇求女孩嫁給他，女孩終於下定了決心說：「你要是能把湖裡最美的貝殼拿給我，我就能嫁給你了！」埃雷克毫不猶豫地跳進了湖裡。女孩坐在湖邊等著，等著，直到夜晚來臨，也不見埃雷克的身影。女孩每天都到湖邊等待，可是日子一天天過去了，埃雷克還是不見蹤影。

「埃雷克回不來了，妖怪不會放他回來的。妳答應嫁給我吧！我去幫妳把最美的貝殼拿來。」埃雷克的弟弟說著也跳進了湖裡。

女孩和村裡的姑娘都等待著，可是怎麼也不見兄弟倆歸來。埃雷克的母親朝著女孩發脾氣，哭叫道：「妳這個狠心的女人，我就這麼兩個兒子，我還指望著他們養老呢！妳現在叫我怎麼辦？」

女孩傷心不已，她也不想這樣，她也想流淚哭泣，可是她一看見脖子上的珊瑚串，就會有一個聲音在心裡說：「世上的小伙子還有那麼多！」這樣女孩就一滴淚也流不出來了。當她拿下珊瑚串，她就傷心不已，覺得對不起這兄弟兩人。

日子又過去好些天，女孩還是沒有等到兄弟倆回來。於是一個月朗風清的晚上，女孩跑到湖邊祈求：「請你放了這對兄弟吧！我可以答應你的任何要求。」

突然平靜的湖水起了波瀾，一個妖怪出現了，對女孩說：「妳是世界上最美麗的姑娘，這裡所有的寶藏都是妳的，妳答應做我的妻子吧！」女孩說：「只要你放了他們兩兄弟，我就答應你。」

兩兄弟回來了，他們都帶了最美的貝殼送給女孩。女孩為難了，她不知道該怎麼辦，她該選擇誰呢？怎樣去實現自己對妖怪的承諾？於是女孩又跑去找女巫。女巫說：「現在不是妳選擇的時候，妳把珊瑚串扔到湖裡，讓他們兄弟倆來選擇吧！」

女孩按照女巫的吩咐，把珊瑚串從脖子上拿下來扔進湖水裡。兄弟倆看著恢復原貌的女孩都別過臉去，裝作不認識她。哥哥說：「我的女孩有星星一樣明亮的眼睛，妳不是我愛的人。」

弟弟說：「妳也不是我愛的人，我的女孩有花楸果一樣紅豔豔的嘴唇。」

女孩傷心地來到湖邊，俯身看見那串珊瑚就躺在水底。

「把它拿走吧！這本來就是屬於妳的，拿到它，妳又會是一個美麗的女孩。」妖怪引誘她。女孩投入了這平靜的湖水中，再也沒有出來。

從此有時湖上會聽到女孩傷心的啼哭。那時漁民們便不下湖捕魚，不撒網。他們說：「女巫在貝烏丹湖裡洗她的長頭髮。」

小知識
Tips

女巫原本是源自於古英語 Whicce，表示有智慧的女性。許多女巫的研究家們解釋，在古代社會便已經發現女性所擁有的特殊的神祕能力，而特別稱學習這種能力的女性為女巫。

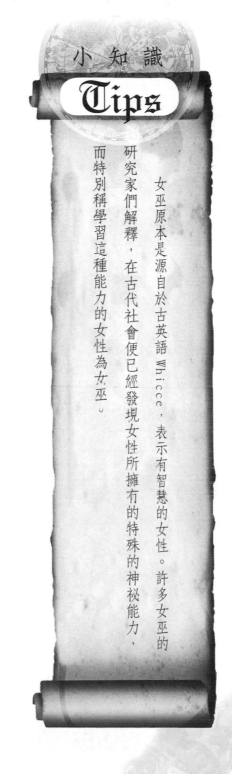

64

羅蕾萊

萊茵河的女妖

萊茵河有兩個女兒，其中的大女兒叫羅蕾萊。羅蕾萊是一位絕色美女，她長著一頭如波光般美麗的金髮，更有著舉世無雙的美妙歌喉。

羅蕾萊經常坐在萊茵河畔的巨石上一邊唱動聽的歌謠一邊梳理自己金色的長髮，所有路過聽到她歌聲的船夫都會立即愛上她。在羅蕾萊所在的巨石的下游，有尖棱的石頭和危險的漩渦。船夫們癡迷於她的歌聲，在這美妙的歌聲裡迷失了自己，一心只想看到這位絕妙的美人，忘了注意身邊湍急的萊茵河，結果船身被撞破，葬身河底。

有一天，庫法爾茨的王子乘船到了這塊巨石旁。羅蕾萊像以往一樣坐在巨石上面，邊梳理自己金色的頭髮邊唱著歌。悲劇又一次重演了，船上的舵手馬上就被她的歌聲迷住了，王子也一樣。當然，這艘船也像其他觸礁而沉的船一樣撞到了萊茵河裡的石頭，沉了。所有的人都淹死了。但是王子卻奇蹟般地活了下來。

可能是因為愛情而產生的強烈生存意識救了他，被水沖到岸邊的王子醒來第一個念頭就是去找這位美女。為了見到羅蕾萊，他開始朝著巨石頂部爬去。當他歷經千辛萬苦，爬到巨石頂上時，正在唱歌的羅蕾萊嚇了一跳，她看著這個狼狽不堪的求愛者，嚇得一下子停住了歌聲，還沒等王子開口說話便跳入了萊茵河裡像一條魚一樣溜走了。在接下來的幾星期，幾個月裡，王子每天都去等待，可是一直都沒有見到他心愛的女人。

王子懷著悲傷的心情回到了宮殿。他心情很不好，再也沒有像往日一樣吃飯、喝酒、打獵的心情了，甚至對生活也失去了興趣，他希望自己那時候與船上的其他人一樣被淹死了。王子的境況令他的父王很悲傷，也很生氣。於是國王命令自己的士兵去把羅蕾萊抓住並且殺死。

羅蕾萊看見那個王子不再出現，便又坐在巨石上開始梳理頭髮、輕唱歌謠了，但她並不知道危險正在朝她靠近。士兵們也是連著幾日的觀察蹲守才發現了羅蕾萊又開始回到了巨石上，於是他們決定把握時機，悄悄地朝巨石走去。

當士兵們爬到巨石上時，發現了在那裡的絕色美人羅蕾萊正在忘情地唱著自己的歌曲。士兵們不禁被這美妙的情景吸引，忘了自己來這裡的目的。就連帶領士兵的長官都感到很難對眼前的魔女拿起武器，她實在太美麗了。但君命不可違，長官命令士兵們進攻。羅蕾萊發現他們這麼多人的進攻就開始害怕地大喊：「萊茵父親，救命啊！有人要殺我，快來救救我！」

突然間萊茵河的河面起了波浪，慢慢地，浪花變成了浪潮，浪潮又變成了巨浪，幾米高的巨浪騰空而起，越到了巨石上面，巨石上的士兵不知道是因為害怕還是被人施了魔法，都變得一動也不動，像木偶一樣。此時萊茵河的河水分開了，一輛白馬拉的綠車從深不見底的水下出來，接走了羅蕾萊。羅蕾萊消失在水裡，河水又恢復了平靜。

就這樣，萊茵父親拯救了自己的女兒，他也因此拯救了無數的船夫。因為羅蕾萊不再用歌聲和美色誘惑過往的船夫，他們從此可以專注於腳下河水中的巨石。

而那個悲傷的王子始終孤身一人，終身未娶。

小知識
Tips

庫法爾茨，德國古行政區，位於萊茵河東岸，面積涉及現德國巴登——符騰堡州、黑森州和萊法州的局部地區。

65

萊茵河的女妖

奧納莫德爾

奧納莫德爾是萊茵河的小女兒。

萊茵河有兩個女兒，大女兒就是擁有美麗容貌和絕妙歌喉的羅蕾萊，小女兒叫奧納莫德爾。奧納莫德爾靦腆害羞，她沒有姐姐那樣美麗的容顏和動人的歌喉，卻有一副好心腸。她很孝順，總是待在水底守著父親，不像姐姐一樣，用歌聲迷惑路過的水手，總是招惹是非。

但奧納莫德爾也是孤單的，她看到萊茵父親幫姐姐解圍，把羅蕾萊從一群士兵手裡救出來以後，就覺得自己的父親有點偏心。於是她向父親抱怨說：「羅蕾萊害得那麼多船夫喪命，不照顧父親不說，還總是招惹是非，父親二話不說就替她解圍；我一心一意的照顧著父親，到現在還沒有找到屬於自己的真愛，父親也不說一句感謝的話。」

萊茵父親笑了，他知道自己的二女兒也長大了，現在感到孤單，所以寬容地說道：「我也同樣愛妳呀，我的女兒！」於是，奧納莫德爾被父親送到了博帕德，這裡是萊茵河的一個大轉彎處，奧納莫德爾可以在那裡試著尋找自己的真愛。

從那以後，奧納莫德爾就生活在博帕德，這裡有時會有游泳的人，有時會有落水的人。如果奧納莫德爾發現自己中意的人就會把他們拉到水底，如果他們沒有愛上奧納莫德爾，不肯親吻她的話，就會被淹死。可惜的是，奧納莫德爾並不是一個美女，所以直到現在，她都沒有找到自己的真愛，而被她拉到水底的人也都沒有倖免於難的。

可憐的奧納莫德爾就一直這樣等著有一個人來愛她。

小知識 Tips

西歐第一大河萊茵河，發源於瑞士境內的阿爾卑斯山北麓，西北流經列支敦士登、奧地利、法國、德國和荷蘭，最後在鹿特丹附近注入北海。它是德國最長的河流，是文明發發源的搖籃，因此關於它的傳說和神話有很多。

66 吸血鬼伯爵 德古拉

相傳中世紀的時候，教會經常會受到外族的侵略，德古拉伯爵是個虔誠的教徒，他也向上帝保證會以生命來保衛教會。

敵人在他新婚之夜出現在城外，他不得不為了教會的安危出城迎戰。儘管他是那麼捨不得自己的妻子，可是他還是遵守自己的諾言出城與敵人廝殺在一起。英勇的德古拉把長長的矛刺向敵人的胸膛，把敵人的頭顱高高樹立在戰場上，敵人被嚇得紛紛逃竄。他的妻子伊莉莎白在城堡裡默默地為他祈禱，希望他能平安歸來。拂曉時分，敵人想做最後一搏，就派人散布謠言說德古拉在追擊敵人時中了埋伏，不幸身亡。

消息傳到他的妻子的耳中，他的妻子伊莉莎白悲慟欲絕，便縱身跳進城堡的護城河內。德古拉打退敵人，想著早點回到自己親愛的妻子身邊，可是當他回到家裡聽到噩耗的時候，幾乎暈厥，好久才回過神。

德古拉沒有為妻子流淚，只是憎恨地看著這個世界，他不明白這個世界是怎麼回事。在妻子的葬禮上，他得知自己的妻子不能上天堂，因為教會有規定，自殺的人不能上天堂。他不由得憤怒起來，他氣憤地質問教會人員，他一生都在為教會拼命，為什麼妻子死了卻不能上天堂！只會按照教條來的無情的教會人卻說這是上帝的旨意。

悲憤的德古拉當下就痛罵上帝，並拔劍對天長誓：此生絕不再保衛教會。他再也不相信什麼狗屁上帝，而且對著上帝的塑像發誓，死後要重生，以血維生，代表著邪惡力量的他要與上帝抗衡，哪怕最後永遠不能超生！發完誓，他恨恨地用長劍穿透了上帝的石像，石像竟流出了殷紅的眼淚滴在石碗裡，德古拉端起盛有血水的碗一飲而盡。上帝接受了他的挑釁，他成了一個吸血鬼。於是他和上帝的恩怨糾葛從此開始。一直到四百年後，事情出現了轉機。

四百年後，一八九七年的倫敦。一個律師所的年輕律師喬納森，被派到羅馬尼亞特蘭斯瓦尼亞屬地的德古拉家族城堡辦理在倫敦的地產手續，而這座城堡的主人正是已經化為吸血鬼的德古拉伯爵。偶然的機會，德古拉發現自己的妻子伊莉莎白與律師喬納森的未婚妻米娜驚人的相像，他認為米娜就是伊莉莎白的轉世再生。於是他決定找到米娜，重新找回那一份遺失了四百年的真愛。

德古拉將喬納森囚禁在自己的城堡中，帶著成箱的故鄉泥土踏上了前往倫敦的船隻。德古拉一路呼風喚雨地來到倫敦，倫敦的黑暗力量也因為他的到來而慢慢復甦。吸血蝙蝠與狼人醒了，平靜和諧的倫敦一下子處於了一種神祕的恐怖之中。

德古拉來到倫敦很輕易地找到了米娜。米娜還有一個很要好的女友叫露西，她們都年輕漂亮。德古拉變成了一個年輕的王子出現在米娜身邊，米娜被他優雅的風度和神祕迷人的氣質吸引，熱烈地愛上了德古拉，並在與他接觸中隱隱回憶起一些她前世做為伊莉莎白的生活的悲慘結局，這使她陷入一種憂鬱與幸福之中。

而露西卻受到邪惡力量的誘惑與狼人結合，開始逐漸蛻變，最終將死去成為一個吸血殭屍。露西不斷失血卻又毫無根由的離奇病症吸引了神祕學家范海辛，他經過查證，終於確認這一切怪異之事的起因正在於吸血鬼德古拉身上。他聯合並說服了幾個紳士一同對付這種可怕而神祕的力量。關在城堡裡的喬納森痛苦萬分，他想盡辦法地擺脫了魔女的控制，逃出了古城堡，被一所聖母院救起。他寫信給米娜讓她來此與他完婚，以擺脫德古拉的魔手。米娜收到信後猶豫不決，但最後她還是去找喬納森了。

等他們回到倫敦時，露西果然已在死後變成吸血鬼。范海辛帶人闖入了墓地，刺穿了她的心臟，割下了頭，這樣才殺死了吸血鬼。喬納森立即加入了范海辛一方，去對付德古拉。他們找到了他駐停的修道院，焚燒了他帶來的泥土，因為德古拉帶在身邊的泥土是他所有力量的泉源。而德古拉此時已找到了米娜，並將一切都告訴了她，米娜知道自己深愛著德古拉，決定永遠跟他在一起，變成不死的吸血鬼之身，共同享受永恆的真愛。

由於失去了故鄉的泥土，德古拉只有先回到城堡蓄養力量。范海辛對米娜催眠，企圖利用她對德古拉的愛的力量追蹤德古拉並徹底消滅他。終於在日落之前他們趕上了德古拉，並在城堡裡重創了他。米娜不顧一切地撲上去，把將死去的德古拉拖入了城堡。在死亡的最後時間，德古拉終於大徹大悟，重新回到了上帝主的懷抱，明白了什麼是真正永恆的愛。他最終做為神勇英武的德古拉伯爵，上帝的守護者而死去。米娜含淚舉起長槍，刺穿了他的心臟，割下了他的頭顱。他們之間的愛情已從中得到昇華。

小知識
Tips

在歐洲歷史上，確實有德古拉這個人。他以殘忍著稱，常常將戰俘從臀部插入一根長長的木棍然後一直穿過整個身體從嘴巴出來，再將木棍高高樹立而起，將戰俘折磨致死。後來有人以他為原型寫下了《吸血鬼伯爵德古拉》一書。

德古拉的原型弗拉德三世。

67

不死鳥

涅槃重生

在希臘傳說中有一種能夠重生的鳥，叫做不死鳥。

這種生活在阿拉伯半島的一口枯井附近的鳥，會在黎明的陽光下一邊沐浴晨光，一邊唱歌，歌聲美妙動聽，就連太陽神都會停下戰車靜靜的聆聽牠這美妙的歌聲。

不死鳥每五百年左右就會重生一次，臨死之前，每隻不死鳥都能預感到自己的壽辰將盡，牠們會提前採集各種有香味的樹枝或草葉來築巢，然後等到奄奄一息的時候引火自焚，在火焰中讓自己重生。

當牠們在火焰中快要燃盡的時候，一隻新生的不死鳥就會從火焰中飛出。

這隻新生的不死鳥會用一種特殊的方式來為牠的母親下葬，牠會用沒藥樹的汁液塗抹已死的不死鳥的身體，然後把牠帶到阿波羅的太陽之城。

羅馬詩人奧維德對不死鳥有這樣的描述：「大部分怪物都是由其他生物衍生而來的，只有一種例外，牠們可以再生，亞述人稱之為不死鳥。不死鳥並非靠花草果實維生，而是以乳香為食，在降生五百年後牠會落在棕櫚樹頂端的橡木枝上為自己搭建一個巢，然後出外收集肉桂、甘松和沒藥等香料，銜入巢內，墊在自己的身下，當牠呼出最後一口氣後會悄然死去，此時從牠的身體裡將飛出一隻新的不死鳥，同樣擁有五百年的生命。等這隻不死鳥長大到有足夠的力量時，就會把父母的巢從樹上升起，銜往埃及的赫利奧波利斯城，放在太陽廟裡。這個巢是牠的搖籃，同時也是牠父母的墳墓。」

就像奧維德所說，亞述人是對不死鳥進行最早的記載，但是世界各地都流傳類似的傳說，比如埃及的太陽鳥、俄羅斯的火鳥、美洲的葉爾和阿拉伯的安卡等，牠們都有重獲新生的特點（壽命分別為540

年、1000年、1461年、1700和12994年不一），而且都與太陽有緊密的聯繫。

希臘歷史學家赫羅底特斯最早對不死鳥有過詳細的描述，他說：「我並沒有親眼見過牠，只是在繪畫中見過，牠的羽毛一部分是金黃色的，一部分是鮮紅色的，外形像一隻巨鷹，而且還擁有美麗的歌喉。」

不死鳥的形象發生變化是到了西元四世紀以後，傳說大限已到的不死鳥會在巢裡引火自焚，三天後獲得新生，就像基督一樣。「不死鳥」在此時已經擁有了「永生」和「死而復生」的象徵涵義。

小知識 Tips

不死鳥的形象在埃及被描述成為蒼鷺，但在古書上牠被說成是孔雀，或者是鷹。那個時候牠常被放在石棺裡，與印度的迦樓羅，中國的鳳有著某種聯繫。

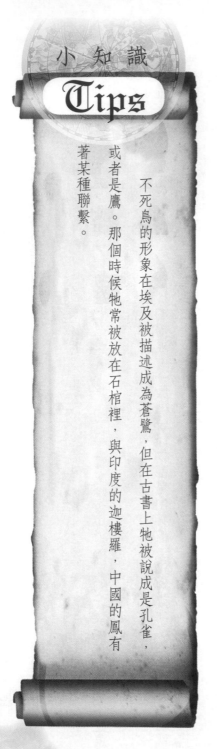

太陽神阿波羅。

第三章 西方童話和傳說中的妖怪故事

68 美人魚

海的女兒

在深海處有一個人魚王國，國王有七個女兒，她們無憂無慮地生活在海洋的深處。這七個姐妹中，小美人魚是國王最小的女兒，她擁有天使般美麗的面孔和夜鶯般動聽的歌喉。人魚國王規定：只有年滿十五週歲的美人魚才可以浮出海面，看看人類的世界。

小美人魚和她的姐姐們一起快樂地生活在海底，她總是喜歡和那些浮出過海面的姐姐們待在一起，詢問她們海面上的事情。慢慢地，她身上開始帶著一種憂鬱的色彩，讓人總覺得她有什麼不開心的事，而她自己也說不上來。或許她只是太嚮往那些姐姐們描述的世界了。她急切地盼望自己長大，急切地想要看看外面的世界。

終於，小美人魚滿十五歲了。

這天，小美人魚高興地一大早就由姐姐們陪伴著浮出海面，好奇地打量著這個與海底不同的世界。看著海面上游來游去的船隻，她興奮地不停問那是什麼。突然有一個人從船上掉到了海裡，小美人魚沒有多想便游上前去救人。她救的是一個王子，而她因為這一面之緣也深深地愛上了王子。

小美人魚為了能跟王子長相廝守，把王子推上岸就返身去找海底的女巫師，請求她把自己的魚尾變成人的雙腿。但巫師提出一個條件，小美人魚要用自己天籟般的聲音來交換。巫師還警告說，如果王子以後移情別戀，她就會化成海上的泡沫。為了追求愛情，這些都沒有讓小美人魚動搖，她毅然喝下了變身藥水，尾巴變成了修長的美腿。可是她從此也失去了說話的功能。

當小美人魚重新出現在王子身邊時，一位公主已經在王子身邊，正在努力地喚醒仍在昏迷中的王子。王子誤以為是這個公主救了自己，對她感激不盡，兩人一同墜入愛河。

可憐的小美人魚已經不能說話，無法向王子表述自己的所作所為和對他的愛慕之情，只能一個人默默地傷心落淚。但是小美人魚還是會偷偷地去看望王子，在別人看不見她的地方。

後來，小美人魚聽到王子即將結婚的消息，傷心欲絕，一下子就病倒了。按照巫師的咒語，小美人魚將化作泡沫死去。但巫師告訴小美人魚，還有一個破解咒語的辦法，就是用刀刺進王子的心臟，讓他的血滴在她的腳上。這樣，她還可以變回當初的小美人魚。

美人魚。

後來在眾人的勸告下，小美人魚出現在王子的婚禮上，看著王子臉上掛著幸福的微笑周旋於歡慶的人群中，就傷心得不能自已。賓客散去，王子也醉了。夜半，小美人魚來到王子的床前，看著睡著的王子卻突然不忍心下手了。小美人魚就那麼守在王子床邊靜靜地看著王子，過了很久，在王子的額頭輕輕的吻了一下，心裡默唸「祝你幸福」。

最後，善良的小美人魚化作海中的泡沫逝去。

小知識

Tips

《美人魚》是丹麥的童話大王安徒生所作。丹麥人都說小美人魚就是安徒生自己。安徒生年輕時有過青梅竹馬的初戀情人福格特，但由於家庭條件相差懸殊，他們最終沒有在一起。在安徒生二十六歲那年，福格特嫁給了當地的一個富家子弟。從此安徒生對愛情心灰意冷，決心獨守終生。

69 自作聰明的魔鬼 蘿拉

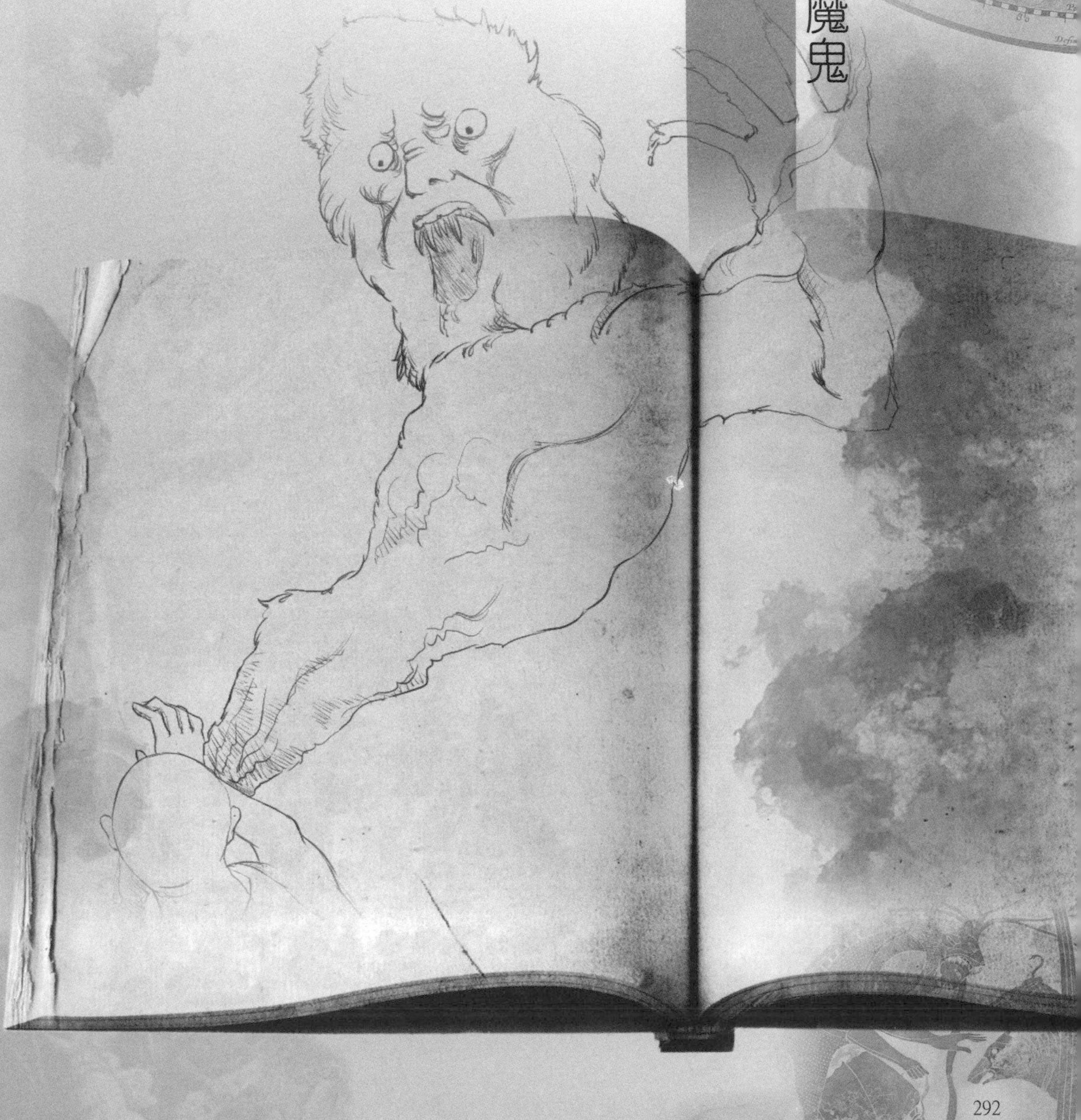

很久以前，一個農夫伯伯正在火爐上烤蘿蔔，突然冒出一個面目猙獰的魔鬼，但是這是一隻沒有頭腦的魔鬼——蘿拉，牠沒有攻擊伯伯，而是把手伸到爐子裡，取出一塊石頭。牠用力地捏這塊石頭，手上的肉都陷進石頭裡，把石頭給捏變形了。然後，牠挑釁地看著伯伯，顯示自己有多厲害，說道：「看到了吧！我也要這樣捏你，然後把你吃掉！」

伯伯看著蘿拉，並沒有表現出驚嚇，而是心生一計，拿起正在烤的黑乎乎的蘿蔔也用力一捏，蘿蔔汁全從手指縫裡流了出來。伯伯說：「看見了吧！我也要像這樣捏你！」

蘿拉嚇到了，牠沒想到人會有那麼大力氣，於是說：「看來你比我力氣更大些。我能捏扁石頭，你卻能把石頭捏出水來。來，再比一次，看誰更有力氣！」

農夫伯伯說：「我不想跟你比賽。比力氣，你和我兒子比就夠了。他在麥田裡，不過他的耳朵有些聾，你與他講話時盡量聲音大些。」於是，蘿拉到麥田裡去找伯伯的兒子，結果遇到了一隻熊。牠剛剛走近，還未來得及開口，就被熊一把抓在手裡，坐到了屁股底下，壓得幾乎斷了氣。

蘿拉好不容易掙扎著逃了出來，跑回到農夫伯伯面前說：「行了，我服了，你兒子的力氣比我大，你的力氣肯定更大。咱們還是比一比誰跑得快吧！」

農夫伯伯說：「我不想跟你比賽。你去找我的女兒吧！她在灌木林裡。」然後蘿拉又來到灌木林，在這裡牠遇見了一隻兔子。兔子一見牠，拔腿就跑，跑得快極了，四條腿根本不沾地。

蘿拉又回到農夫伯伯身旁，對他說：「你的女兒跑得像飛一樣，我肯定比不過她。你我還是比一比誰扔東西扔得高吧！」說著便從兜裡掏出一個金鈕釦，只一拋鈕釦就飛上了半天空。從下面望去，只有一個小黑點。

蘿拉把金鈕釦遞給農夫，讓農夫也拋一下。

農民接過鈕釦，心中為難了：「我肯定拋不了那樣高。這可怎麼辦呢？」

魔鬼催促說：「你幹嘛站在那裡不動？你在想什麼？」

農夫抬頭一看，天上正有一團雲飛來，於是回答說：「我在等那團雲彩飄過來，我要把金鈕釦拋進雲端，讓你永遠也別想再得到它。」魔鬼蘿拉聽了這話，急忙把金鈕釦從農夫手中搶了回來，三步併作兩步，逃之夭夭，以後再也不敢露面了。

農夫伯伯輕鬆地擺脫了魔鬼蘿拉的糾纏，而魔鬼也嚇得否定了自己，再也不敢出來在人前炫耀自己的能力了。

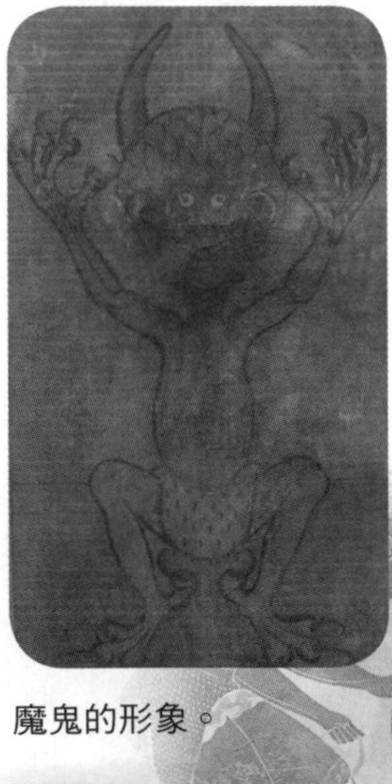

魔鬼的形象。

小知識 Tips

愚蠢的魔鬼不去想事情的本質，而是簡單地相信眼前所看到的，從而被騙。所以我們要謹記耳聽為虛，眼見不一定為實的道理，避免上當受騙。

70 飛龍

錯做好事的魔鬼

從前，在一個戰亂的國家，國王為了戰勝敵人，招募了很多士兵，可是軍餉很少，士兵都沒辦法生存，因此有三個士兵就約好了逃跑。

一個士兵說：「我們怎麼能順利逃走不被找到？要知道這可是殺頭的事啊！」

另一個指著玉米田說：「我們藏身在這裡吧！部隊有規定不許士兵進入農田，他們明天不也要走了嗎？」於是他們偷偷藏進了玉米田，可是部隊沒有按照他們的意願遷移，而是繼續駐紮在這裡。他們在裡面藏了好幾天，沒吃沒喝的都快要餓死了。可是他們回到部隊又是必死無疑的，就在他們相互埋怨，不知道該怎麼辦的時候，眼前出現了一條飛龍。

飛龍從空中飛到他們面前，問他們為什麼都神情沮喪。三個人就如實相告了。飛龍說：「如果你們甘願當我的僕人，我可以幫助你們！」三個士兵不想餓死，也不想被殺頭，實在沒辦法之下只好答應了，讓飛龍幫他們擺脫了困境。

三個士兵並不知道這條飛龍是個魔鬼，魔鬼給了他們每人一條鞭子，只要啪啪抽響鞭子，就會有許多金子出現。魔鬼說：「我給你們七年的時間來享受人間歡樂，七年後就要收走你們的靈魂。你們就永遠成為我的僕人了！不過，到時我會讓你們猜一個謎語，你們要是猜對了，你們就是自由的。」

說完，飛龍便飛走了。

三個人開始帶著鞭子旅行，他們並不缺錢，不管走到哪裡，都是華衣錦服，山珍海味，名車接送，住的也是富麗堂皇的宮殿。人們都羨慕尊敬這三個有錢又懂禮貌的人。很快七年的時間就過去了，其中兩個士兵開始不安起來，另一個卻淡定地說：「沒什麼的，等到那一天再說，我這麼聰明，肯定能猜出答案的。」說完，他帶著這兩個不安的人又開始了旅行。

他們在郊外開闊地坐下來休息，那兩個士兵又愁眉不展地嘮叨起來。一個老太婆向他們走過來，詢問他們為什麼會不開心。他們看看眼前的老太婆都說：「我們告訴您也沒用，您能幫助我們什麼呢？」

「你們只管說，說不定我真能幫上忙！」老太婆堅持道。於是三個人便把他們跟魔鬼簽訂賣身契的事告訴了老太婆。

老太婆說：「若想得救，你們就得去森林裡找一座小屋模樣的懸岩，那裡有你們的救星。」他們三個開心地謝過老太婆就往森林裡走去。

他們找到了老太婆說的地方，走進去發現裡面坐著一個更老的老太婆，其實這是魔鬼的祖母。他們向這個老婆子求救助，老婆子很喜歡那個樂觀的士兵，就答應幫助他們。她讓這些士兵藏到地窖裡並對他們說：「你們待在這裡不要動，我會替你們問那個謎語，你們可要聽好了。」

夜半時分，飛龍來了，老祖母擺了一桌子酒菜招待牠。飛龍高興得很，牠一邊吃喝，一邊和祖母聊天。祖母問牠最近怎麼樣，有多少收穫。牠高興地把自己收穫了三個士兵的事對祖母說了，祖母說：「他們可都是士兵，說不定能逃走的。」

飛龍胸有成足地說：「不會的，我還有謎語要給他們猜，他們肯定猜不出來。」

祖母又問是什麼樣的謎語。飛龍有點喝多了，興奮地說：「那我就告訴妳吧！北海的死長尾猿是他們的烤肉，鯨的肋骨是他們的銀勺子，空心的老馬腿是他們的酒杯。」魔鬼終於喝醉睡著了。

老祖母把三個士兵放出來說：「你們可都記牢了。」

他們離開老婆子，開始開心地生活，等待著飛龍的到來。整整七年的時間過去了，飛龍出現問他們：「我請你們在地獄吃飯，你們猜會吃什麼樣的烤肉，用什麼樣的勺子，什麼樣的酒杯？」他們一一回答了這些問題。飛龍氣瘋了，怒吼著飛走再也沒出現過。

三個士兵就帶著那條神奇的鞭子幸福快樂地生活著，直到死去。

與東方的龍不同，西方龍是毒龍，是醜與惡的化身。圖為歐洲文藝復興時期義大利畫家拉斐爾根據歐洲的一個著名傳說——「聖喬治屠龍」而創作的畫作：《聖喬治與龍》。

小知識
Tips

遇到困難時要冷靜處理，尤其在絕境時要勇於冒險，這樣才有絕處逢生的希望。

71 池中水妖

真愛的見證者

從前，有一位本來生活很富足的磨坊主，不知道什麼原因，他的日子越來越不好過，最難過的時候甚至連飯都吃不到。看著自己不能維持的磨坊，磨坊主感到萬分悲痛，儘管他每天辛勤勞作，生活依舊不見起色。

愁苦的磨坊主總是夜不能寐。這天，又是一個無眠夜。心中煩悶的磨坊主索性不再睡覺，就起來出去散步，想要排解一下苦悶的心情。他走到一個水壩上，這時候，太陽剛剛升起，熹微的晨光給水面披上了一層金紗。他並沒有心情享受這美好的景色，只是望著水面呆呆地發愣。

突然間耳邊傳出潺潺的水聲，他回頭看見一個美女緩緩地升出水面，長長的秀髮披在兩肩旁，把整個身軀擋住。磨坊主意識到這是個水妖，就要轉身離去。可是水妖柔柔地呼喚著他的名字，讓他不能邁步離去。水妖用甜美動聽的聲音問他為什麼會悶悶不樂。磨坊主不由自主地說出了自己的苦惱。

水妖說：「不用擔心，我可以幫你讓家中光景好轉起來，但是你要答應我一件事，那就是把家裡新生的東西給我。」磨坊主心想家裡現在什麼都沒有了，除了小貓小狗之類還會有什麼新生的東西，於是就答應了。可是當磨坊主回到家中，還沒有把自己的喜悅說給老婆聽的時候，就傻眼了。

他剛進門就看見妻子坐在床上懷裡抱著一個男嬰，他呆若木雞地站著。

妻子看他傻眼了，就說：「咱們有兒子了，你樂傻了嗎？」他明白過來，水妖早就知道了這一切，她是故意欺騙他的。於是他沮喪地告訴妻子，自己在水壩邊遇到的事情。妻子安慰說只要以後讓孩子遠離水邊，應該就沒事。

從那以後，磨坊主的生活確實好起來了，所有的交易都能兌現。大家都說是這個孩子帶來的好福氣，磨坊主總是笑笑不說什麼，其實他心裡一邊苦著。磨坊主從不讓自己的孩子靠近水邊，他一直小心翼翼地生活著，直到孩子長大成了獵人，與村裡美麗的姑娘成為夫妻。這期間水妖一次都沒有出現過，也沒有來打攪他們的生活，大家都以為這件事過去了。

磨坊主的兒子生活得很幸福，他們夫妻恩愛，相敬如賓。

一天，年輕的獵人去打獵，獵殺了一隻雄鹿，由於體力消耗，他感到又累又渴，就到水邊喝水，然後順便把雄鹿也開膛破肚清洗了一番。他不知不覺地就站到了水裡，正在他清洗沾滿鮮血的雙手時，水妖突然冒了出來。她面帶微笑地看了看獵人，便掀起一陣浪花把獵人拖到了水裡。在家等待的妻子見天色晚了丈夫還沒回來，就出去尋找。她找到水邊時看見了清洗一半的雄鹿，就知道自己的丈夫被水妖抓走了，因為她聽老磨坊主跟她提起過這件事。

一時間悲傷湧上心頭，讓她除了對著水面一遍遍呼喊丈夫的名字外就不知道該做什麼了。她又哭又喊不知不覺就累得在水邊睡著了，她做了一個夢，夢見天上下著傾盆大雨，她卻在這大雨中爬山，路又濕又滑，她不停地摔倒，膝蓋都磕破了皮，可是還是努力地向前爬著。

終於她爬上了山頂，山頂的風景如畫，天空碧藍，陽光普照，鮮花遍野，根本不像剛下過雨。

在一片綠草中有一間小巧的農舍，疲憊的她朝著農舍走去，想著能討碗水喝。開門的是一位滿頭銀髮的老婆婆，她和藹的面容讓她一下如沐春光。就在這時，夢醒了，她像是得到啟示一樣的就照著夢去做了。

果然，她見到了那個老婆婆，老婆婆給了她一把金梳，告訴她怎麼做。

女人回到家裡，等到月滿之夜，跑到水邊，坐在那裡用金梳梳理著頭髮，然後把梳子放在水邊。不一會兒，水裡泛起了波濤，水面分開，露出了獵人的腦袋，可是瞬間就被一個浪頭打沒了，金梳也不見了。女人失望地走回家中，又夢見了那位老婆婆，然後她又去找老婆婆。老婆婆又給了她一支笛子，讓她在月滿之夜在水邊吹奏笛子。她按照吩咐在水邊吹奏笛子，這次丈夫露出了半個身體，然後就被浪濤捲走了，笛子也不見了。女人又一次失望了。

女人再一次來找老婆婆，這次老婆婆給她一個金紡輪，還是讓她在月滿之夜在水邊紡織。當女人在水邊把一捆亞麻線紡完時，水面上漂滿了紡好的線。這時，同樣的事情又發生了，只是這次丈夫的全身都露出來，呈現在女人面前了。獵人迅速地跳到岸上，拉起女人的手就跑。可是背後的水池立刻沸騰起來，水漫了整個曠野。他們感到死亡在逼近，女人著急地在心裡祈求老婆婆的幫助，一會兒他們都變身了，一個是蛤蟆，一個變成了青蛙。洪水把他們沖散了，但是沒有毀滅他們。

水妖是中古歐洲傳說中出沒於湖泊、河流的妖精，外貌是長髮、裸體的美少女，會誘惑男人靠近水邊再溺死他。

水退了，他們變回了人形，可是卻找不到對方了，而且他們都不知道身處何方。為了能活著找到對方，他們就替別人放羊。多少年過去了，他們仍然過著放牧的生活，心裡思念記掛著對方。又是新的一年，春天到了，他們都趕著羊群去吃草，可能是老天被他們感動了，就讓羊群帶著他們越走越近，終於他們在山谷裡相遇了。可能是分開太久了，他們竟然沒有認出對方，但他們心意相通，都不再感到孤獨了。

從此，他們每天都把羊趕到一起，邊放牧邊說話聊天。一天晚上又是滿月，獵人從懷裡掏出短笛吹奏了一首美妙中略帶憂傷的曲子給女人聽。女人聽著聽著不禁潸然淚下，獵人不解地問她怎麼了。她便講述了自己當年營救自己丈夫的情景。獵人看著眼前這個容顏不再年輕的女人，彷彿自己當年嬌媚的妻子又回來了。女人也看著眼前這個滄桑的男人，慢慢地認出了他就是自己苦苦追尋的丈夫。他們高興地相互擁抱著，親吻對方，誰都不需要再問他們此刻的幸福了。

小知識 Tips

這是《格林童話》裡的一篇故事，這個故事告訴我們不要輕信別人，做人要不畏艱辛，只有相信真愛，才可以得到永遠的幸福。

72 傻子的福星 怪鳥格萊弗

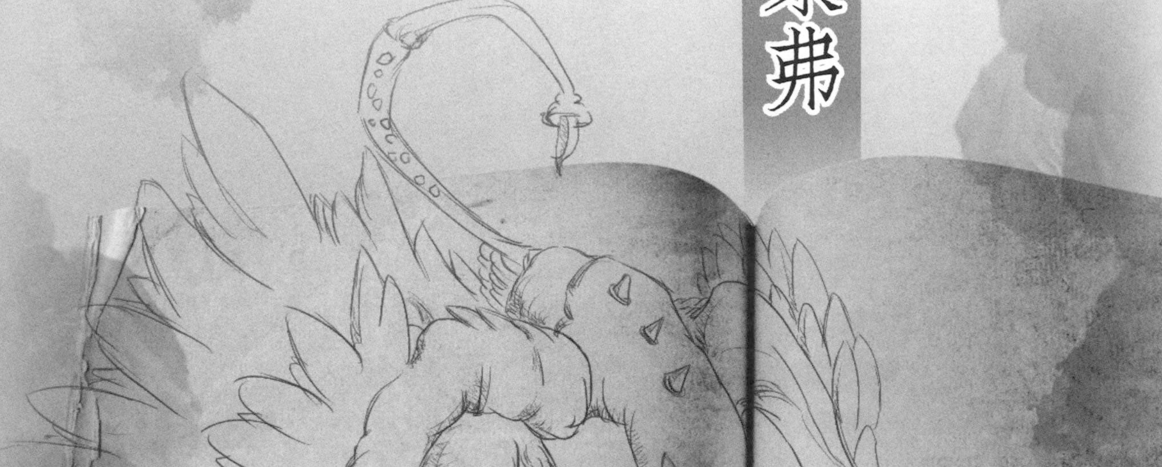

有一個國王，他只有一個女兒。可是公主正在如花似玉的年紀，卻得了一種怪病，遍尋名醫都沒有治好。後來一個預言家說公主只要吃了有緣人送來的蘋果就會痊癒。國王當下許願說：「不管是誰，只要他能醫好公主，就可以娶公主為妻，並且可以繼承王位。」

王國裡有一對夫婦，他們有三個兒子，小兒子漢斯非常老實，父親嫌棄他的老實，總說他是個傻子。可是這個父親嘴裡的傻子送蘋果給公主吃，公主竟然痊癒了。但國王沒有立即兌現自己的諾言，而是讓漢斯做了好多事。

他先是讓漢斯造一艘能在旱地上行駛的大船，又讓漢斯放牧一整天的兔子，而且不能丟失一隻。漢斯在小矮人的幫助下順利地完成了這些刁難人的任務。國王驚訝得很，他就讓漢斯去完成一件根本不可能完成的事情：在怪鳥格萊弗的身上拔一根羽毛帶回來。接受了任務的漢斯稍做準備就動身了。

漢斯找人打聽清楚格萊弗的所在地就埋頭趕路，一路往前，在傍晚時分他來到了一戶人家的府邸前。因為天色已晚，他上前敲門，詢問能否在此借宿。主人很好客，很高興地答應了，還用豐盛的飯菜招待了漢斯。

吃飯的時候，主人問他是要到哪裡去。漢斯回答說：「我去找怪鳥格萊弗。」

主人說：「我聽說格萊弗什麼都知道，我有一個鐵皮箱子的鑰匙丟了，能不能麻煩你幫我問一下。」漢斯答應了。

第二天他又繼續趕路，晚上的時候在一座城堡裡投宿，城堡的主人有一個生病女兒，吃了好多藥都不見好，他知道漢斯要去做什麼，就讓漢斯幫著問問格萊弗，什麼藥才有效，漢斯也答應了。他離開城堡又繼續趕路，途中遇到一條河，河裡沒有渡船，只有一個高個子負責背人們渡河。高個子知道漢斯要去找格萊弗，就請他幫著問問他要背人過河到什麼時候。漢斯答應了，高個子把漢斯背過了河。

漢斯終於到了格萊弗家，格萊弗不在家，只有牠的妻子在。漢斯向牠的妻子說明來意，格萊弗的妻子說：「格萊弗的脾氣很怪，沒有人能與牠說上一句話，牠會吃掉所有想要接近牠的人。你想辦成自己的事恐怕很難。」

漢斯為難了，格萊弗的妻子看著這個老實的人愁苦的模樣動了惻隱之心，就說：「這樣吧！你藏身在牠的床底下，等牠睡熟了，再伸手在牠尾巴上拔一根毛吧！至於你想知道的事，我來幫你問。」漢斯高興地同意了。

晚上格萊弗回來了，一進門就對妻子說：「我怎麼聞到了生人的味道！」

妻子說：「今天是有一個人來找你，被我打發走了。」格萊弗聽了便沒說什麼。

半夜，格萊弗正在酣睡的時候，漢斯偷偷在牠尾巴上揪了一根羽毛下來。怪鳥痛醒了，就對妻子說：「我又聞到了生人的味道，還有人在拽我尾巴。」

妻子說：「你一定在作夢，我告訴你他已經走了。他今天來找我絮絮叨叨地說了好多事，煩死了。」妻子把漢斯要問的問題都順便唸叨給了格萊弗。

怪鳥格萊弗說：「真是些傻瓜，柴房門後有堆木頭，鑰匙就在那下面；地窖的樓梯下有隻癩蛤蟆，姑娘的頭髮被我用來做了窩。把頭髮取回去，她的病就好了；那個傻大個，他只要把背的人丟到河裡，就不用再背人了。」

第二天格萊弗走了，漢斯從床底爬出來，謝過這位好心的妻子就離開了。他在回去的路上把答案告訴了需要幫助的人。大高個知道了自己不用再背人過河的方法，城堡裡的女孩病也好了，府邸裡的主人也找到了鑰匙。因為他幫助大家解決了困難，所以大家都送了他好多東西。他帶著城堡主人送的金銀財寶與府邸主人送的牛羊等東西回到了國王那裡。

國王見漢斯帶回這麼好東西，就問漢斯是怎麼來的。漢斯說都是格萊弗給的，想要多少有多少。國王聽後也決定去找格萊弗。不料他到河邊時，正好是大高個背完漢斯後遇見的第一個人，於是大高個背起他走在河中央時把他扔進了河裡。國王掉進河裡淹死了。

最後漢斯娶了公主，成了國王。

小知識 Tips

智者總是願意幫助那些心存善念的人，從這裡我們可以知道好人終有好報。

73

玻璃瓶中的妖怪

墨丘利尤斯

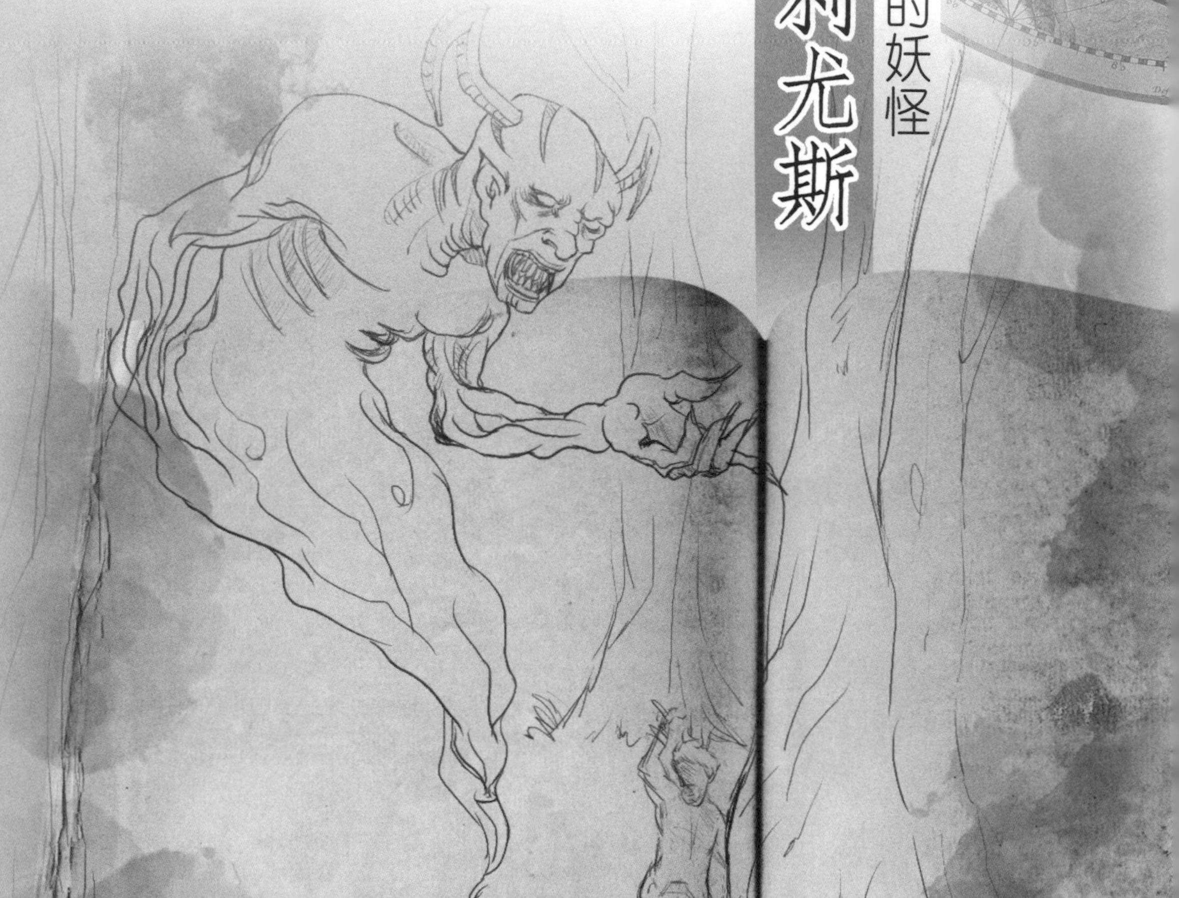

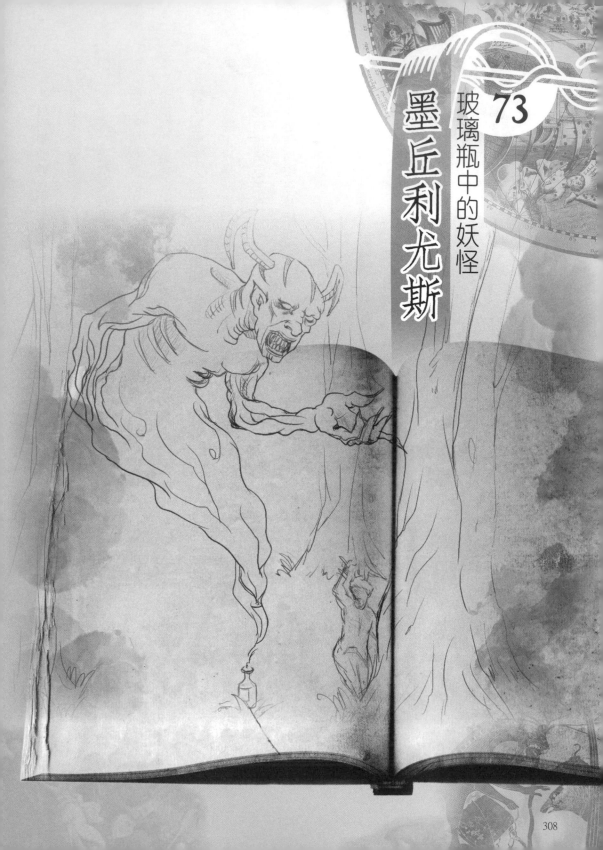

這是一個很久遠的故事：

有一個很窮的樵夫，他有一個聰明伶俐的兒子，由於家裡很窮，為了供兒子上學，樵夫起早貪黑地辛勤工作著。終於，他的兒子上學了。兒子很爭氣，讀書學習很勤奮，品德兼優，深得老師們的喜愛。可是在兒子的學業快要完成的時候，家裡實在拿不出錢再供兒子去上學了。兒子只有輟學回家。

父親很傷心地對兒子說：「家裡實在拿不出錢供你繼續上學了，我的老年生活看來要淒苦地度過了。」

「親愛的父親，不要憂愁，我相信一定會有辦法的，我會讓你幸福的。」兒子很認真地說了這樣一番話。

第二天，父親又要外出砍柴了。兒子也要跟父親一起去。父親難過地說：「兒子，現在你只能跟著我做這樣的工作了，會很辛苦的。而且我們家只有一把斧子，沒錢再買一把了。」

所羅門王與示巴女王。

兒子卻對父親說：「不用擔心，去鄰居家借一把就行了。」好心的鄰居借給父子倆一把斧子。天剛亮，父親就帶著兒子進了森林砍柴。

兒子興高采烈地幫著父親工作。中午，父親說該休息休息吃午飯了。兒子拿著自己的那份麵包說：「爸爸，您歇會兒吧！我到林子裡走走，看看有沒有鳥窩。」

父親慈愛地說：「別亂跑了，做了很多工作，很累的，就在這裡休息吧！」

兒子沒聽父親的話，還是獨自進了林子。這天他的心情格外好，興致勃勃地仰望著身邊的參天大樹。那些樹很古老，樹幹粗大枝葉繁茂。不一會兒他看到一棵非常茂盛的大樹，心想：「肯定有很多鳥在這棵大樹上築巢。」

就在這時，他忽然聽到什麼聲響，他屏住呼吸，果然聽到一個低沉的聲音在說：「快放我出去！快放我出去！」他四處尋找，卻什麼也沒有發現，聲音就像是從那棵大樹下發出的一樣。於是他大聲地詢問：「你在哪裡啊？你在哪裡？」

只聽那聲音回答道：「我就在這，埋在老橡樹的樹根下面。快放我出去！放我出去！」

小伙子開始在樹根周圍挖了起來，終於挖出了一個玻璃瓶。他拿起玻璃瓶在陽光下看了看，只見裡面有一個像青蛙一樣的小東西在瓶子裡上竄下跳。「放我出去！放我出去！」那個小東西又喊起來。小伙子想也沒想就把瓶塞拔掉了，說時遲那時快，那個精靈一下子就從瓶子裡竄了出來，立刻開始不停地變大，一剎那就變成了一個可怕的巨人，個頭就像那棵古老的橡樹的一半那樣高。

「你知道嗎？」這個大怪物聲音粗啞，語氣很嚇人地問小伙子，「你把我放出來，會得到什麼回報？」

「不知道，」小伙子一點也不害怕地回答：「我怎麼會知道呢？」

「為此我要擰斷你的脖子，哈哈哈哈！」妖怪回答說。

「你要是早告訴我，我就不會放你出來了。我的腦袋豈是你想擰掉就擰掉的？！你必須和別人商量商量才行。」

「不要跟我囉嗦了，無論如何你一定要接受你應得的回報。難道你以為，我是無緣無故被關押在這裡的嗎？告訴你不是的，這是我的懲罰。我是被所羅門王囚禁起來的墨丘利尤斯，不論誰把我放出來，我都要擰斷他的脖子。」

「那好吧！」小伙子靈機一動冷靜地回答說：「不過先別著急，你得向我證明一件事，你要證明剛才在那個小瓶子裡的人就是你。你要是能再鑽進去，我就無話可說的任你處置！」

妖怪趾高氣昂地回答道：「這有什麼難的，沒問題。」說完身體就開始縮小縮小，越縮越小，最後能夠從瓶口鑽進去了。妖怪剛鑽進瓶子裡，小伙子就立刻把瓶塞塞緊，並隨手把瓶子扔到樹根旁。妖怪就這樣被打敗了。

此時，小伙子準備回到父親身邊。但是那個妖怪卻尖著嗓子嚎叫起來：「放我出去吧！放我出去吧！」

小伙子斬釘截鐵地回答說「不！」他絕不再做傻事了。妖怪開出了誘人的條件——保證不擰斷他的脖子，而且還會給他一大筆錢，讓他擁有一輩子也花不完的財富。

「也許……你想用盡辦法再騙我一次。」小伙子說。

「你要是不答應，就錯過了一次獲得榮華富貴的機會呀！」妖怪嚴肅地說，「我保證，我不會害你了。」

這時小伙子就想：「不妨再相信牠一次，也許牠這次說的是真的呢！」

於是，小伙子又拔掉了瓶塞，妖怪立刻又鑽了出來變成了一個巨人。

「現在你該得到你的回報了。」巨人遞給小伙子一塊橡皮膏一樣的東西，告訴他，「用它的一頭在傷口上輕輕一蹭，傷口就會癒合；另一頭在鋼鐵上敲打一下，鋼鐵就會變成銀子。」

「我要先試一試。」小伙子說著就走到大樹前用斧子砍掉一塊樹皮，然後用橡皮膏一樣的東西在損傷處輕輕碰了一下，樹皮果然又長了出來。

「確實不錯，」他對巨人說，「現在我們該分手了。」

妖怪感謝小伙子搭救了牠，小伙子也感謝妖怪送給他這件禮物，然後他們就各走各的了。

小伙子回到了父親身邊，但是沒有立刻告訴父親剛剛發生的一切。只是在父親的責怪聲中默默地工作。趁父親不注意的時候，他用剛才妖怪給的橡皮膏一樣的東西在斧頭上擦了一下，然後繼續砍柴。因為斧頭已經變成銀子，所以很快斧刃就捲了，父親看了悲傷地說：「看來你不適合做這樣的工作啊！現在還要賠給鄰居一把新斧頭。」兒子聽了也並沒有說什麼。

晚上回到家，兒子對父親說：「明天把這斧頭賣了吧！說不定還能買把新的。」第二天兒子就到一家金店，金匠按實價給了他四百個銀錢。當他把錢帶到父親面前的時候，父親嚇呆了，問他這些錢是哪裡來的，這時他才把昨天發生的事情告訴父親。

後來父子倆不僅把斧頭還給了鄰居，還多給了鄰居很多錢。而且小伙子還用那筆錢完成了他的學業。再後來，他又用妖怪給他的神奇的東西治癒了各式各樣的傷口，他也因此成為了聞名於世的醫生。

小知識

Tips

不管何時都要樂觀向上，遇到困難危險時要冷靜處理，在面對選擇時要有膽有識，勇於做出選擇，這樣的故事很精彩，這樣的人生會更精彩。

74 可愛的侏儒妖

龍佩爾斯迪爾欽

有一個磨坊主，他有個聰明漂亮的女兒，姑娘善良精明，因而磨坊主總是跟別人吹噓她，把她吹得像仙女一樣神。

有一天，磨坊主被召進宮，他便向國王吹噓自己的女兒，還說她能夠把稻草紡成金線。

不料國王是個視財如命的人，一聽磨坊主的話，立刻兩眼放光，吩咐召見姑娘。姑娘應詔入宮，國王一見姑娘就把她帶到一間屋子裡，裡面裝滿了稻草。國王對姑娘說：「天亮前，把這些都紡成金子，不然小心妳的腦袋！」姑娘極力辯解說自己沒有這個本領，可是愛財的國王根本不聽她說話，丟下這話便揚長而去。

姑娘無助地坐在牆角，想起這飛來的厄運便不由得放聲大哭起來。正在姑娘傷心的時候，房門自己開了，姑娘奇怪地努力尋找，才看見一個小矮人一瘸一拐地走進來，他對姑娘說：「美麗的姑娘，什麼事讓妳如此傷心？」

姑娘傷心無助地說：「國王讓我把這滿屋子的稻草紡成金線，可是我哪裡有這個本領呀！」

「要是我幫助妳，妳拿什麼感謝我呢？」小矮人說。

「我把我最漂亮的鑽石戒指給你吧！」姑娘說道。

於是，小矮人就坐到了紡車前，開始幫姑娘工作。紡車不停地轉著，不一會兒，滿屋子稻草就變成了金線。

第二天國王來視察成果，驚奇極了，可是貪婪的他又提出了更大的要求。他把姑娘關進了另一間有更多稻草的房子，讓她完成任務。可憐的姑娘又一次不知所措地哭起來的時候，小矮人又出現了，說道：

「要是我再幫妳一次，妳怎麼感謝我呢？」

「我還有一串名貴的珍珠項鍊，我把它送給你行嗎？」可憐的姑娘說。

小矮人接過項鍊，便開始不停地工作。終於在天亮之前，把一屋子的稻草紡成了金子。天亮後，國王看見這麼多金子非常的高興，但是他又提出了另外的要求。他把姑娘帶到了一間更大的屋子裡，並且對她說：「如果妳今晚把這些任務都完成，妳就是我的王后。」

可憐的姑娘又被留下了，她孤獨地不知道該怎麼辦的時候，小矮人又來了，他問姑娘：「要是這一次我還幫妳，妳怎麼感謝我呢？」

「我什麼都沒有了。」她可憐的說。

「如果妳答應把妳做王后後生的第一個孩子給我，我就幫妳。」小矮人說。

姑娘心裡知道這是萬萬不行的，可是她實在沒有別的辦法，就答應了小矮人的要求。小矮人再次幫了姑娘。姑娘也順利地做了王后，最後還順利地生下了一個可愛的孩子。

王后太高興以致於把小矮人和她自己的諾言給忘了。小矮人的突然出現讓她悲痛欲絕，她提出用國王所有的財寶來交換，可是小矮人並不稀罕這些錢財。王后絕望地痛哭起來，小矮人見王后哭得跟個淚人似的，心軟了，就對王后：「那我給妳三天時間，妳要是能在三天內叫出我的名字，我就不帶走妳的孩子。」

王后便派出很多信使去打探，可是都沒有結果。第一天和第二天小矮人來找王后，王后都沒有說對，小矮人便下了最後通牒，讓王后做好準備。王后又一次難過地哭了起來。王后以為再也沒有辦法救自己的孩子了，可是第三天，一個信使的歸來又給王后帶來了希望。信使說：「他在山上發現了一個小棚子，一個小矮人在棚子前面燃了一堆篝火，圍著篝火邊跳邊唱：今天我釀酒，明天露一手；又唱又跳多快活，明天小孩就歸我；王后絞盡腦汁卻說不準，本人名叫龍佩爾斯迪爾欽！」

王后終於找到了答案，高興地跳了起來。晚上，小矮人如約而至，王后正確的說出了他的名字。

「這一定是巫婆幹的，一定是她告訴妳的！」小矮人氣得邊叫邊跺腳，結果一不小心把右腳陷進了地裡，怎麼也拔不出來，於是他彎下腰，緊緊抱著小腿，用盡全身力氣才拔了出來。然後匆忙地溜走了，好像做了很丟臉的事一樣。

而王后的一場虛驚也結束了！

小知識 Tips

侏儒妖，來自北歐神話傳說，他們是伊米爾的屍體的背光面幻化出來的。這些從陰暗面幻生出的小東西大都擁有非凡的本領，但外表長得矮小又難看，而且狡猾又愛撒謊。

75 七個小矮人

善良可愛的小精靈

從前，有一個國王，他有個美麗的妻子，妻子給他生了一個漂亮可愛的小女兒。國王治國有方，很受子民的愛戴。國王和王后一起快樂幸福地生活，期盼著女兒長大會變成一個美人兒，他們還給自己的女兒取名叫白雪公主。可是還沒等女兒長大，王后就生病去世了。

不久，國王又娶了一個妻子。這個新王后長得特別漂亮，但她並不善良，而且自負得很，忍受不了別人比她漂亮。她有一塊魔鏡，她經常在鏡子面前照來照去的，還邊照鏡子邊問道：「告訴我，鏡子，這裡所有的女人誰最漂亮？」

魔鏡會說：「當然是您了，王后，您是這裡最漂亮的人！」王后聽到這樣的話就會心滿意足地笑起來。

日子一天天過去，白雪公主也一天天地長大，而且長得也越來越漂亮動人。白雪公主七歲時，就已經長得極致漂亮，就像春光一樣耀眼奪目，當然王后的容貌就不再是最漂亮的了。

一天，王后又像往常一樣在魔鏡前照來照去的，她又問到同樣的問題，魔鏡回答說：「王后，妳是美麗漂亮的，但是白雪公主要比妳更加漂亮！」

王后聽完這話臉瞬間變得蒼白起來，像是受了什麼打擊一樣，她心裡的嫉妒和憤怒一下子全湧出來了。

她生氣地叫來一名僕人：「我不想再看到白雪公主，一刻也不想，你把她帶到森林裡讓她消失。」

僕人把白雪公主帶走了。但是僕人不忍心親手殺死可愛的公主，就把她留在森林裡自己走了，回去騙王后說他完成了任務。

僕人走後，白雪公主在可怕的森林裡到處徘徊，她在驚慌失措地逃跑中碰到了一間小房子。她小心翼翼地來到房門前卻發現裡面沒有人，實在累壞的公主就想進去休息一下，當她進去的時候被眼前的景象嚇到了：房間裡佈置得井井有條，乾淨整潔。一張舖著白布的桌子上擺著七個小盤子，每個盤子裡還放著麵包和其他吃的，盤子右邊是裝滿葡萄酒的玻璃杯，左邊是排列整齊的七把刀叉，還有七張小床並排靠在牆邊。

她看著眼前的一切，才感到自己又餓又渴，什麼也不顧及地就走上去，從每份食物裡拿了一點出來吃掉，又喝了每個杯子裡的一點點酒。吃飽喝足之後，睏意上來了，她想休息一下。她來到七張床前，一個個躺上去試，發現每張床都太小，最後試到第七張才感覺合適。她最後實在是太累了，一躺下就睡著了，直到主人回來都沒發現。

房子的主人們很快就回來了，他們是七個小矮人，在山裡開採金子。他們進到屋裡，點亮燈，看見所有的東西都有人動過，就四處找尋，想找出點線索。

最後第七個小矮人在自己的床上發現了正在熟睡的白雪公主，就大叫起來，其他小矮人聽到了也立刻跑了過來。他們用燈照著小女孩看了好久，都驚嘆道：「她是多麼美麗呀！」他們看著這美麗的臉龐，剛才的憤怒一下子跑到了九霄雲外。他們看了一會兒，就輕手輕腳的做自己的工作，然後第七個小矮人和其他的小矮人輪著睡了一晚。

第二天早上，白雪公主睡醒，一睜開眼就看見七個圍著她的小腦袋，把她嚇了一跳。但看著他們和善的笑容又放下心來。他們互相交談，最後彼此都對彼此有所瞭解了。於是白雪公主就住了下來。

白天七個小矮人到山裡去工作，白雪公主就留在家裡做飯洗衣，幫他們做家事。白雪公主知道王后遲早會找到她的，所以她自己在家時從來不敢給任何人開門。

後來，王后透過魔鏡還是知道了白雪公主還活著，便千方百計地想要害死白雪公主。她先是變成賣雜貨的老太太騙公主繫上她送的項鍊，想要將公主勒死，然後又送毒梳子想要害死公主，但都被七個小矮人救活了。

惱羞成怒的王后又化妝成可憐的老人騙白雪公主吃下了她送上的毒蘋果。七個小矮人看到被毒死的公主都傷心欲絕，他們為她梳頭、洗臉，將她打扮得漂漂亮亮的，希望她能睜開眼再對他們笑，可是一切都是徒勞的。他們極不情願地將白雪公主放進棺木，圍著坐在旁邊，守了三天三夜，希望公主能醒過來，可是最後他們還是絕望了。

最後他們準備埋葬公主的時候，看見公主臉色依舊紅潤，就不忍讓她待在黑暗陰冷的地下。於是他們就為白雪公主做了一口透明的水晶棺材，棺材上刻著金子的銘文和白雪公主的名字。小矮人們沒有把棺材放到土地裡，而是放在了山頂上，每天會有一個小矮人在旁邊看守。空中飛來飛去的鳥兒看到這麼可愛的人兒死去，也都悲傷地流淚。

白雪公主就這樣被安放在小山上，時間過去很久了，她依然是那麼美麗，就像在安睡一樣，皮膚仍然是白裡透紅，頭髮依然又黑又亮。直到一天，一個王子路過，來拜訪小矮人們。他看到了被停放在小山上的白雪公主的棺材，就好奇地走上前去看了看。結果只一眼，他就愛上了白雪公主。

王子要求用金子向小矮人換白雪公主，可是小矮人們都捨不得，他們不同意。王子懇求，甚至哀求了半天，他們看出了王子的誠意才同意。就在王子叫人抬動棺材的時候，棺材被撞了一下，白雪公主嘴裡的毒蘋果被震了出來，公主馬上就醒了。

白雪公主看看四周，茫然地問道：「這是哪裡？」

王子激動地跑上前，告訴她一切，最後王子說道：「我是多麼愛妳，希望妳可以答應做我的妻子。」

白雪公主看著王子真摯的目光，點點頭答應了。惡毒的王后知道這一切後，在憤怒與嫉妒中生病死去了。

白雪公主在七個小矮人的幫助下終於找到了自己的幸福。

小知識 Tips

《白雪公主和七個小矮人》的故事是我們從小就耳熟能詳的，可愛的七個小矮人幫助白雪公主找到了幸福，於是也讓每個小女孩都夢想能像白雪公主一樣得到別人的保護。

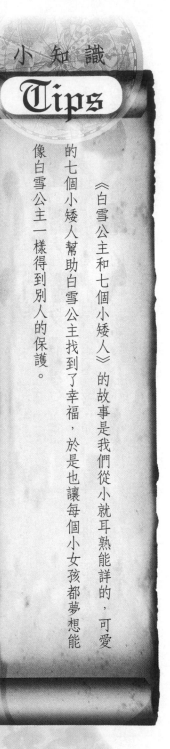

76

神奇的財富 三色魚

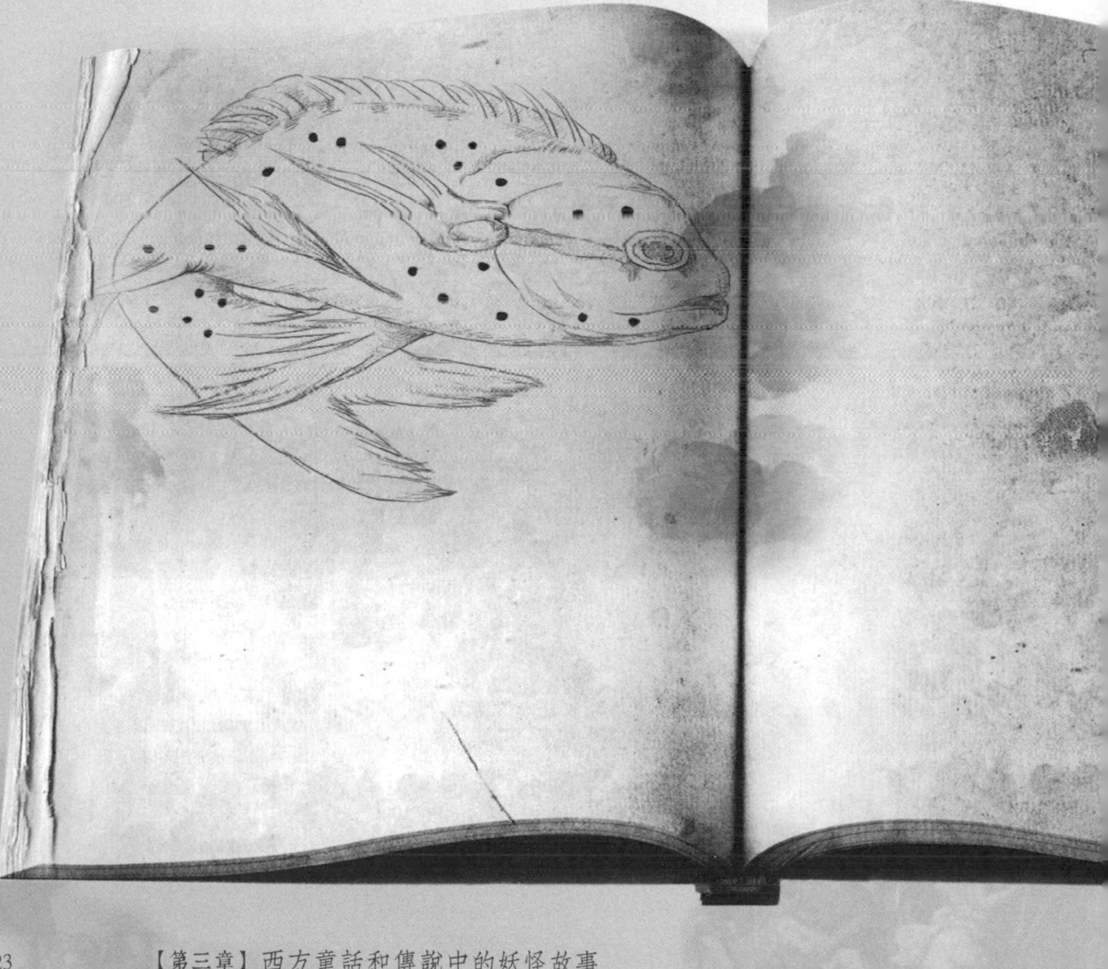

在森林邊住著一戶三口之家，勤勞的丈夫、賢慧的妻子和一個調皮的小男孩。父親白天工作的時候，小男孩就和小朋友們一起到處亂跑，晚上由父親教他識字。

這一年遭逢天災，家裡收成不好。母親就對孩子說：「家裡現在遇到困難了，你長大了也能夠幫忙了，去海裡打些魚吧！」於是男孩就來到海邊撒下漁網，拉起漁網的時候，他捕到一條三色魚，這條小魚身上有金色、紅色和藍色三種顏色的條紋。小魚開口祈求男孩把牠放回海裡，並許諾給他一把剪刀，這把剪刀剪出的東西都會變成真的。男孩不相信，覺得這太不可思議了。但是他可憐這條小魚，又覺得牠實在是太小了，就把牠放了。

三色魚游走的瞬間，他的手裡真的多了一把剪刀。他左看右看想試一試真假，於是他從地上撿起一片樹葉剪了一座宮殿。奇怪的事真的發生了。

宮殿越變越大，最後變成了真實的高大又雄偉的宮殿。孩子又用各種顏色的樹葉剪了一座花園，立刻宮殿旁邊就出現了一個百花爭豔的大花園。男孩跑回家，告訴了父母這件事，並用紙剪了新衣服。於是他們都穿上了絲絨綢緞，住在宮殿裡，過著富足的生活。

不久，男孩想去找夥伴玩，可是母親不讓他去，嫌他們是窮小子。他想去花園玩，母親吩咐他不要弄髒衣服。母親也不讓他去森林，去田野，甚至不讓他去海邊。男孩覺得日子太無趣了，他厭倦這種什麼都不能做的日子，也懷念以前自由自在的生活。一天夜裡，他悄悄溜出宮殿來到了海邊。他大聲呼叫三色魚：「三色魚，你能幫幫我嗎？我不想再過這種什麼都不能做的日子了，我什麼都不要，只要像以前一樣自由自在的生活。」

話音剛落，三色魚便游了過來。

「我的朋友，我可以實現你的願望！」三色魚說，「但是你現在這麼富有而且有名氣，你真的捨得嗎？」男孩肯定地點點頭。

「那好吧！」三色魚說，「我來幫助你，你現在明白了吧！不勞而獲的財富是不會給人帶來幸福和歡樂的。明天早上朝陽出現的時候，你把剪刀扔進大海，再連吹三聲口哨就可以了。」

第二天，男孩按照三色魚說的做完後就往家走。當他回到家時，他又看見以前的小茅屋，母親正站在茅屋前，像過去一樣等待著他。看見他回來，母親高興地笑了。

小知識 Tips

三色魚是由三種顏色組成的體色，淺海藍色的身軀，旭紅色的尾鰭，黃色的卑鰭，鮮豔無比，而且顏色非常協調，令人百看不厭。其軀幹上色彩也能變為淺藍色、淺灰色、灰色等，並點綴著黑色小點。

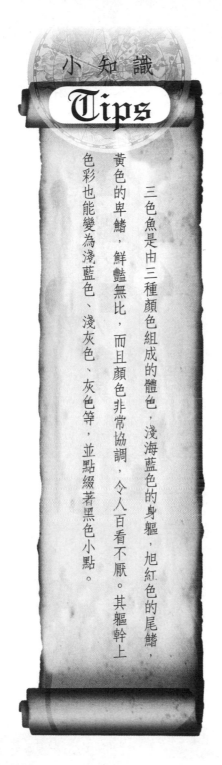

77 七頭龍

西恩佐的紅娘

從前，那不勒斯王國有一個叫安東尼洛的富商，他的兒子名叫西恩佐。一天，西恩佐在海邊和國王的兒子吵了一架。王子生氣地丟了西恩佐一塊小石頭，西恩佐靈活地躲開了。然後西恩佐也朝王子丟了一塊小石頭，王子沒有躲開，腦袋被打破了。

安東尼洛聽了兒子的事，惶惶不可終日，總覺得國王會要了他兒子的命。於是他就讓兒子逃走了。在西恩佐逃亡的過程中，他遇到了很多神奇的事情。

有一次，他來到了一個城堡附近，聽見城堡裡哭聲一片，城裡街上的很多行人也都穿著喪服，神情陰鬱，他很奇怪這裡發生了什麼，就攔了一個路人打聽。

那人說：「城裡出現了一條來歷不明的七頭龍，牠長得很可怕，貓的腦袋，狗的嘴巴，熊蹄蛇尾，背上還有一對蝙蝠翅膀。牠每天都會吃一個姑娘，城裡沒有能夠對付牠的人，大家就只能用抽籤的方式來決定。今天，厄運降臨到美麗的公主的頭上了，所以……」正說到這裡，公主在侍女的簇擁下從城堡裡出來了，她們痛哭著送公主上路。

西恩佐謝過行人後悄悄地跟在公主一行人的後面，他想看看這個害人的妖怪到底是什麼樣子的。她們來到郊外，把公主一人留下就都離開了。公主站在原地不敢動，不一會兒從洞裡出來一隻怪物，牠就是那條七頭龍，牠一出現在公主面前，公主就嚇得暈了過去。此時西恩佐衝上去，迅速地抽出寶劍朝著龍頭砍去，被砍掉的龍頭落在了旁邊的草地上，只見七頭龍把脖子往草地上一蹭，掉在地上的腦袋就自動接到脖子上了。

西恩佐一看，有點嚇呆了，不過聰明的他立刻意識到動作必須迅速才行，於是他舉起寶劍，眨眼間砍掉了牠的七個腦袋，接著他又把這怪物的七條舌頭都割下來，裝在袋子裡帶走，他擔心腦袋會自動回到脖子上，於是就把七頭龍的七個腦袋都扔得遠遠的，才抱起公主起身離去。他把公主放在城堡的門口就悄然離去了。

公主得救了，全城都充滿了快樂，因為大家知道七頭龍也死了。可是大家都不知道這位英雄是誰，所以國王立刻派人調查。使臣回來說，七頭龍被人殺了，七個龍頭也不見了，國王就想肯定是殺七頭龍的人帶走了龍頭。於是國王張貼公告說如果誰拿著七個龍頭來城堡，公主就嫁給誰。

一個騙子正好撿到了這七個龍頭，他便厚顏無恥地去邀賞，國王以為他就是那個英雄，就答應了第二天為他和公主舉行婚禮。公主結婚的消息很快傳遍了大街小巷，也傳到了西恩佐的耳朵裡。

「我雖然同樣不想貪圖什麼，可是七頭龍既然是我殺的，我怎麼能讓那個騙子白佔便宜，欺騙美麗的公主，搶走我的好運氣呢？」想到這裡，西恩佐便在客棧裡給公主寫了一封信說明了實情。

公主和國王看完信，國王便派了兩個大臣去找西恩佐，他們在客棧裡找到了西恩佐，並向他傳達了國王的旨意，就把他帶進了城堡。

國王說：「你有什麼證據證明是你殺的那隻七頭怪物？」

西恩佐說：「請國王派人查一下那七個龍頭是不是都少了一條舌頭？」

於是國王派人去了，檢查結果正如西恩佐所說。

這時西恩佐從袋子裡取出那七條龍舌交給國王說：「國王請看清楚，您被那個騙子給矇蔽了。」國王大怒，便要把那個騙子拉出去砍頭。西恩佐又替騙子求情，國王才沒有要他腦袋，而是把他趕出了城，永遠不得踏入一步。

後來，國王招待了西恩佐，並詢問他的情況，西恩佐都如實相告。國王不但沒有怪罪西恩佐，還準備把女兒嫁給他。第二天，城堡裡擺下宴席為公主和西恩佐舉行婚禮。善解人意的國王還把安東尼洛的全家請來了，當西恩佐看到自己父母時不禁潸然淚下。

在外面這麼久，他是多麼想念自己雙親啊！父親見兒子與公主成婚很高興，但是也很不解，就詢問起來，等西恩佐都說完詳情後，父親高興地總結道：「筆直的巷口容不下打彎的船，這個騙子不就是這樣嗎？」

小知識
Tips

「筆直的巷口容不下打彎的船」，故事裡的這句民諺告訴我們，只有勇敢正直善良的人才會擁有真正的幸福。

78 荷蘭木鞋 克拉潘

很久很久以前的一天，許多仙女突然來到大地上，變成了一棵棵茂盛的大樹。有松樹、橡樹、樺樹還有白臘樹。除此之外，仙女們還在大樹上生出了許多「樹精」和「苔鮮姑娘」。

荷蘭人民最喜歡的是橡樹，因為橡樹的橡果可以被烤著吃，煮著吃，還可以磨成粉做成跟麵包差不多的食物。另外，橡樹的樹皮可以把獸皮鞣製成皮革，橡樹的木料，又可以造小船和蓋房子，所以荷蘭人對橡樹的感情很不一樣。

後來人口增多，為了開發更多的牧場和耕地，森林變得越來越少。一個技藝精湛的老木匠看到這種情況非常擔心，他酷愛橡樹，甚至把橡樹的名字都當作了自己的姓氏。人們都管他叫老艾克，因為荷蘭語裡，艾克跟橡樹的發音是一樣的。

一天，老艾克愁眉苦臉地想著心事，他一會兒赤腳走來走去，一會兒坐在門口唉聲嘆氣。忽然一個苔蘚姑娘和一個樹精手拉著手來到他面前對他耳語了幾句，就嘻嘻笑著跑了。老艾克光著腳來到了森林裡的老橡樹地下，當時的荷蘭人不懂得做鞋，走路的時候，富人還能把皮革綁在腳上，窮人就只有打赤腳。這棵老橡樹是老艾克家祖傳的，老艾克視它如命，不准任何人傷害它。

老艾克仰頭看著老橡樹，一根樹枝輕輕地彎了下來，從他身上拂過，好像在撫摸自己的孩子一樣。

接著老艾克聽見老橡樹說：「孩子，別難過了，我們終究會死去，變成木材的。不過你不用為我們擔心，我們死後還會復活，只不過會換個樣子，我們會讓你和你的子孫們都過著舒適的日子。」

「森林越來越少，我們只會失去的更多，怎麼能夠過著幸福的生活呢？」老艾克問道，可是老橡樹的樹葉沙沙響了一陣子就沒有動靜了。

老艾克等了一會兒，什麼都沒有等到，就帶著疑惑的心情準備離開。

這時剛才的苔蘚姑娘和樹精又來到他面前，跟他說：「你現在去找一段完全乾透的橡木，把它鋸成跟你的腳一樣大小的兩段，然後睡覺前放在廚房的桌上就好了。我們會幫你的。」吩咐完老艾克，兩個精靈就咯咯笑著消失了。

儘管老艾克弄不明白這是怎麼回事，但他還是按照小精靈的吩咐準備好了一切，然後上床睡覺了。

第二天老艾克一起床就到廚房，他想看看小精靈的葫蘆裡賣什麼藥。結果他看見了一雙精美的木鞋擺在桌上，這是一雙多麼完美的鞋子呀，裡外都打磨得光溜溜的，沒有一點刀斧的痕跡，還散發著橡木的氣味。

欣賞完後，老艾克把它穿在腳上試了試，大小正合適，他打算走兩步試試，就站起來朝廚房門口走去，可是由於地板被老婆擦得太乾淨，太滑了，他差點摔倒。

最後他決定到屋外試試，就把鞋子脫下來，來到屋外又再次穿上，他走著試了幾步，感覺非常好，鞋子又輕又舒服，怎麼走都行。

老艾克高興地把鞋子當寶貝一樣藏了起來，還吩咐妻子不要告訴任何人。這天夜裡，老艾克做了個夢，他夢見兩個小精靈從窗戶跳到了廚房的桌子上，一個又黑又醜，像學徒一樣，提著工具箱走在白白淨淨的那個小精靈後面。他們來到廚房後，就馬上開始了工作。

他們拿出鋸子、斧頭、螺絲鑽、鉋子還有鑿子擺在桌上，他們邊工作還邊拌嘴，似乎在爭論誰當師父的問題。他們吵了一會兒就開始安靜地工作起來，只見黑精靈先把一段橡木削成鞋子的模樣，然後又把鞋面掏空，最後把鞋身打磨光滑，不久一雙漂亮的木鞋就做好了。

他把自己黑色的腳丫伸進做好的木鞋裡，試了試，跳了幾下，結果一不小心滑到牆上，把鼻子撞扁了，白精靈揪了揪黑鼻頭才讓他恢復了原樣。接著他們開心地跳了一會兒舞蹈才離去。

第二天老艾克把木鞋拿出來穿著去工作，不管他做什麼，這雙木鞋都非常輕便，沒有給他帶來任何負擔，不管在泥地裡還是田埂上，都能行走如飛。

於是老艾克就想應該給老婆和孩子每人都做一雙，反正他已經知道了做法。他把做好的鞋子拿給老婆和孩子穿上，他們都非常高興。

「爸爸，這叫什麼呀？」他的孩子穿上鞋子問。

「它叫……」老艾克想了想，隨口給木鞋取了一個名字。「就叫它『克拉潘』吧！」從那以後，荷蘭人都把木鞋叫做「克拉潘」或者「克拉姆」，直到今天還是如此。

妻子提議讓他開個鞋店，這樣大家就都可以穿到這樣的鞋子了。

於是，老艾克到鐵匠鋪訂製了一套工具，木鞋店就正式開張了。沒過多久，村裡的人全都穿了老艾克做的木鞋。後來，木鞋也流傳到城裡，最後全國人都開始穿這種木鞋，老艾克真是自豪。

後來老艾克也終於明白了老橡樹的話，它們真的重生了，變成了鞋子讓人們的日子更加舒適。

小知識

Tips

據荷蘭傳說，小精靈是一種財寶守護神。其中，守護森林和礦山財寶的小精靈經常待在地下，長得非常黑；在開闊地上守護財寶的小精靈經常待在陽光裡，長得比較白。

79 小妖怪 藍臉兒

從前，一座偏僻的大山裡有一群妖怪，牠們每天都會惡作劇來捉弄路過的行人。可是這些妖怪中有一個小妖怪，牠心地善良，總是幫助遇難的人，牠的名字叫藍臉兒。

一天傍晚，一個提著燈籠的小男孩上山來，他奶奶生了病，他要翻過這座山去叫醫生。小男孩本來就很著急和害怕，那些愛搗亂的妖怪不僅把男孩的燈籠吹滅了，還把他推下了山崖。小妖怪藍臉兒看見自己同伴的惡行非常氣憤，就偷偷地飛下山崖去找小男孩。藍臉兒採了草藥，並把小男孩送回了家。

牠把草藥煎了給老奶奶和小男孩喝下，他們一下就全好了。他們醒過來看著眼前這個圍著紅兜肚，藍臉蛋，頭上綁著沖天辮的男孩，都以為他是神仙，趕緊跪下感謝。藍臉兒扶起老奶奶說牠是小妖怪，不是神仙。話音剛落，老奶奶就摟著小男孩往後躲，嚇得臉色都白了。最後他們把藍臉兒攆出去了，他們不願意和妖怪在一起。

藍臉兒流著淚離開了，牠沒有推小男孩，還救了他們，牠弄不明白他們為什麼一聽說牠是妖怪就趕牠走？

又有一次，一天夜裡妖王想要吃小孩，就吩咐妖怪們去給牠抓個小孩來。藍臉兒知道了這件事就偷偷跟著要去抓小孩的紅面妖怪，牠們來到山下的一座小木屋。小木屋裡有一個白白胖胖的小男孩正在母親身邊熟睡。藍臉兒想要勸阻卻沒來得及，不一會兒紅面妖怪就抱著娃娃過來了。

藍臉兒迎上前去，說：「紅面大叔，當心哪！這娃娃會拉屎拉尿，小心弄髒了您的衣裳！」

紅面妖怪一聽，著急地說了：「唉呀，那可不行！藍臉兒，你快抱著這孩子！」

藍臉兒說：「我抱不動他，怕摔了這孩子，您最好把他放在地上讓他把肚子內清乾淨，正好您也休息一下。」

「對，說得有道理，我正好也睏了！」紅面妖怪把小孩放在樹下的枯葉上就睡著了。藍臉兒把田裡摘來的大冬瓜變成了小孩，偷偷換掉了真的娃娃。

藍臉兒把小孩送回木屋，放回搖籃裡。小孩剛好醒了，他伸出胖嘟嘟的小手，嘴裡咿咿呀呀叫著，去抓藍臉兒的臉，藍臉兒本來想逗逗他，可是發現小孩的媽媽醒了，就沒有多留。小孩的媽媽聽到小孩的聲音，就下床來看看，結果只看見一個一閃而過的藍色的小身影。

後來，藍臉兒還幫助城東花園裡的白鬍子爺爺修整花園，幫助迷路的小孩找到回家的路，幫助農民伯伯插秧……可是牠從來都不敢露面，因為牠知道大家都叫牠妖怪，都不喜歡牠，儘管牠非常不解，為什麼自己沒有做壞事，大家卻不喜歡牠。牠就只能這樣暗地裡一次又一次地幫助人們。

可是有一次藍臉兒遇難了，牠被一個耍猴的賣藝人抓住了，賣藝人想要藍臉兒耍把戲替他賺錢。藍臉兒試圖逃跑卻被一次次抓了回來。最後一次逃跑失敗後，賣藝人就把藍臉兒用鐵鏈套住，還用皮鞭抽打牠，趕著牠走。藍臉兒悲哀地想：「就因為我是個討人厭的妖怪，人們才這樣不喜歡我。」

可是就在牠快被帶出村子的時候，村裡人都包圍了上來，還有很多人不斷地從四面八方趕來。大家都氣憤地責罵那個賣藝人：「你怎麼能這樣做呢？牠是個好妖怪，牠從不幹壞事，還不少幫助大家呢！你快把牠放了。」

藍臉兒看見人群中有小木屋的阿姨，有白鬍子爺爺，有小男孩和他的奶奶，還有插秧的農民……藍臉兒不知是激動還是怎麼的，心怦怦跳個不停，臉也開始發燙，儘管有人說，妖怪的心是冷的。

小知識

Tips

藍臉兒是西方神話故事中著名的妖怪，牠們白天很軟弱，只在夜晚才有法力，喜歡策劃惡作劇，常常在夜晚坐在樹枝上，眼睛閃著綠幽幽的光，發出一陣陣怪笑嚇唬過往的行人。

80

井底的妖怪

女水妖

有一對兄妹很貪玩，他們經常在田野裡玩一整天。哥哥帶著妹妹今天抓田鼠，明天逮螞蚱的，不到天黑不回家。有一次，他們亂跑的時候在村外發現了一處廢棄的院子，是以前他們從來沒有見過的。大膽好奇的哥哥就帶著妹妹進入院子，想看看裡面有些什麼。

院子可能被廢棄很久了，裡面荒蕪得厲害，長了滿院子的雜草，而且草都長得很高，高到足以淹沒這兩個小孩。兄妹倆探險似地在裡面摸索著前進，哥哥還很興奮地說：「哦，這太刺激了，我們就是無敵的探險小英雄。」

妹妹卻有點害怕地說：「哥哥，我害怕，咱們回去吧！」哥哥卻笑話妹妹膽小。就在他們相互拌嘴的時候突然腳下一空，兩人一起掉了下去。

他們一起掉在了一個黑洞洞的井裡，正在兩人驚慌失措的時候，水裡突然冒出一個女水妖把他們抓了去。兄妹兩個人嚇得大喊大叫起來：「救命啊！救命啊！救命啊！……」可是不管他們怎麼叫都沒有人來回應一聲。

「不要再叫了，是沒有人會來救你們的！你們最好乖乖聽話，否則小心我吃掉你們。」被兄妹倆的喊叫弄得心煩的水妖威脅道。

「求求妳放我們回去吧！……」妹妹可憐兮兮地對水妖說。

「怎麼可能？你們現在可是在我手上了，先替我好好幹活吧！」女水妖惡狠狠地說。

她給小姑娘一把亂糟糟的髒亞麻要她紡，給她一個漏了的水桶要她打水；男孩子則被迫去砍伐木頭，可是斧子是鈍的，根本砍不動樹。至於吃的，除了像石頭一般硬的麵疙瘩就再也沒有別的了。

一天晚上妹妹工作完，倚在哥哥身邊哭著說：「哥哥，我想爸爸和媽媽了。」

哥哥也自責地說道：「妹妹別怕，都是哥哥不好，不該帶著妳亂跑的。」

「哥哥，我們什麼時候能回家？」妹妹問道。

「我一定會帶著妳回去的。」哥哥傷心地說。於是他們便趁水妖睡著的時候準備逃跑，可是最後被水妖發現，挨了一頓毒打，又回到了這昏天黑地的生活中。慢慢地他們明白了，不再跟水妖作對，而是很乖巧地由水妖差遣就不會再挨打，偶爾還會有一點好吃的。可是他們不想留在這裡，就在暗地裡留心怎麼能夠逃出去。

後來他們發現，每個星期天，水妖都會外出去教堂。在一個星期天，趁水妖上教堂的工夫，兄妹倆抓住機會準備悄悄地溜走。他們很艱難地剛爬上很滑的井壁就看見水妖遠遠地走了過來，他們嚇壞了，立刻加快速度逃跑。

他們逃走沒一會兒，水妖就回到井裡，發現小孩們逃跑了就開始追。

儘管兩個小孩子拼盡了全力在跑，可是很快就被水妖追上了。眼看著水妖越來越近，情急之下，妹妹就把刷子轉身向後朝水妖扔了過去。刷子竟然在瞬間變成了一座長滿荊棘的大山擋住了水妖的去路，水妖只好艱難地往上爬。小孩的力量畢竟有限，沒多久就看見水妖爬過了大山朝他們追來。

孩子們一看不妙，男孩又扔出一把梳子，那梳子頓時變成成千上萬顆牙齒，可是水妖還是穩穩當當地跨過來了。小姑娘又扔了一面鏡子，鏡子變成一座光滑的山峰，任水妖怎麼爬也難以爬上來。水妖想：

「還是快些回家拿把斧子來把這玻璃山砍成兩半吧！」

可是等她取來斧子把玻璃山砍開時，小兄妹早已逃得遠遠的了。女水妖只好又回到井裡去了。兄妹兩個也終於回到家裡與父母團聚了。從此以後，兄妹兩個變得乖巧聽話，不再像以前一樣到處亂跑了。

小知識 Tips

西方國家經常把女水妖講給小孩子聽，意在告誡小孩子不可以隨便亂跑。

81 索索米

心地善良的蛇妖

從前，有一條名叫索索米的小蛇。索索米沒有毒，是一條好蛇，但是牠特別淘氣，整天在外邊玩，不聽爸爸媽媽的話。深秋時節，天氣一天比一天涼，大家都會鑽到泥土裡準備過冬，索索米卻要去城裡，牠說城裡暖和。可是城裡太遠了，儘管索索米走地飛快，可是天氣還是在牠沒有到城裡的時候就變壞了，暴風雪降臨了。索索米在雪地裡很快就凍僵了，成了一根冰棍子。

有一個老頭路過，摔了一跤，老頭在雪地裡艱難的爬起來的時候手摸到了索索米，以為是一根棍子，就高興的拄著回家了。老頭回到家，把棍子放在屋子的一角，然後上床睡覺了。第二天老頭要出門，擔心自己又像昨天一樣在雪地裡摔倒，就到屋角去找昨晚帶回來的棍子，可是奇怪的是棍子不見了。

「我的棍子，我的好棍子！你在哪呢？」老頭到處找。

「我在這！」忽然，老頭聽見一個奇怪的聲音，可是什麼也沒有看見。

「是誰在說話，你躲在哪？」

「我在這，在你的床上！」

老頭走過去掀開被子一看，媽呀，是一條小蟒蛇。他嚇得聲音都打顫了：「你，你是哪來的？」

「是你帶回來的！」老頭才明白過來昨天自己帶回來的枴杖竟然是條小蟒蛇。在後來交談中老頭知道這條小蟒蛇叫索索米。

「我有個外孫幾年前害病死了，他也叫索索米。」老頭可憐地說。

「那你就把我當你的外孫吧！好不好？」

「好。但是我很窮，怕養不活你……」

「我不要你養的，我會自己找東西吃。」索索米住下來了。白天，老頭把索索米留在家看門，自己出去工作。晚上，老頭回來，就餵牛奶給索索米，一面還嘮叨自己年輕時的故事。索索米就附和聽著，不管聽沒聽懂。因為索索米怕冷，老頭從自己的舊毛褲上剪下一條褲管，給索索米套上，還給牠做了一頂圓帽子。院子裡的人們聽說老頭養了一條蛇，一開始都很害怕，一看見就躲得遠遠的，後來漸漸就不怕了，因為索索米從來沒幹過壞事。

有一天，老頭又出去工作了，索索米肚子餓了就到處找吃的，最後牠把兩塊肥皂當乳酪吃掉了。一會兒，牠感覺肚子不舒服就去喝水，結果喝了好多水。可是喝完水牠更難受了，牠想把肚子裡的東西吐出來，結果吐出好多泡泡，泡泡從窗口飄出去，把天空都遮住了。

在外工作的老頭看見天上和自己的屋子被泡泡遮住了，就趕快跑回家，當他回家時看見可憐的索索米縮在角落，嘴裡還在不停地吐著泡泡。老頭趕緊上前幫索索米清理了胃裡的肥皂，又餵了點牠吃的。

索索米吐肥皂泡的事傳到城裡馬戲團老闆的耳朵裡，他立刻找上門來，請索索米去當雜技演員。老頭捨不得索索米離開，可是馬戲團老闆說，他每天都會給索索米吃好的。老頭想到索索米跟著自己受苦了，不想再讓牠受苦就答應了馬戲團老闆。

老闆答應每天給索索米吃烤鴿子，索索米就同意了，牠告別了外公來到馬戲團。在這裡牠每天要表演很多節目，不過最受歡迎的還是吐泡泡，觀眾都衝著牠來的，馬戲團也因此賺了錢。後來，馬戲團要索索米學習認字，牠不願意，最後老闆說每天給牠隻鴿子吃，牠才同意了。索索米很聰明，很快就學會了阿拉伯數字和字母，只要是一筆能夠寫成的，牠都可以用身體扭出來，表演給觀眾看。這使得馬戲團的觀眾更多了。馬戲團一下有了好多錢，他們裝了好幾麻袋。

雖然索索米每天吃鴿子，表演節目過得很快樂，但是牠十分想念外公。牠開始每天只吃一隻鴿子，留一隻給外公。終於牠留下來的鴿子足夠一麻袋了，牠就對老闆說要回家看看外公。可是老闆不同意。索索米就在晚上悄悄溜走了，牠除了帶著自己的鴿子，還拖走了一麻袋錢。

老頭看見索索米回來了十分開心，他也日夜想念這個特別的外孫呢！他幸福地吃著索索米帶回來的鴿子說：「我真是享福了，我還沒吃過這麼好的東西呢！好了，這個我們嚐嚐就好了，剩下的可以賣掉換錢的。」

索索米看著外公幸福的表情，高興的說：「外公，不用的，你只管吃，我這裡有錢！」說著把裝錢的麻袋拖給外公看。

老頭高興地發抖著，他抖抖索索地抱著索索米說：「你真是我的好外孫，好外孫，我真是沒有白活喲！」

於是，索索米和老頭又生活在一起了，他們雖然不愁吃喝，但還像以前心地善良的蛇妖——索索米一樣工作生活。牠也一直守著老頭沒有離開過，直到老頭去世。

鄰居們又說：「索索米不僅心地善良，還懂得孝順呢！」

小知識 Tips

無論在何時何地，何種境遇，做人都要有良心，要懂得感恩，就像索索米一樣！

82

被誤會的貓頭鷹

叔胡

兩三百年前，人們都比較愚昧，他們並不像現在的人一樣聰明博學。

一天夜裡，有一隻大家從來沒見過的動物闖進了樹林裡的一戶人家的穀倉。牠的眼睛大得出奇，說牠像雞，可是腦袋卻很大，說牠像鳥，卻長著老鷹的嘴巴。

早上這家的僕人進入穀倉來拿取乾草，看見了這隻躲在牆角的動物，牠的兩隻滴溜轉的大眼睛盯著僕人，嘴裡發出咕咕的聲音，其實牠也被突然闖進來的人嚇到了。

僕人看見這隻從未見過的動物嚇得拔腿就跑，並報告主人說他看見了一個平生從未見過的怪物正坐在穀倉裡，眼睛溜溜直轉，毫不費力就能吞下一個活人。

「我可瞭解你這種人，」主人說，「你敢滿地裡追捍一隻山鳥，卻不敢靠近一隻躺在地上的死雞。我倒要親自去看看牠是何方怪物。」

主人說著，大膽地走進了穀倉，四下尋望。當他一眼瞧見了這古怪可怕的動物時，驚嚇程度絕不亞於那僕人，「嗖」地一下就跳出了穀倉。他跑到鄰居家，請求他們幫忙對付這不認識的危險野獸，說一旦牠衝出來，全城人都會有危險。

小城的大街小巷一下子沸騰起來了，只見人們如臨大敵一般的拿著鐮刀、斧頭、草叉和矛，全副武裝起來。最後，連市長都驚動了。

人們在廣場上整隊集合後，便浩浩蕩蕩地向穀倉前進，把它圍得水洩不通。

這時其中最勇敢的一人走上前，漫不經心地拿著矛進去了。接著只聽一聲尖叫，他沒命地跑了出來，變得面無血色，語無倫次。另外兩個人又冒險進去了，但也好不到哪裡去。最後，一位驍勇善戰的壯漢站了出來，他說：

「沒什麼可擔心的，看我的吧！」他穿上盔甲，手持長矛，全副武裝好後，進入了穀倉。穀倉的兩扇大門被打開，那隻怪物正蹲在穀倉的一根大樑上，人們幫壯漢把梯子搭好，在他準備爬梯子時還給他打勁鼓氣。他爬上梯子接近怪物時，被嚇壞的動物看出他的意圖，再加上大家的叫聲和呼喊，不由得瞪大雙眼，眼珠亂轉，嘴裡發出尖銳的叫聲，牠胡亂拍著雙翅，想要飛走。這時下面的人都在叫這個壯漢快點動手，他們都使勁喊著：「刺牠，刺牠！」壯漢給自己鼓了鼓氣又朝上爬了一級，可是他的雙腿卻不由得抖起來，快要嚇暈了。

這下沒有人敢去嘗試了，他們看見，最強壯的人見到這個怪物張嘴叫喚和呼氣，就暈了過去，於是認為這個傢伙會噴發毒氣，所以更加沒有人願意靠近了。

大家都不願意上去送死。可是不除掉牠，全城的人都會受到危險，於是他們七嘴八舌地商量怎麼辦，好久都沒有得到解決的辦法。

最後，市長站出來提議大家捐款來賠償倉庫主人的損失，因為只有把倉庫燒掉才能徹底消滅這隻怪物。大家都不是十分情願出錢，但似乎這也是最好的辦法了。大家各自開始準備，不一會兒，倉庫的四周都燃起了火焰，這隻可憐的所謂的怪物就這樣連同倉庫一起葬身火海了。

被燒死的其實不是什麼怪物，只是一隻叫叔胡的貓頭鷹，因為人們的無知，就這樣葬身火海。

小知識

Tips

面對未知的事物，我們不能被自己的恐懼嚇到就去損害它，而是要勇敢地去探究事物的真相。

83 長毛怪物
男巫的毛心臟

從前，有一個年輕男巫，他聰慧、英俊並且富有，但是看起來性情孤傲，一直都沒有談戀愛，大家都以為他只是高傲，眼光高，所以一直找不到自己心愛的人。可是真正的原因卻是他害怕戀愛後變得愚蠢，因為他發現他身邊的朋友一墜入愛河就變得沒有品味和尊嚴了，他們除了喜歡打扮和嬉鬧就沒有別的了。年輕的男巫決定不能像他們一樣，並用黑魔法保護著自己。

時間慢慢流逝，青春一晃而過，他的同伴們都結婚生子了，他還是獨身一人。

他看著身邊年輕的父母們被孩子搞得團團轉，暗自慶幸自己沒有像他們一樣，並覺得自己當年的決定是多麼英明。後來，男巫的父母去世，他真的變成是孤家寡人了，可是他也並沒有多麼悲傷，反而認為他們給自己帶來了好運。

偌大的城堡現在歸他一人所有，他把最重要的財寶轉移到只有他自己知道的地牢裡，隨心所欲地過著安逸、富足的日子，僕人們都把讓他舒適當成唯一的工作目標。男巫本來認為自己奢華而自由的日子是任何人都羨慕的，可是當他無意聽到兩個男僕的談話時，他不禁傻了，他覺得自己的自尊受到了打擊。

「主人這麼富有，有錢有權，卻沒有一個愛的人，多可憐啊！」一個僕人說。

另一個僕人笑了：「對呀，他擁有那麼多金子，擁有宮殿一般的城堡，卻找不到一個老婆！」

男巫聽到這裡，內心的憤怒已經無法遏制，所以他決定立刻找一位妻子，而且要比別人的妻子都優秀。她要有絕世的美貌，要來白魔法家庭，還要擁有跟他一樣的財力。看看他的這些條件，恐怕這位男巫這輩子都找不到老婆了，可是偏偏有這樣的好事，就在他下定決心的第二天，一個完美的符合他條件的女人出現了——她到男巫的鄰居家拜訪親戚。所有男人都為這女子傾心，只有男巫心如死水，但是既然她符合自己的要求，那就該成為他的戰利品，於是他向她求婚了。

人們看到男巫的改變都驚奇不已，都羨慕地對姑娘說，她終於把這個孤傲的男人俘虜了。聰明的姑娘能感覺到男巫殷勤背後深藏的冷漠，她對這個奇怪的男人充滿了好奇，親戚們又說他們是多麼般配的一對，她便接受了男巫的邀請。

中世紀的時候，男巫常常用水晶球來「看」過去、現在或者未來。木版畫《世界的救世主》，描繪了耶穌舉起手爲世人祈福的虔誠形象，他右手做出祝福的手勢，左手則拿著一個水晶球，凝視眾生。

男巫為姑娘舉辦了盛大的宴會，餐桌上精美的餐具裡盛放著豐盛的食物，藝人彈奏的魯特琴裡流淌著甜美的音樂，姑娘坐在男巫的旁邊傾聽著他從詩人那裡偷來的情話。姑娘困惑地說：「你的這些甜言蜜語說得很好，我不知道為什麼感覺很彆扭，你要是用一顆真心來說這些話，我會更加高興的！」男巫輕輕笑了，他帶著她來到了只有他知道的地牢，那裡鎖著他最重要的財富。

原來男巫最寶貴的東西就是他的心臟，它放在一個被施了魔法的水晶匣子裡。這顆心臟因為長期與人體隔絕，已經皺縮，被長長的黑毛覆蓋了。姑娘看著眼前的景象不禁感到害怕，她悲痛地說：「你到底做了什麼？我懇請你把它放回原來的地方。」

男巫為了取得姑娘高興，就用魔杖打開水晶匣子的鎖，刨開胸膛，把這個長毛的心臟放進了胸膛裡。

姑娘高興地說：「現在好了，你完整了，這樣你就知道什麼是真正的愛情了！」說著姑娘擁抱了他。

姑娘柔軟的肌膚，溫潤的氣息，濃郁的髮香，像長矛一樣刺激著剛剛覺醒的心臟。男巫也強烈的感受到愛情的甜蜜，他貪婪地享受著一切。可是不幸的是，這顆長期被放置的心臟已經變得異樣，它不願受束縛，受控制，而且它的慾望是那麼兇猛乖戾，於是它控制了人，男巫突然變得魯莽野蠻起來。

宴席上的客人們注意到了主人和姑娘的離席。起先他們並沒有感到不安，但是很長時間過去後，他們焦急了，後來便開始在城堡裡搜尋。最後他們發現了地牢，等待他們的是一幕十分恐怖的景象。姑娘躺在地板上，已經死了，她的胸膛被剖開了，瘋狂的男巫蹲在她身旁，一隻血淋淋的手裡抓著一顆大大的、鮮紅而光滑的心臟，他舔著、撫摸著這顆心臟，發誓要用它跟自己的心臟交換。他的另一隻手裡，握著他的魔杖，他想勸說那顆皺縮的、長毛的心臟離開自己的胸膛。但是長毛的心臟比他更強大，不肯放棄對他感官的控制，回到它被囚禁了很長時間的棺材裡。

在客人們驚恐的注視下，男巫把魔杖扔在一邊，抓起了一把銀質的匕首。他發誓再也不願意被自己的心臟控制，他把那顆心臟從自己胸膛裡挑了出來。

男巫得意地跪倒在地上，每隻手裡各抓著一顆心臟。接著，他倒在姑娘的屍體上，死了。

小知識

Tips

《男巫的毛心臟》是令人毛骨悚然的一個故事，許多父母一直等到自己的孩子長大，不再做噩夢的時候才會講給他們聽。這個故事中的年輕男巫，認定陷入愛情會給他的舒適和安全帶來不利影響。他把愛情看作一種恥辱，一種弱點，一種對人的情感和物質資源的消耗。說明人的內心世界都有黑暗病態的一面，這個面面的大小直接影響人的行為。

84 小兔精 巴比蒂

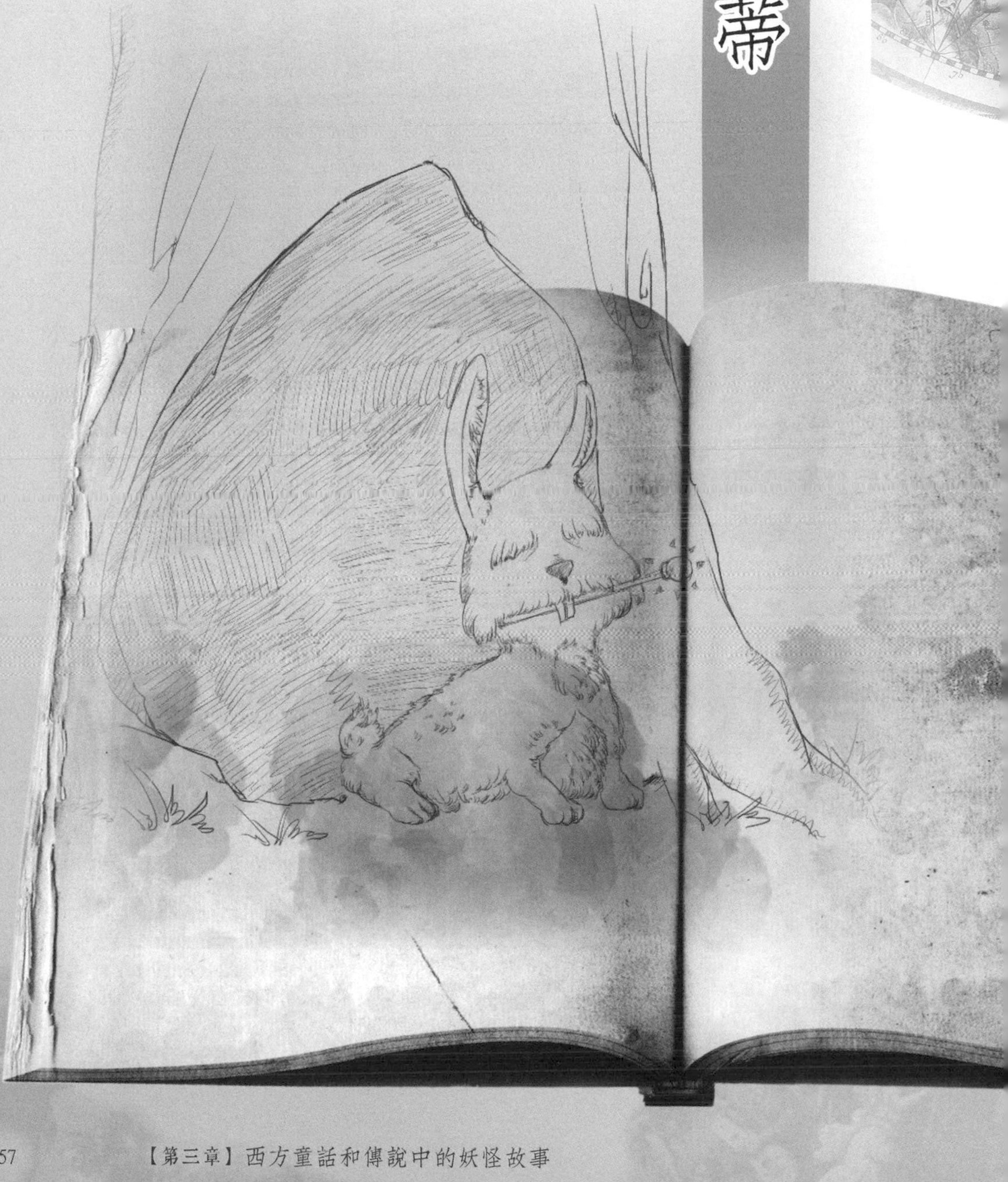

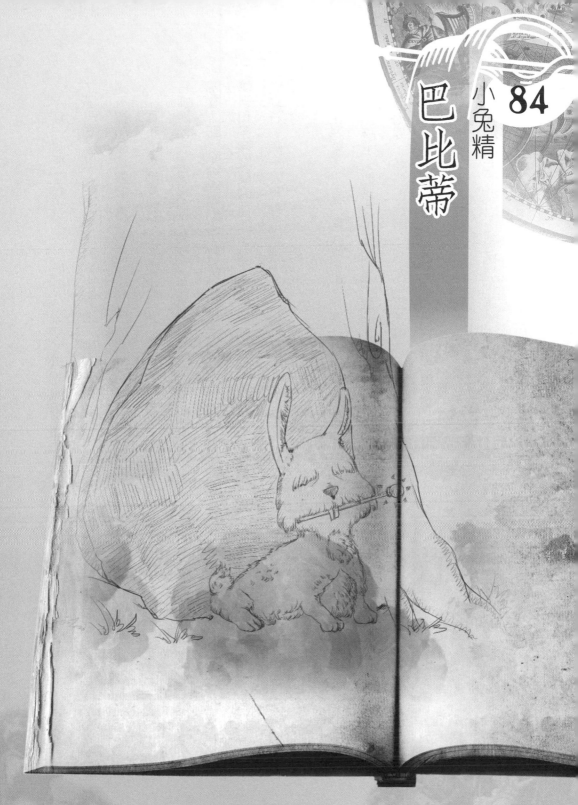

有一個很白癡的國王，他自私貪婪，想要擁有魔法，而且覺得只讓他一個人擁有就好了。他專門成立了一支隊伍，配上兇悍的黑色獵狗，讓軍隊首領每天帶著他們出去尋找會魔法的人。他還發布公告：國王招聘魔法教師。

真正的巫師都躲起來不屑去應詔，卻讓一位根本不會魔法的江湖騙子有機可趁。他揭了公告，到王宮裡隨便表演了幾個小戲法，愚蠢的國王竟然就相信他是一個技藝高超的魔法大師，並任命他為王國首席魔法師。江湖騙子說要買魔杖和魔法用品，向國王伸手要錢，國王便給了他一大袋金子；他又說需要釀製和保存魔藥的器皿，國王便給他兩個銀質高腳杯；他還說要完成療傷咒，國王便給了他幾顆很大的紅寶石。國王表現得倒是很大方，但心裡還是心疼到不行，就讓這個騙子快點置辦這一切，然後好教他魔法。

江湖騙子沒有用這些財寶去添置什麼工具，而是都拿回了家，然後到王宮庭園裡折了兩根樹枝，再去拜見國王。他以為神不知鬼不覺的，可是卻被一個老太婆看到了這一切。庭園邊上的小茅屋裡住著一個老太婆，名叫巴比蒂，她是王宮裡的洗衣婦，負責漿洗王宮裡的床單被罩。

江湖騙子遞給國王一根樹枝，說它是一根具有神奇力量的魔杖，並說只有勤奮才能駕馭它。於是每天早上都可以看到庭園裡正在練習的江湖騙子和國王，他們亂舞著「魔杖」，喊著所謂的咒語，樣子很可笑。那個老太婆巴比蒂自然也每天能夠看到他們。後來的一天早上，巴比蒂看著滑稽的國王實在是忍不住便哈哈大笑起來。沒想到被國王和江湖騙子發現了。

「我的樣子肯定特別滑稽，才讓那個老太婆笑成那樣。」國王生氣地說。他停止了胡蹦亂跳、嘴裡不再唸唸有詞，而是皺著眉說：「大魔法師，我覺得我練得差不多了，你什麼時候能讓我在我的臣民面前大顯身手呢？」

江湖騙子趕緊扯謊，安慰國王說不需要多長時間，只要勤加練習就好。可是他不知道這個愚蠢自負的國王早被巴比蒂的笑聲刺痛了。國王命令道：「明天，我將邀請我所有的臣民來觀看國王的魔法表演。」

江湖騙子知道該是離開的時候了，他心裡打算著帶著財產逃跑，就說道：「親愛的陛下，能不能等一天，因為我明天要出趟遠門！」

國王笑裡藏刀地說：「如果你敢擅自離開，我的巫師分隊會用獵狗把你帶回的，只不過那時你是否能活著見到我就不一定了。明早你必須幫我表演，要是有人笑話我，我就要你腦袋！」

國王氣沖沖地走了，留下驚慌失措的江湖騙子。為了發洩他的恐懼和憤怒，江湖騙子想先找巴比蒂算帳，要不是她，國王怎麼會這麼生氣。他要先把氣出了再來想辦法。他來到巴比蒂的住處，從視窗往裡窺探，他發現了一件驚奇的事情，讓他立刻有撥雲見日的感覺。

埃及壁畫──《手捧心臟的女巫師》。

他看見巴比蒂正在桌邊擦拭一根魔杖，而她身後的木桶正自動清洗著國王的床單。她才是一個真正的魔法師。於是一條計策出現在狡猾的騙子心裡。

「死老太婆，」騙子恨恨地說：「妳知不知道妳的大笑就要送我進地獄了？妳要是不幫我，我就揭發妳，讓國王的獵狗把妳撕成碎片。」

巴比蒂淡定地說：「那我該怎麼幫你？」於是兩人商定在國王表演魔法時，巴比蒂藏在灌木叢裡，替國王完成表演，但不能讓國王察覺。

「先生，如果國王想施一個我不會的魔法，怎麼辦呢？」巴比蒂突然想到。

江湖騙子嗤之以鼻：「那個傻瓜的想像力是妳的魔法完全應付得了的。」然後他便沾沾自喜地回城堡了。

第二天早晨，所有的臣民都聚集在宮殿的庭園裡。江湖騙子隨著國王登上舞臺，按照商定好的，巴比蒂幫助國王把一位女士的帽子變沒了，把一匹馬變得飛起來。觀眾們看著國王的表演都感到驚奇，讚不絕口，他們震耳欲聾的喝采聲讓國王很受用。

得意的國王環顧四周繼續尋找目標，正好巫師追捕小分隊的隊長跑上前來。小隊長向國王彙報了一隻叫沙伯的獵狗因為吃了毒蘑菇，死掉了。國王來了興致，正好用這狗來為自己贏得喝采，便對臣民說：「我可以讓牠起死回生。」士兵聽後，就把獵狗的屍體搬上舞臺。國王揮動著樹枝指向死狗，沒有反應，國王繼續作法，還是沒有反應，此時臺下開始竊竊私語起來，國王繼續著自己滑稽的動作，還是沒有效果。這時臺下已是哈哈大笑了。而躲在灌木叢裡的巴比蒂只是微笑著看著這一切，因為根本沒有能夠起死回生的魔法。

惱羞成怒的國王怒吼著責怪江湖騙子，江湖騙子又有了一個詭計。「陛下，那邊，我親眼看見那邊有一個邪惡的女巫，她破壞了您的表演。快來人抓住她。」他指著巴比蒂藏身的灌木叢說道。

巴比蒂慌忙逃走了，她在一片低矮的籬笆前消失不見了，小分隊的獵狗帶著國王、騙子等一干人追了過來，他們看見獵狗圍著一棵老樹狂叫，江湖騙子就說：「她變成了這棵樹，快把她砍掉。」騙子怕巴比蒂變回來揭發他就一不做二不休地發狠了。

老樹被砍倒了，他們歡呼著以為一切都結束了，可是樹樁裡卻傳來了嘎嘎的笑聲，「傻瓜！巫師被砍成兩半是死不了的，不信就在大魔法師身上試驗一下吧！」他們聽到樹樁說。

小分隊的隊長也想證實一下，就舉起斧頭，可是江湖騙子卻突然跪倒在地，拼命求饒，還坦白了自己的惡行，國王把他打入了大牢。江湖騙子被拖走時，樹樁又說：「親愛的陛下，因為你的愚蠢和你對巫師的冒犯，你的王國已經被可怕的咒語詛咒了。」國王急忙跪下請求原諒，並說從此以後要保護王國裡所有的男女巫師，允許他們平平安安地練習魔法。

樹樁說：「很好，但是你怎麼補償巴比蒂呢？」

「怎麼都行，我願意做任何事。」國王著急地說道。

「你要在這個樹樁上面豎一座巴比蒂的雕像，紀念你可憐的洗衣婦，從而讓你永遠不會忘記你的愚蠢行為！」樹椿說。

國王立刻答應了，還說要請國內著名的雕刻家用純金打造那座雕像。接著，國王等人帶著羞愧的心情離開了庭園。看著他們遠去後，樹椿的根部出現了一個洞，一會兒，一個胖身體、長鬍鬚的老兔子咬著一根魔杖出現了，牠蹦蹦跳跳地離開了庭園。

從那以後，一座洗衣婦的金雕像一直豎立在那個樹椿上，王國裡再也沒有巫師遭到迫害了。

小知識 Tips

這個故事告訴我們：世間萬物應該和諧相處，這裡的巴比蒂和國王就像我們人類和大自然的關係，只有我們善待自然，自然才會對我們友善。

85

巫師和跳跳堝

會跳的坩堝

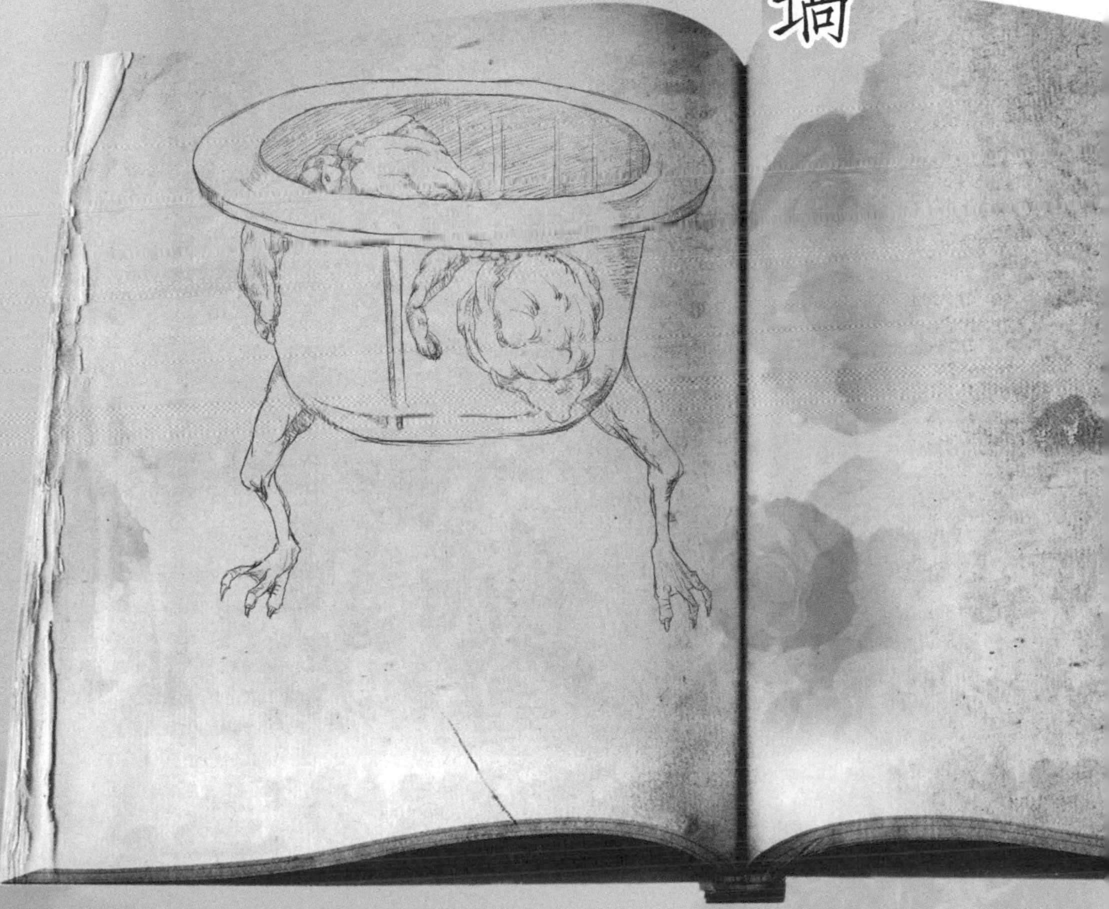

很久以前，有一個老巫師，他經常利用自己的魔法慷慨地幫助周圍的鄰居，不過他從來沒有告訴別人他的力量來自何處。他謊稱自己的魔藥、咒語和解藥都是從一口小坩堝裡跳出來的，並把這口堝叫幸運堝。周圍的人們聽說有這樣神奇的事，遇到麻煩都來找這個老巫師，老巫師也很樂意為他們攪拌一下他的坩堝，事情也總會迎刃而解。後來，老巫師得了重病，他知道自己已經活不了多久了，就對前來看望他的人說：「人總有一死，請不要悲傷。」臨死前，他讓兒子把坩堝擺到他面前，看著眼前的坩堝，老巫師安然的閉上了雙眼。

深受人們愛戴的老巫師死後把所有的財產都留給了他唯一的兒子，可是他的兒子卻完全不同於老巫師。在兒子看來，世上所有不會魔法的人都是廢物，他過去就經常抱怨父親用魔法幫助別人，現在父親去世了，他根本不願意去幫助那些前來求助的人們。

兒子在父親死後，從坩堝裡找到一個寫著父親名字的小包裹。他以為包裹裡會是金銀財寶，出人預料的是，當他打開包裹時只看見了一雙小到根本不能穿的鞋子。鞋子裡有一張羊皮紙，上面寫著：「我的兒子，我真心希望你不會用到它。」

兒子埋怨父親糊塗，心想自己怎麼會用到這樣一雙破鞋子，便把鞋子扔回坩堝，決定把坩堝當成垃圾桶用。

就在當天夜裡，一個老農婦敲響了他的門。「我孫女兒身上長了肉瘤，先生，」老農婦對他說，「你父親以前總是在那口舊坩堝裡調製一種特殊的膏藥。」

「滾開！」兒子喊道，「妳家小孩長肉瘤跟我有什麼關係？」他重重地關上了門。

剛關上門，他的廚房裡立刻傳來異樣的響聲。巫師點亮魔杖，讓他大吃一驚，他看見父親的坩堝長出了一隻黃銅腳在廚房中央跳著，踏得石板地發出可怕的聲音。

巫師走上前去，發現坩堝的表面長滿了肉瘤，嚇得他連退好幾步。「令人噁心的東西！」他試圖用咒語讓坩堝消失，接著試圖把它弄乾淨，最後又試圖把它趕出房子。可是他的魔法都失靈了，他走到哪裡坩堝跟到哪裡，他去樓上睡覺，坩堝就跟著他跳上樓，並在一級級木頭樓梯上發出吵鬧的聲音。他整整一夜沒睡著覺，因為長滿肉瘤的舊坩堝在他床邊不停地吵鬧，他卻拿坩堝一點辦法都沒有。

第二天早晨，坩堝不依不饒地跟著他跳到早餐桌旁，在那不停地跳著。

巫師正準備喝粥，敲門聲響了起來，一個老頭站在門口，「先生，我的驢丟了，可能是被人偷走了。沒了驢子，我不能把貨物馱到市場上去，我們全家今晚都要挨餓了。」

「我現在還餓著呢！」巫師怒吼道，重重地關上了門。他回到餐桌旁，坩堝的獨腳依然在地板上跳著，不同的是現在它的吵鬧聲中又夾雜著驢叫聲和人們飢餓的呻吟聲。

名畫《女巫們的安息日》，描繪了一個神祕的巫術世界。

「安靜！」巫師焦躁起來。

巫師用盡所有的魔法，都無法制止坩堝的跳動和它發出的聲音。而且不管他去什麼地方做什麼事情，坩堝都如影隨形，整天跟在他身後跳來跳去，不停地發出驢叫聲、呻吟聲……

這天晚上，敲門聲第三次響了起來，門外站著一個哭得非常傷心的年輕婦人。「我的孩子病得很重，你幫幫我們吧！你父親告訴我有難處就可以過來。」巫師再一次當著年輕婦人的面把門重重地關上了。這下，吵鬧的坩堝裡又滿是淚水，它跳著，發出驢叫和呻吟，長出更多的肉瘤，還不停地把淚水潑濺在地上。接下來的一段時間，村民們不再到巫師家裡來尋求幫助了，但是坩堝仍然不停地把他們的病患苦難告訴他。在這短短的幾天裡，它跳著，撒著淚水，不停地冒出肉瘤，不僅發出驢叫聲和呻吟聲，而且還乾嘔，像嬰兒一樣啼哭，像狗一樣哀嚎，還吐出變質的乳酪和發酸的牛奶，以及許多飢餓的鼻涕蟲。它整天圍繞著巫師，折騰得他吃不下睡不著，巫師也無法使它停下來。

最後，巫師再也忍受不住了。

「把你們所有的病痛、苦惱、悲傷都給我吧！」他大喊一聲，跑進夜色裡，跑進村裡，坩堝一跳一跳地跟在他的身後。「來吧！讓我給你們治病，幫助你們吧！我有我父親的坩堝，我會讓你們都好起來的！」他在街上奔跑著，把咒語傳向四面八方。

屋裡，熟睡的小姑娘身上的肉瘤消失了；丟失的驢子被魔法從遠處的歐石南叢裡召喚回來了，悄悄地走進了牲口棚；病中的嬰兒，身上撒了白鮮水，健健康康地醒來了。巫師盡力去幫助每一個痛苦的人，慢慢地，他身邊的坩堝不再呻吟、哭泣、乾嘔，漸漸變得安靜、鋥光瓦亮的了。

「行了吧！坩堝？」渾身顫抖的巫師問道，這時太陽已經升起來了。坩堝打了一個嗝兒，吐出了巫師扔進去的那雙鞋，並允許巫師把鞋穿在那黃銅腳上。最後巫師和坩堝一起回家了，坩堝的腳步也終於變得靜悄悄了。從此以後，巫師像他父親一樣幫助村民，生怕坩堝脫掉鞋子，再次吵鬧起來。

坩堝光榮地完成了老巫師去世前交給它的任務，使他的兒子成了一個為大家解除麻煩的人。

小知識 Tips

在未被改編過的故事裡，年輕的巫師因為不幫助鄰居而被圍堵，坩堝保護這個無辜的巫師擺脫那些舉著火把、拿著草耙的鄰居，把他們從巫師的屋子周圍趕走，並且抓住他們，連頭帶腳地囫圇吞下。故事的最後，坩堝已經把巫師的大部分鄰居都吃掉了，僅存的那幾個村民保證，以後再也不干涉巫師。做為回報，巫師吩咐坩堝交出那些受害者，於是坩堝打著嗝兒，把肚裡的東西都吐了出來，那些人都有點不成人樣了。直到今天，有些家庭的孩子仍然只聽他們的父母講過改編的故事，因此，當他們有機會讀到原版的故事時，便會大吃一驚。

86 可惡的魔鬼

無手姑娘的劫難

從前，有一位貧窮的磨坊主，他除了磨坊後的一棵蘋果樹就一無所有了。有一天，一個陌生的老頭來到他面前對他說：「可憐的人，你這麼貧窮！如果你答應把磨坊後的東西給我，我就讓你過著富人般的日子。」

「磨坊後除了那棵蘋果樹就什麼也沒有了！」磨坊主想了想答應了老頭的要求，並給老頭寫了一個承諾。老頭笑對他說：「三年後，我會取走屬於我的東西。」然後走了。

老頭剛走不久，磨坊主的老婆便從屋裡跑出來說：「快過來，咱家的這些錢是從哪裡來的，家裡所有的箱子都被裝滿了？」

磨坊主說：「剛才有個老頭來，他只要我們磨坊後的東西做為回報就可以使我們富有，咱們磨坊後只有那棵蘋果樹，給他不就行了？」

「啊？這下可糟了。」妻子變得非常著急，「我們的女兒剛才正在後院打掃院子，剛剛的老頭肯定是個惡魔，他是衝著咱們女兒來的。」

磨坊主的女兒是個虔誠美麗的姑娘，她敬畏上帝，心地善良。時間流逝，三年轉眼即逝，惡魔要帶走女孩的那天來到了，女孩將自己從頭到腳洗得乾乾淨淨，用粉筆繞著自己畫了一個圈。惡魔雖然很早就來了，但他無法靠近女孩。惡魔憤怒地讓磨坊主把水端走，否則他的魔法不能奏效。

磨坊主畏懼惡魔，乖乖的端走了女兒跟前的水，可是女孩的淚水也能把自己的手洗得乾乾淨淨，惡魔依然無法帶走女孩。於是他一怒之下逼著磨坊主將女孩的手砍了下來，但是女孩的眼淚又將血漬都沖洗乾淨了，惡魔拿女孩沒有辦法，最後只好無奈地放棄了。

惡魔走後，女孩對父親說：「父親我必須離開這裡，如果我繼續待在這裡，惡魔會回來找您的麻煩。」磨坊主沒有留住女兒，第二天，女孩收拾東西離開了這個家。她漫無目的地走了一整天，筋疲力盡，又累又餓的她不知道該怎麼辦。

突然，她看見前面有一個結滿誘人果實的果園，便不顧一切地跑了過去。就在快靠近果園的時候，被園丁發現了。園丁以為她是小偷，便將她綁住帶回屋子裡審訊。園丁是個善良的人，當他聽說了女孩的遭遇，非常同情女孩，給女孩鬆綁，還用自己的食物招待她，同意讓女孩暫住在這裡和他一起看守果園。

女孩住下後才知道這個果園的主人是個國王，碰巧過幾天國王要來視察，女孩對園丁說：「我要離開了，不能連累你。」

園丁說：「沒有關係，國王人很好，妳可以留下來。」女孩還是決定要離開，園丁說：「國王還有兩天才來，在他來的前一天妳再走也不遲。」

女孩想想自己也沒有地方可去，便多留了一天。誰知第二天早上女孩還沒醒，國王就提前到了。國王視察完回到住處休息時看見有一個美麗的

惡魔的詛咒。

女孩正在睡覺，不禁被眼前的這位美人給打動了。國王問園丁這是怎麼回事，園丁如實相告後，國王對女孩更加愛憐，決定娶女孩為妻。於是女孩成了一位王后，國王還為她做了一雙銀手，他們一起相親相愛的生活著。也許大家認為女孩悲劇人生從此有了改變，她和國王一定是永遠幸福的生活著。可是那個惡魔卻不會輕易地放過女孩。

他們一起幸福地生活了一年多，女孩懷孕了。可是這時國王有事需要外出一年，他將自己的王后託付給母親說：「假如她生下孩子我還沒有回來，請您一定好好照顧她，並盡快把消息告訴我。」後來王后真的生下一個健康活潑的男孩，國王的母親立刻寫了封信派人將這個好消息告訴國王。可是送信的人休息的時候睡著了，這個時候惡魔出現了，他把國王母親寫的信取出來毀掉，然後將另一封信放進信使的口袋裡，這封信上面說王后生了一個妖怪。國王收到信後十分震驚，而且百思不得其解。他回信要大家仍悉心照料王后，一切等他回來再說。送信人帶著國王的信往回走，又在來時休息的地方打了個盹。惡魔又把信換掉了，信上說要他們將王后和她生的孩子處死。

國王的母親看見回信後大驚失色不敢相信。因此又寫了一封信給國王，可是沒有回音。因為信每次都被惡魔的信換了，最後一封信上要求把王后的舌頭和眼睛挖出來留作服從國王命令的見證。國王的母親哭了，她不願意濫殺無辜，於是趁天黑時殺了一隻鹿，留下了舌頭和眼睛，然後對王后說：「我不想按國王的命令殺妳，但是妳已經不能再住在這兒了，帶著孩子趕緊走吧！再也別回來了。」

可憐的王后背著孩子，含淚離開了王宮。她來到一座大森林裡，跪下來向上帝祈禱。她背著孩子不知道走了多遠，在累得快要暈倒的時候，眼前出現了一戶農家。農戶的院子裡掛了一塊牌子，寫著：「一切免費。」

王后走進院子發現沒有人，於是自己找了些東西吃，把孩子安頓好就躺下休息，因為太累不知不覺她就睡著了。不知道睡了多久，她感覺身邊有人，就慢慢睜開了眼睛，看見一對老農民夫婦。老婦人和藹地笑著說：「妳終於醒了，妳已經睡了一天一夜了，快起來吃點東西吧！」

王后感激地看著老婦人說：「我來的時候怎麼沒看見你們？你們是這裡的主人嗎？還有我的孩子呢？」

老婦人回答說：「孩子剛吃了東西，在旁邊睡著了。妳昨天來的時候我和老頭子在田裡工作，我們在這裡也是為了給路人行個方便，不過一年也見不到幾個人。妳是怎麼來這裡的？」王后便把自己的經歷告訴了他們，於是善良的老夫婦收留了王后和孩子。

過了許久國王回來了，他想馬上見到他的妻子和孩子。他年邁的母親哭著對他說：「你這個壞蛋，為什麼讓我殺死那兩個無辜的人？」她拿出那兩封被惡魔換了的信給國王看說：「我已經照辦了。」並且拿出舌頭和眼睛作證。

國王聽後痛哭流涕，比母親更加傷心。母親不忍心看著國王這麼傷心，就對他說：「別哭了，王后還活著。我把她放走了，要她永遠別回來，因為你信上似乎對她很惱怒。」

國王說：「只要我親愛的妻兒還活著，就算走遍天涯海角我也一定要找到他們。」

國王整整尋找了七年，歷盡千辛萬苦，可能是上帝也被他的深情打動了，終於國王在森林裡迷路的時候來到了農舍，找到了自己的妻兒。

從此以後國王再也沒有離開過自己的妻兒，他們一家人幸福地生活著。

而那個企圖毀掉女孩的惡魔再也沒有機會使壞，後來上帝知道了牠的惡行，做為懲罰把牠轉世成為了豬。

小知識 Tips

這個故事意在說明，只要心中有信念，即使遇到再大的困難，生活也會柳暗花明。

87 偽裝的公主 千皮獸

很久以前有個國王，他的妻子有著一頭金黃色的長髮，而且長得非常美麗。國王和他的妻子生活得非常幸福，他們還有了自己的孩子。可是在孩子出生的時候王后難產去世了。王后生下了一個美麗的小公主，可是國王卻不願意與她親近，因為他認為是小公主奪走了自己妻子的生命。

王后的去世讓國王難過了很長時間，也一直沒有再娶。大臣們很擔心，對國王說：「國王可以要再娶一個，我們也可以再有一位王后。」國王想，要娶也要娶一個跟王后長得一樣的。

於是，大臣們開始派人四處尋找和王后一樣美麗的姑娘。可是找遍了全國都沒有找到，偶爾找到一個漂亮的卻沒有王后那樣的金髮，使者們只好空手而歸。

許多年過去了，小公主長大成人，她長得和自己的母后一樣美麗，而且擁有一頭金色的長髮，甚至比王后的還要美麗。國王仍然沒有找到合適的人來替代去世的王后。有一天，公主在花園裡玩耍，被路過的國王看見了，國王看見公主瞬間覺得是自己的王后回來了，就下令要娶公主為妻。大臣們驚慌失措，勸告國王說：「上帝是禁止父親娶女兒的，犯這樣的罪會受到懲罰，整個國家都會遭殃的。」

公主得知父親的決定後非常震驚，她希望父親可以改變主意。她對父親說：「在我答應嫁給你之前，我要得到三件衣服：一件像太陽那樣金光閃耀、一件像月亮那樣銀光四溢、一件像星星那樣明亮閃爍。此外，我還要一件用上千種不同動物的皮毛縫製的斗篷。王國裡的每一種動物都必須獻上一塊皮毛。」

公主想：「這些東西都是不可能得到的。這樣父親就可以改變主意了。」然而國王沒有放棄，他吩咐手藝最好的人織那三件衣服，一件像太陽般閃耀、一件像月亮般流銀、一件像星星般璀燦；他還吩咐最優秀的獵人去捕捉每一種動物縫製千獸皮斗篷。沒過多久，一切準備好了，國王拿著斗篷來到公主面前說：「我們明天就舉行婚禮。」

公主看到沒辦法阻止父親，決定遠走他鄉。晚上，當人們都睡熟之後，公主將陽光、月亮和星星三件衣服等物件裝進匣子裡，把自己抹得灰頭土臉的，披上千獸皮斗篷出發了。她漫無目的地走，當她路過村莊時，村民都認為她是妖怪，驅趕她。當她走在野外，野獸們因為沒見過這種生物，見了她也都繞行……她不停地走，不知道走了多久，她來到了一片森林裡，沒有看見什麼人，她非常累便爬進一個樹洞睡著了。

這片森林是另外一個國家的領土，這個國家的國王出來打獵，獵狗發現了樹洞裡睡著的公主以為是怪物，國王便命令隨從把她帶回了宮裡，把她放在一個房間裡繼續睡著。

過了多久，公主醒來發現自己在一個房子裡，非常奇怪，她看見房間裡的食物想起自己已經很久沒吃東西了。當她狼吞虎嚥的時候國王來了，國王看著她不雅的吃相和醜陋的樣子說：「原來是人，不是怪物啊！既然是人就給妳安排事做吧！」然後吩咐了幾句就離開了。

公主愣住了，因為國王長得非常英俊，可是當想到他把自己當動物就懊惱了。公主被帶到了廚房做雜事，從此公主就在廚房扛柴火、挑水、掃爐膛灰……做著各種又髒又累的工作。公主在這裡度過了很長一段時間的悲慘生活。

有一天，宮裡舉行宴會，公主也想跳舞就對廚師說：「我能上樓看看嗎？我只在門外看看。」

「去吧！半小時之內回來，爐膛裡的膛灰還等著妳掏呢！」廚師說。公主找了個沒人的地方脫下斗篷，洗乾淨臉，她的美貌立刻恢復了。她打開匣子，拿出金光燦爛的衣服穿上，走進宴會大廳。人們都不知道她是誰，但是紛紛給她讓路，因為她非常有公主的氣派。

國王走過來邀請她跳舞，想：「我從來沒見過這麼美麗的人！」跳完一曲，公主向國王行了個禮。等國王抬頭再看時，公主已經不見了，他召來宮門口的衛兵詢問，可是誰都沒見過公主。

公主跑到剛才的地方，換上斗篷，把臉和手腳重新塗上煙灰。誰也想不到的那個美麗的公主就是現在在掃爐膛灰的千皮獸。

沒過多久，王宮又舉行了一次宴會，公主又像上次那樣，跟廚師請了半小時的假，穿上那件月光流淌般的衣服走進了舞廳，跳完一支舞後便再次消失了。國王徹底地愛上了這個神祕的公主，可是卻找不到她。

國王為了再見到公主，再次舉行了舞會。公主這次則穿著那件星光閃爍的衣服再次來到大廳，她卻不知道國王命令延長舞曲，所以當一曲結束時，半個小時已經超過了。公主迅速跑進人群裡不見了，但是這次國王卻緊隨其後，她來不及換衣服，披上斗篷，還沒來得及把臉塗黑，國王就出現在了她的面前。一切的謎都解開了，公主把自己的經歷告訴了國王，國王抱著她說：「從現在起妳就是我最愛的妻子，再也不會讓妳受一點苦難。」

被誤認為是怪物的千皮獸，終於結束了流浪受苦的生活，從此公主和國王幸福地生活在了一起。

小知識 Tips

在生活中，不管遇到多大的困難，我們都要勇敢地活下去，因為只有堅持下去才會有希望。

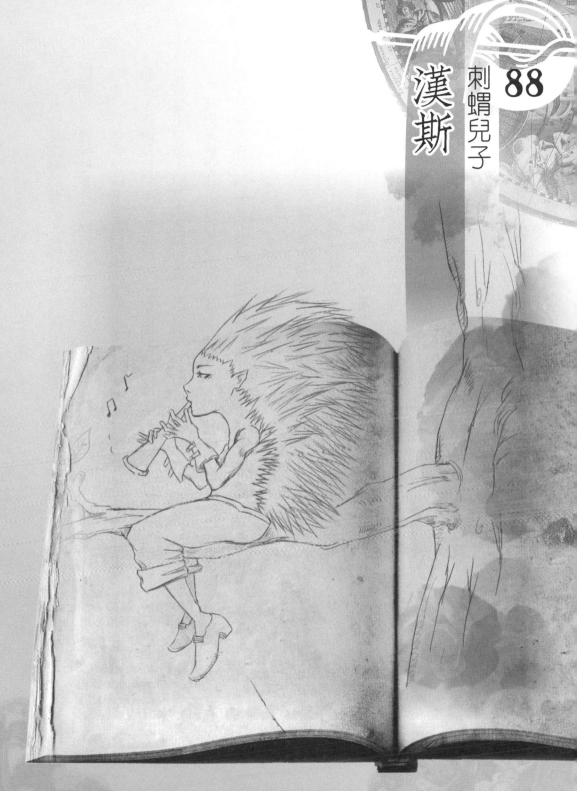

88

刺蝟兒子漢斯

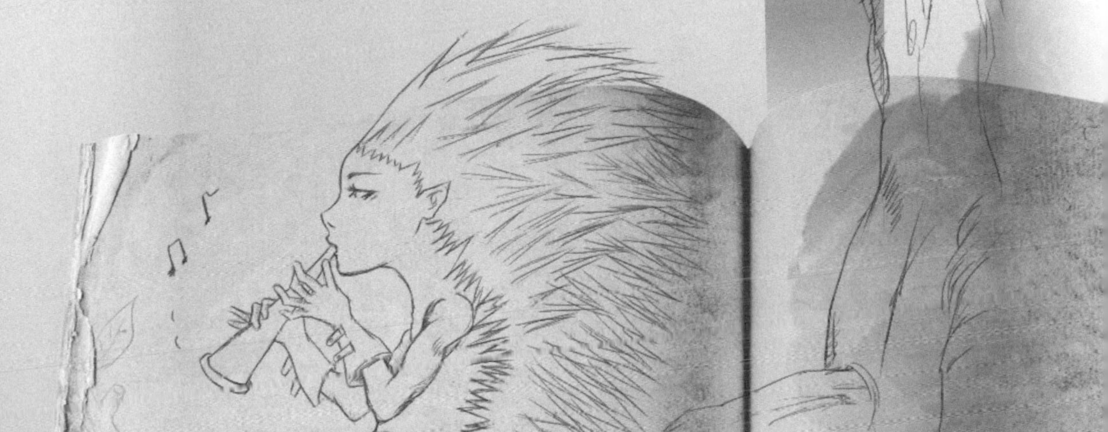

有一個富有的農夫，他有很多錢卻沒有孩子，為此他感到生活並不美滿，而且他經常受到其他農夫的嘲笑，最後他實在忍無可忍了，就在家對妻子氣憤地說：「為什麼我沒有孩子呢？哪怕是個刺蝟也行啊！」於是，他的老婆真的生下一個上半身是刺蝟，下半身是男孩的怪孩子。鄰居知道他們生下一個怪胎後，都認為他們家是妖怪，不再跟他們親近友好地相處了。農夫夫婦很痛苦，可是他們也沒有辦法不管這個小男孩，所以盡力照顧他，還給他取名叫漢斯。

時間走得很快，轉眼間漢斯八歲了。有一次父親進城，問他需要什麼東西，他便向父親要了一個風笛。父親把風笛買給他的時候，他又向父親要了一隻釘著鐵掌的大公雞，然後就離開了父母獨自去旅行了。

刺蝟漢斯騎著公雞，帶了幾隻豬和幾頭驢來到一個森林裡，他在這裡面照顧他的豬和驢，邊吹著風笛過自己快樂的日子。就這樣他在森林裡過了好多年。一天，公雞帶著漢斯飛上了一棵大樹，他們在樹上一邊照顧樹下的豬和驢，一邊吹笛子，美妙的笛聲穿過樹林傳得很遠很遠。

這天正好有一個迷路的國王路過，他正不知道該往哪走的時候，耳邊傳來了美妙的笛聲，他就派侍衛去找，心想要是找到這個吹笛子的人，就知道怎麼走了。他正想的時候，侍衛來報說他們在一棵樹上找到了一個騎著公雞吹笛子的怪物。國王不相信，就親自去看了看。果真，在一棵高高的樹枝上，一個不像刺蝟不像人的小動物騎在一隻大公雞的身上，正吹奏著悅耳美妙的笛聲。

國王便向漢斯問路，漢斯要國王答應他一個條件：把國王回到宮殿裡見到的第一件東西賜給他。國王為了擺脫困境，就隨口答應了。漢斯給國王指路，國王順利地回到了宮殿。國王一到家，第一個迎出來的是她的女兒，國王高興地擁抱親吻自己的愛女。但是他並不想把自己的女兒送給一個怪物，就告訴自己的女兒他是怎樣迷路，怎樣遇上漢斯，又怎樣欺騙他告訴自己回來的路。公主聽說漢斯是個刺蝟怪物，就嫌棄地說自己可不願意跟著一個怪物，還誇父親做得好。

後來，漢斯又遇上了另外一個國王，這個國王也答應了他同樣的要求。

然後國王平安地回到了自己的王國。國王美麗的女兒第一個迎了出來，國王對公主講了他遇到的事情。公主說：「他能幫助了父王，父王就欠他一個大人情，我願意替父親還這個人情。」父親沒想到自己的女兒這麼懂禮，儘管心裡捨不得這個女兒。

漢斯照料的豬和驢越來越多，多到森林裡都快放不下了，他就把這些豬和驢趕回家送給自己的父母，然後又上路了。漢斯來到了他遇到的第一個國王的王國裡，可是這個國王怕有一天漢斯找上門來找他兌現諾言，就下令殺死一切騎著公雞手持風笛的人。漢斯也受到了同樣的對待，要不是大公雞帶著他飛過城牆，飛到國王的窗前，他也被弓箭射殺了。憤怒的漢斯來到國王面前，要求他兌現諾言，否則就要殺了他們。國王被逼無奈，只好央求自己的女兒救他。最後，漢斯帶著公主和許多金銀財寶離開了宮殿。國王以為女兒再也回不來了，可是漢斯剛出宮門，就用身上的刺把公主刺得鮮血淋漓，然後把她趕了回來。這件事讓公主此後的一生都背負著不講信用的罵名。

離開這個可惡的王國，漢斯繼續向前。不久他來到了第二個國王的國度。國王感激他當年的出手相助，就下令讓臣民們歡迎一切長的像漢斯模樣的人。漢斯一踏進這個王國，人們就對他行舉手禮，把他帶到了王宮裡。國王的女兒一看見漢斯，還是不禁嚇了一跳，但她知道自己答應過父親的，就告誡自己接受這個奇怪的人，並與漢斯舉辦了婚禮。

到了晚上睡覺的時候，漢斯吩咐四個士兵守在門外，燃著一堆火，等他上床前把刺蝟皮脫下來的時候，就衝進來把刺蝟皮扔進火裡，在刺蝟皮被燒光之前不能離開。午夜十二點的鐘聲敲響時，他來到床邊從刺蝟皮中爬出來，士兵按照他吩咐的完成了任務。

漢斯得救了，他變回了人的模樣，只是身上漆黑，好像剛從火堆裡爬出來一樣。公主用昂貴的藥膏幫他擦拭全身，很快，皮膚就變白了。公主看著眼前的這個英俊的小伙子，心裡十分高興。

第二天，他們重新舉行了莊嚴的婚禮，漢斯最後還繼承了老國王的王位。

小知識 Tips

不要輕易相信眼前所看到的。我們在生活中經常會憑自己看見的就主觀斷定一件事或者一個人的好壞，其實只有用心去看過後才會知道什麼才是真正的好。

89 怪異的大船 海獸

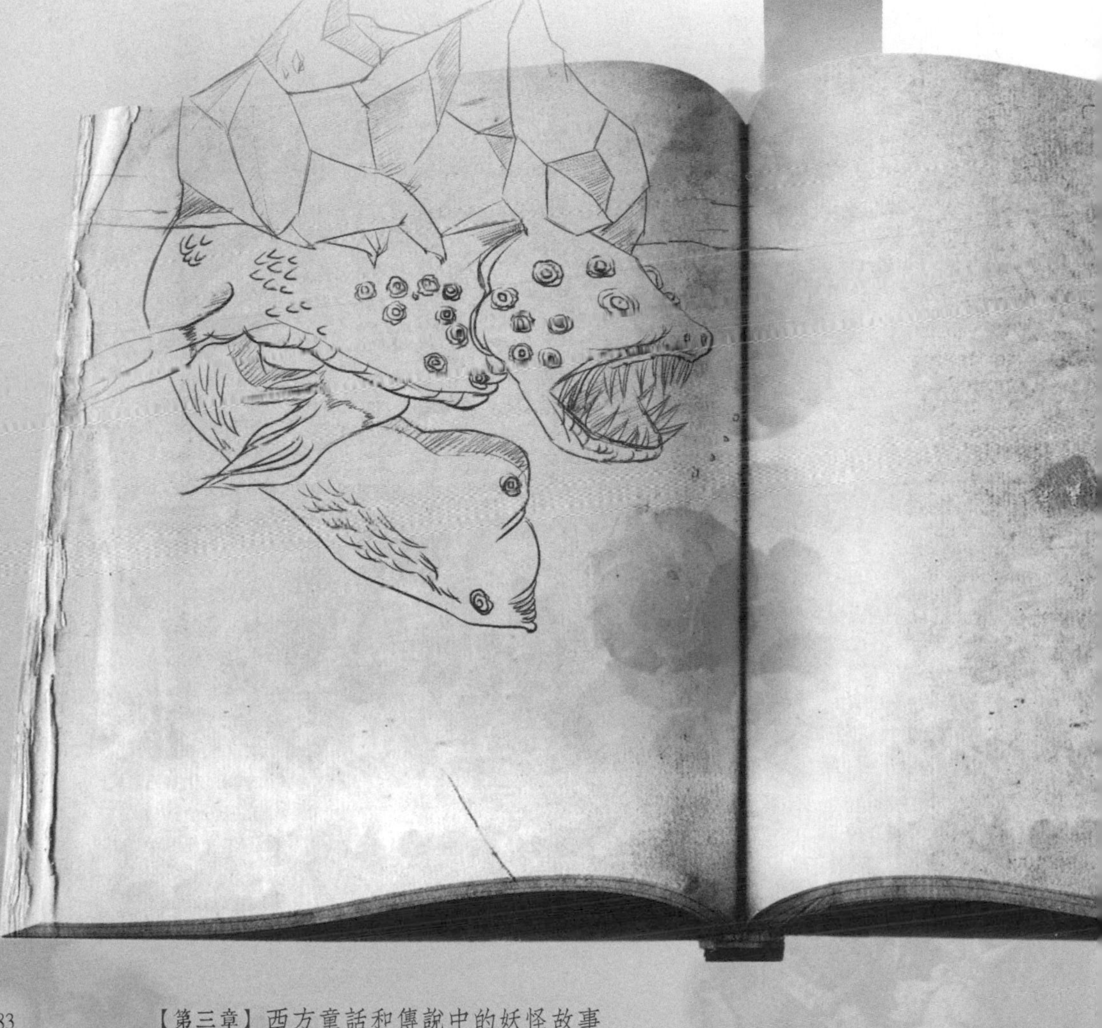

這是辛巴達歷險記中出現的一個怪物。

辛巴達年老了也還是不安分，在家坐不住，一天又突發其想地跑出去周遊世界。他沒讓家人知道他的計畫，隨便收拾了一些價值最高而體積最小的貨物打成包裹，雇了一名腳夫挑著，就一起直奔海濱了。辛巴達想在那裡等一艘出海的船隻，只要能把他從自己的家鄉帶到任何一個他沒去過的地方就好。

辛巴達和腳夫把包裹放在沙灘上，然後坐在樹下等待著，希望能有一艘船經過，可是好幾個小時過去了，也沒有看見一艘船的身影。在他們等得不耐煩的時候，耳邊出現了一種嗚嗚的聲音，不一會兒那聲音變得越來越響，很明顯地可以發現，發出這種聲音的物體正在向他們靠近。他們屏息凝神地注視著海面，眼睛都不敢眨一下。終於，水天相接的地平線上出現了一個小黑點，小黑點飛快地變大，最後他們看清那是一頭巨大的怪物，牠的大部分身體都露出水面。怪物正向他們游來，用令人難以相信的速度。牠胸前掀起了巨大的浪花，還有一個很高的火柱把整個海面都照亮了。

那怪物游得更近的時候，他們才看清這怪物的全貌：牠身子的長度比參天大樹都高，有王宮裡的大的接見廳那麼寬。怪物的外形不像魚更像是一塊堅硬的大石頭，露出水面的身體漆黑發亮，有一條環繞全身的紅色斑紋。當牠隨波起伏的時候，辛巴達看見牠的肚子上都是金屬鱗片，發出微弱的銀光。怪物的背很平坦，沒有嘴巴，但似乎為了彌補這個缺陷，上帝給了牠至少八十隻眼睛，眼睛都突出眼窩，上下排列在身體兩側。其中有兩三隻眼睛比較大，看起來像是純金的。怪物似乎沒有腦袋和尾巴的區分，只是在一邊的末端處有兩個做鼻孔的小洞，還有濃濃的粗氣帶著尖銳刺耳的聲音從小洞裡噴發出來。

這個奇怪的東西把辛巴達和腳夫都嚇得要命，但是辛巴達的驚奇超過了恐懼。當怪物離得更近的時候，辛巴達發現牠的背上有很多類似於人的動物，牠們套著看起來很像衣服但給人感覺難看而不舒適的外罩，可能是外罩太緊的緣故，牠們的動作都特別不靈活，甚至有點笨拙，能看出來牠們也在忍受著這種不舒適的痛苦。每個動物的腦袋上都有一個方形的盒子，起初辛巴達以為是頭巾，可是不久就發現，這似乎是牠們天生就有的，這個又重又硬的盒子可以保持牠們腦袋的平穩和安全。辛巴達還看見這些動物都戴著黑色的項圈，有點像狗的頸圈，只不過牠們戴的看起來會更結實點。有了這些東西的束縛，這些可憐的傢伙就無法隨意轉動腦袋了。牠們想轉動腦袋時，必須同時轉動身體，這使得牠們只能永遠盯著自己的鼻子。哦，對了，牠們的鼻子很奇怪，有點像驢鼻子，但同時也像獅子的鼻子。

怪物快接近海岸的時候，遠遠地看見一隻突然鼓向外面的眼睛，可怕的火焰帶著濃濃的雲煙從眼睛裡噴出來，還帶著一聲巨響。等煙霧散去後，牠背上的一個奇怪動物站到了這個怪物的前端，手裡拿著大喇叭朝著辛巴達他們尖叫，聲音響亮刺耳。可是辛巴達根本聽不懂牠說的是什麼，就轉向那名嚇得差點暈過去的腳夫詢問問題。

腳夫也嚇得夠嗆，哆哆嗦嗦地回答。他說他小時候聽說過這種海獸，是個兇殘的魔鬼，內臟裡面藏著硫磺，血管裡流動著火焰，是惡神造出來毀滅人類的一個工具。剛剛提到的那些人是寄生人，就像動物身上的寄生蟲一樣，這些寄生人可不像一般的寄生蟲一樣，牠們個頭大，生性野蠻。惡神造牠們出來就是為了讓牠們在這個怪獸身上又刺又咬地來激怒這個怪物，然後被激怒的怪物就會咆哮怒吼，行兇作惡，這樣也就實現了惡神的邪惡想法。

聽完這番講述，辛巴達意識到自己出門不利，碰見了一個不可戰勝的怪物，於是掉頭就跑，腳夫也跟著跑掉了，可是他們跑的卻是相反的方向，似乎這個腳夫知道怎麼逃脫這隻海怪。辛巴達自然沒能逃掉，他被一群寄生人緊追不捨，然後被捕。辛巴達被牠們困住手腳搬到了那頭海獸背上，海獸隨即又游向大海遠方。

最後辛巴達在這頭海獸背上用自己的聰明才智取得這群寄生人的信任，並隨著牠們向海洋更深處去了。在那裡，辛巴達或許會看到讓他更為驚奇的事物吧！

小知識 Tips

《辛巴達歷險記》取材於阿拉伯《一千零一夜》的神話故事。在這個故事裡我們可以去經歷無法想像的冒險，戰鬥在波濤洶湧的大海上，可怕的妖怪、邪惡的巫師、飛翔的哈耳皮埃女妖、巨大的妖怪……

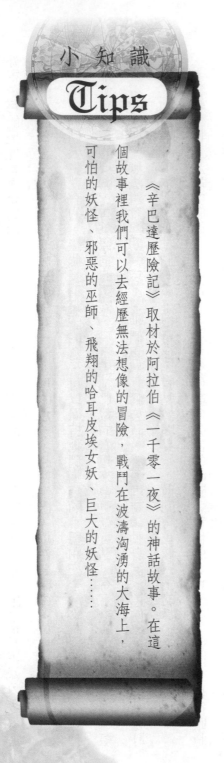

90

古亞

愚蠢的妖怪

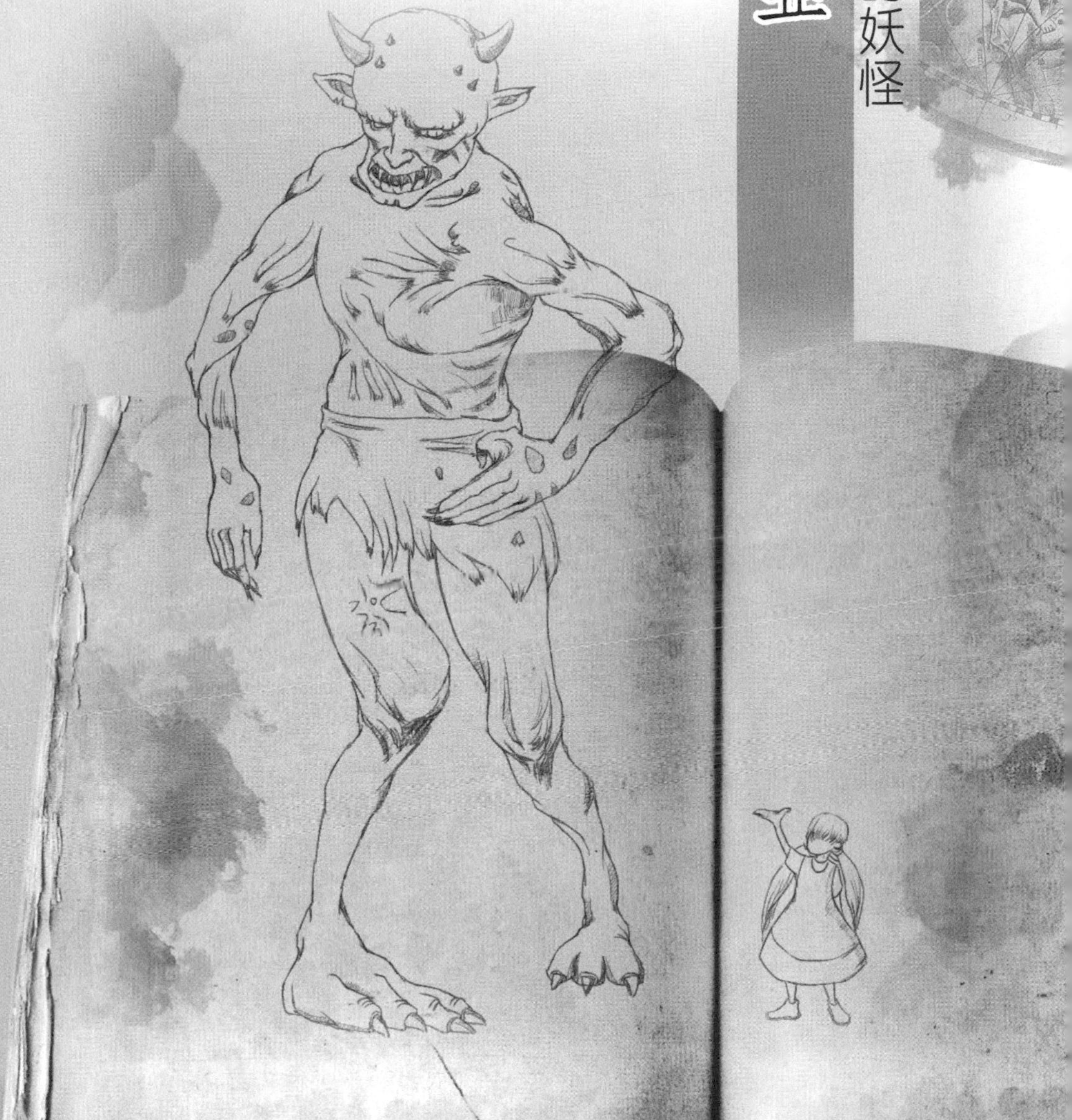

從前，有一隻住在大山裡的妖怪，牠總是用詭計欺騙過路的人到牠那裡歇腳，然後在半夜趁他們熟睡的時候將他們吃掉。後來牠遇到了一個叫豆豆的小女孩。

豆豆是這樣出生的：一對無兒無女的夫妻總是盼望能有一個孩子，他們每天祈禱，善待鄰居，盼望著上帝能賜予他們一個孩子。有一天，這家的女主人做家事時把一盆豆放在灶臺上，不小心有一粒豆子掉進了爐膛。恰在這時候，女主人聽到鄰居在喊：「孩子們動作快點，你們早點一起上山去撿糧食，不然就不能早點回來了。」女主人長嘆了一口氣，說道：「唉！我要是能享受這種幸福就好了。」她的話音剛落，就聽到爐膛裡傳出一個聲音：「媽媽，我也是妳的孩子呀！我可以與他們一起幫妳去撿糧食。」女人驚奇地跑過去一看，一個胖嘟嘟、樂呵呵的小女孩正蹲在爐膛邊上。

女人抱起這個可愛的小孩高興地又親又吻，等喜悅的心情稍微平復了，她給小女孩洗澡穿衣，打扮得漂漂亮亮的，還給她取名叫豆豆，然後就讓她和鄰居的孩子一起上山撿糧食了。豆豆和同伴們高興地一起撿了好多糧食，不知不覺太陽就落山了，天黑的時候她們才意識到該回家了。當她們匆忙地往家的方向趕路時，怕遇上山裡的妖怪。

可是怕什麼來什麼，女孩們沒走幾步，就碰上了那個叫古亞的妖怪。古亞裝模作樣地扮出一副笑臉來到小女孩們跟前說：「孩子們好啊，妳們怎麼這麼晚還在山裡面呢？妳們看天黑路滑、草深露重的，山上還有那麼多野獸多危險呀！不如妳們先到我家裡待上一夜，等明天天亮了再回去也不遲啊？」其實牠內心卻想著自己今天的好運氣，碰上了這麼多小孩子，打算騙回家吃掉她們呢！

「好！」豆豆搶先回答，於是大家就只好跟著一起去。妖怪古亞把孩子們帶回家，給她們鋪好床，哄她們睡覺，心想等她們都睡著就一個一個地吃掉她們。過了一會兒，妖怪古亞問：「都睡著了嗎？還有誰沒睡著？」

「我睡不著，在家的時候，睡覺前媽媽都會做好吃的雞蛋餅給我吃，我現在餓得睡不著，想吃媽媽的雞蛋餅了。」豆豆說完，大家也都跟著嚷嚷起來說餓了。妖怪沒辦法，只好去做雞蛋餅給她們吃。孩子們吃得飽飽的才去睡，不一會兒大家就呼呼睡著了。古亞又問：「誰還沒有睡呀？」

「小豆豆還沒有睡。」豆豆說，「在家，睡前吃完飯，媽媽總會給我喝好喝的水。那水是媽媽從水晶山後的月牙海用篩子裝回來的。我只有喝完了那裡的水才能睡著。」古亞實在沒辦法，就拿起篩子去找水了。

天破曉時，古亞還沒回來。孩子們都已經醒來，她們飽飽地睡了一覺後，精神很好，就起身穿好衣服回家了。可是走到一半，豆豆突然想起自己撿糧食的布袋忘記拿了，又返回了妖怪古亞家裡。

此時，回到家裡的妖怪看見孩子們都跑了，正惱怒得很，一看豆豆回來了，就立刻上前把豆豆五花大綁塞進一個布袋，把布袋紮得嚴嚴實實，然後跑進森林裡去了。牠想要找一根結實的樹枝，狠狠地抽這個小丫頭一頓，好發洩自己的怨氣。

勇敢的豆豆從布袋裡掙扎了出來，把古亞的貓塞進去，自己藏了起來。

古亞拿著找好的樹枝回來，二話不說就朝著布袋亂打一通。可憐的小貓被打得嗷嗷直叫。古亞聽見貓叫生氣地說：「妳現在又裝貓叫了，妳這個詭計多端的傢伙，我非打死妳不可，讓妳不再叫！」妖怪狠狠地抽打著布袋，直到布袋開了花。當妖怪發現被自己打死的貓，氣得要發瘋了。牠到處找豆豆，終於在一個角落裡把她找出來了。

妖怪要吃掉豆豆，豆豆說：「這樣不好吃，你為什麼不先烙一張大餅，然後捲著我吃？」妖怪覺得建議不錯，就點起爐灶，把火燒得旺旺的，豆豆趁牠彎腰烙餅的時候猛地把牠推進了火爐裡，古亞就這樣被活活燒死了。

而勇敢的豆豆則拿起自己的撿糧布袋跑回了家。

小知識

Tips

聰明伶俐的孩子戰勝妖怪的故事，在各民族的傳說中都很普遍。這樣的故事反映了人們動腦，利用智慧戰勝邪惡的美好願望，對兒童有很好的激勵和教育意義。

91

女巫的測試

女人想要什麼

從前，有一個國王特別喜歡打獵。一次，他獨自出去打獵時不小心墜落山谷。正當孤立無望時，一隻巨大的神龍出現在他面前。神龍說要是國王想得救就必須回答牠一個問題，這是一個世界上最難回答的問題。神龍的問題是：世界上的女人真正想要的到底是什麼？

國王想了半天都沒有想出答案，正在一籌莫展的時候，國王想到了一個緩兵之計。他說：「神龍能不能先救我，我用我的靈魂做抵押，回到王宮就尋找答案，七日之後帶著答案來找你。」

神龍想了想說：「好吧！要是七日之後你不守信，你就會因失掉魂魄而死去。」

國王一回到宮裡就召集大臣商量對策，並告訴他們自己的經歷。可是大家都想不出答案是什麼，就連國王的最信任最聰明的大臣都沒有辦法。無奈之下，國王下令張貼佈告，想要在王國中找出能夠回答這個問題的人，並許諾以重金酬謝。

可是日子一天天過去，依舊沒有什麼消息，國王急得寢食難安。眼看著日子就剩下兩天了，國王愁得飯都吃不下了。正在國王不知道如何是好的時候，有人來報說：「有一個馬夫求見！」國王以為是能解開謎題的人了，就命人快傳。等到見到這個馬夫，才知道馬夫只是知道一些線索，可以幫助國王找到能夠解開謎題的人。

馬夫說：「有一位學識淵博的巫婆住在城南，她或許知道答案。」

國王酬謝了馬夫就命令自己身邊忠心且英俊瀟灑的侍衛長立刻騎快馬將巫婆請到宮中。巫婆到宮中後，國王如實相告後求助巫婆。巫婆說：「我知道答案，不過我有交換條件，那就是要陛下的侍衛長在事成後娶我為妻。」

國王為了活命，就毫不猶豫地替侍衛長一口答應了，並立下詔書為憑。

國王告訴侍衛長巫婆的要求，侍衛長差點昏倒，但為了國王的性命，只能愁眉苦臉且無奈地接受事實。

巫婆說：「女人真正要的就是自己的生活自己決定。」國王找到神龍，將答案告訴神龍。神龍聽後，誇讚國王是世界上最明智的男人，然後把國王的靈魂歸還了他。

國王一行人回到宮中，就立刻開始準備巫婆與侍衛長的婚禮。一切安排妥當，婚禮如期舉行，婚禮當天，雞皮鶴髮的新娘配上年輕英俊的侍衛長，實在是個笑話，參加宴席的人也都在竊竊私語。喜宴上新娘旁若無人地大吃特吃，吃相噁心不要緊，還不時地放屁，屁聲如雷，不雅的笑聲也不時地飄盪在整個喜宴的上空。侍衛長心裡厭惡至極，可是為了國家，為了國王只能犧牲自我，硬是壓下了內心的怒火。好不容易才熬到宴席結束，賓朋散去，入洞房的時刻。洞房裡，巫婆去沐浴換衣了，侍衛長正愁怎麼擺脫的時候，巫婆走了出來。侍衛長不敢相信自己的眼睛，他不相信這個站在自己眼前天仙一樣的美女是白天宴席上的巫婆。在他平生的經歷裡他還從來沒有見過這麼漂亮的女人。

巫婆對侍衛長說：「因為你的寬容和守信，我在喜宴上讓你那麼丟臉，你都沒有發作，所以我決定在以後的每天都有十二個小時變成賢淑溫良的美女陪伴你。你可以選擇我是在白天扮美女還是晚上，選完就不能改變心意。」

侍衛長一下為難了，男人的尊嚴讓他想要選擇白天有一個絕世美女的老婆，好向朋友炫耀，而自己的私心又不想晚上睡覺是面對一個雞皮鶴髮的巫婆。於是就為難地說：「我實在不知道該怎麼選擇，妳自己看著辦吧！妳自己決定妳何時要變美女就好了，我不干涉妳。」

巫婆聽了高興地對侍衛長說：「你怎麼這麼寬容呢？因為你的寬容和智慧，我決定以後二十四小時都是溫柔賢淑的美女了。」

侍衛長幸福地擁抱了自己的新娘。而且他突然發現原來幸福這麼簡單就降臨了。

國王、巫婆、侍衛長都各自圓滿了，只是讓曾經嘲笑過侍衛長的人大跌眼鏡了。

女巫施法。

小知識 Tips

我們常常會對身邊人有這樣或那樣的要求，在他或她不能達到我們自己的要求時，我們就會失望，會痛苦。其實每個人都是獨立而完美的，我們不去奢求才會有意想不到的收穫。

92

兇狠妖魔

黃沙怪

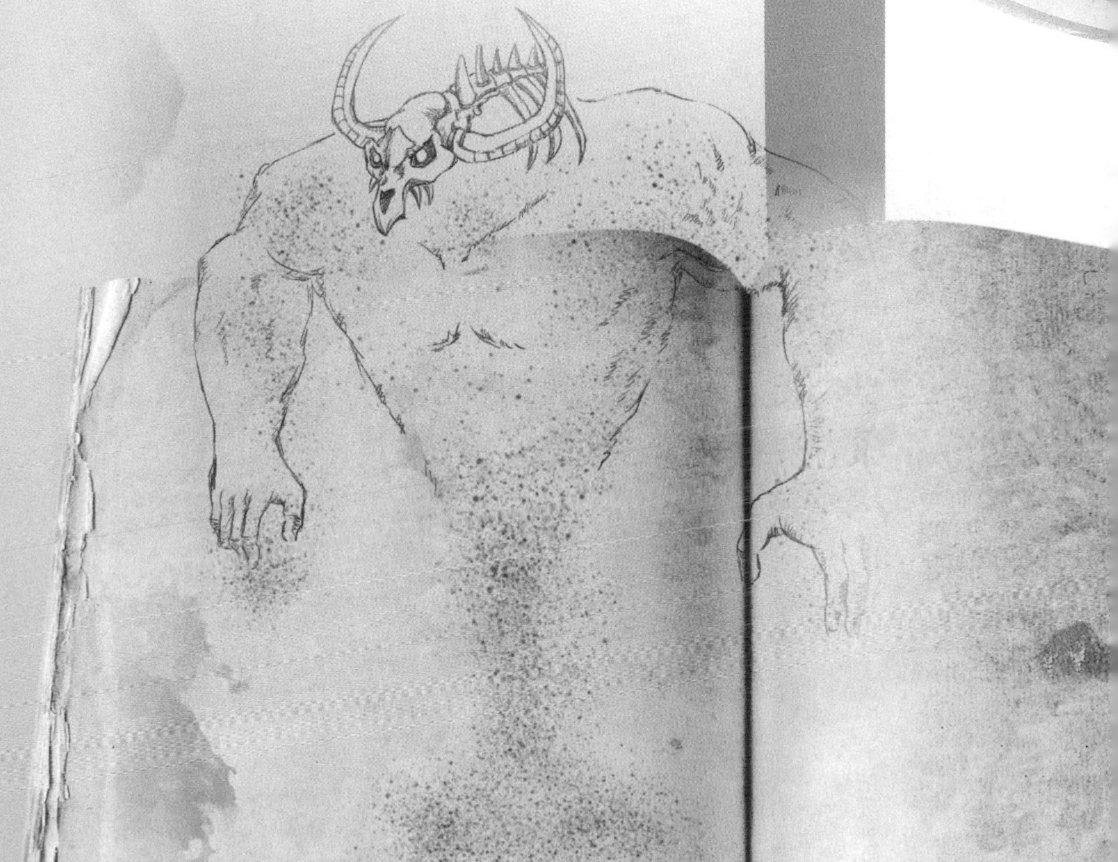

美麗的地球上原來有很小一塊叫做沙漠的天地是屬於黃沙怪的，黃沙怪是一群兇狠的妖魔。牠們先是在自己的「沙漠王國」興風作浪，後來竟然嫌天地太小，就侵犯到人類的地方來了。

一天，牠們在人類居住的地方肆虐搗亂過後，天色已晚，這群沙怪們聚在一起開始討論外面的情況。大沙怪得意地說：「你們看看咱們的國土是不是又大了不少？現在外面除了一望無際的沙漠，根本就沒有村莊和青草的影子了！」老二、老三也拍馬屁一樣地連連稱是。

這時，四沙怪卻告訴大家一個比較掃興的消息，牠說：「我剛才在沙漠邊上的沙柳村散步，無意中聽見人們說要制伏咱們呢！」

大沙怪聽了這話當即憤怒起來：「竟敢小瞧我們，讓牠們嚐一嚐我們的厲害！兄弟們出發！」大沙怪一聲令下，小沙怪們都浩浩蕩蕩地出發了，世界瞬間變得昏天暗地了。

黃沙怪一路駕著風，所到之處都一片悲涼。牠們還一邊向大地撒沙子，一邊高喊著牠們才是世界的霸主。牠們一路狂奔，來到了麥田裡。麥田裡嫩綠的麥苗是那麼美麗，大片的麥田有著欣欣向榮的生機，可是沙怪們根本不懂得欣賞這些美景，在牠們眼裡綠色是世界上最醜惡的顏色，牠們厭惡地把一把把沙子撒向麥苗。嫩綠的麥苗瞬間就變得灰頭土臉。可是牠們還不過癮，直接把沙斗篷拿出來，一起蓋在了麥苗上，大片的麥田頃刻間就消失了。可憐的麥苗都透不過氣了，不一會兒就全部都悶死了。

就這樣農田毀了，大地變得越來越乾渴，張開大嘴想要喝點水，可是根本沒有一滴水，等到的只是滿嘴的沙子。慢慢地，土地全部變成了沙礫。原來的田野被一個個沙丘佔領了，沙怪們的地盤又一次擴

大了！黃沙怪們填滿了村外的水渠，把人們的水源給掐斷了。牠們又來到村子裡，用沙子蓋住房頂，把沙子吹進人們眼睛，只要是沙子能到達的地方，牠們都無孔不入。人們拿牠們無可奈何，牠們就越來越放肆，最後終於佔領了一個又一個綠洲，毀滅了一個又一個村莊。

就這樣，沙怪們逍遙了一年又一年，過著肆無忌憚的快樂日子。但是有一天，牠們發現了一件怪事，牠們的世界裡又有人出現了。而且男女老少、大人小孩都回來了，牠們每天匆匆忙忙地不知道在忙些什麼。

黃沙怪生氣地說：「這是我的地盤，你們在幹什麼？快離開！」可是人們都只是用眼角瞅牠一眼，就自顧自地忙起來。一個小孩說：「再過兩年，你就被消滅了，看你再放肆！」

黃沙怪哈哈大笑起來說：「你們忘了我的厲害了嗎？別忘了你們是怎麼被我趕走的！」

小孩也笑著說：「過兩年，我們肯定能戰勝你，走著瞧吧！」

兩年過去了，黃沙怪帶著兄弟們真的來找人們挑戰了。牠們聲勢浩大地捲著漫天的沙子，來到人們居住的地方。

跑在最前面的沙怪老三，突然感覺腳下一絆，險些摔個跟頭。牠低頭一看，原來腳下是一條綠色的草帶，這些小小的綠草死命拖住牠的腳不讓牠走。沙怪老三生氣地大喊：「你們放開我，小心我吃了你們！」小草們卻拽得更緊了，一棵芨芨草說：「你休想從這裡過去，我們是替人類來把守第一關的。」

沙怪老三實在沒有辦法，只得停下來。其他沙怪們也顧不得來營救老三，都急急忙忙地向前衝去。

可是牠們還沒跑出去幾步，就看見一排楊樹像士兵列隊一樣整整齊齊地排列在眼前。牠們生氣地一邊大喊讓路，一邊把大量的沙子撒向楊樹。楊樹揮動著樹枝，把那些風沙擋住了。一棵楊樹得意地說：「我們是人類的防護林，你們休想再像以前一樣橫衝直撞的。」沙怪們不服氣地一次又一次地發起進攻，最後總算衝過去幾個沙怪，體弱的四沙怪也被擋在了楊樹外。

闖過防護林帶的沙怪們正在慶幸自己的勝利，但是抬頭看見等在那裡的一群人就再也威風不起來了。最後這些黃沙怪都被人類用水蓋上，把牠們改造成了一片片土地，種上了各種樹木。最大的沙怪被人類用黏土壓住，黏土變成沙障絆住了大沙怪的手腳。人們又在沙障上種了各種固沙灌木，大沙怪也被震住了。後來，一些小沙怪們被人類運到田地裡為人們孕育莊稼去。慢慢地，這個曾經被黃沙怪肆意蹂躪的地方終於又變回了綠洲的模樣，放眼望去，滿地牛羊，成片麥田，非常壯觀。就連綠樹都輕輕搖著樹葉在欣賞這裡的美景呢！而被改造的黃沙怪們受到人類的誇獎，不再肆意作怪，而開始自願為人類服務了。

小知識 Tips

這是一個關於土地沙漠化的童話，在地球環境日益惡劣的今天，這個故事給了我們一個很好的警示，愛護環境要從你我做起。

93 樹鬼的禮物

偶遇的財富

從前，村子裡有一個窮寡婦，她唯一的寶貝就是她的兒子，兒子名叫山基諾。山基諾有一個自私自利的姨娘，她從來都不喜歡這個窮小子，儘管山基諾聰明又勇敢，村裡所有人都喜歡他。

一天，山基諾的媽媽讓他到森林裡砍柴，給他隨身帶了三塊餅，用來當午飯。山基諾走了很久來到了一片大森林裡，他在一棵百年老榕樹下坐著休息。他不知道這棵樹的樹洞裡有三個樹鬼，它們不但個子小，膽子也小，但是它們卻會魔法。

山基諾休息了一會兒感到餓了，想起他帶的餅，就自言自語起來：「真是餓壞了，我先吃兩個，一會兒餓了再吃第三個……」這話無意間被三個小鬼聽見了，誤以為有人要吃它們，都快嚇死了，就立刻從樹洞裡出來，來到山基諾面前，求他不要吃掉它們，並且要送他一個椰殼做的罐子。

山基諾沒有解釋，就依它們說：「我們家有罐子，要你們的幹嘛？」

小鬼們解釋說：「這不是一個普通的罐子，你想吃什麼，它就能變出什麼。」山基諾高興地接受了樹鬼的魔罐，然後就往家裡走去。

山基諾回家必須經過他的姨娘家，他姨娘就住在森林邊上的一個小茅屋裡。這個自私自利的女人怕別人會麻煩她，所以住的離村子遠遠的。山基諾路過姨娘家，姨娘看見他手裡拿著一個破罐子，就罵起他來：「你這個傻瓜！從森林裡拿個破罐子回家幹什麼？你媽媽讓你砍的柴呢？」山基諾把在森林裡遇到的事情告訴了姨娘。

這個奸猾的女人突然就起了貪心，轉而微笑著說：「山上常有老虎出沒，姨娘怕你不安全，你今晚就住在這裡吧！明天再回去。」山基諾聽後，就在她這裡留宿了，他剛一睡著，姨娘就把魔罐給調換了。

第二天一早，山基諾就急忙回家了。母親見他沒有背柴回來，就問他怎麼回事，他把事情告訴了母親，可是當他要為母親變吃的出來時，魔罐不管用了。山基諾挨了一頓數落，又到森林裡去了。

他依舊來到那棵老榕樹下休息，突然看見旁邊有一個兔子窩，裡面有三隻可愛的小兔子在東張西望，他說：「太好了，捉了牠們三隻，放在火上烤得香噴噴的，午飯就解決了。」樹洞裡的三個樹鬼又誤會了，它們又來求山基諾饒命，又送了山基諾一根魔鞭，這根鞭子只要一揮，就會有一群水牛出現。山基諾高興地接過禮物，又忘記了砍柴。他興奮地往家走，結果又被他姨娘攔下，用同樣的方法調換了魔鞭。

空手回到家的山基諾，簡直要把母親氣到快吐血了。他邊向母親說他遇到的事，邊展示自己的鞭子，結果又失敗了。山基諾又一次回到了山上的森林裡。他看見老榕樹邊上的草叢裡有三個野果，就說：「只有三個，我已經餓得不行了，怎麼夠啊！」又一次誤會的三個樹鬼送了山基諾一根魔繩，做為放掉它們的交換物。這根魔繩很神奇，除了主人之外，只要有人一碰，就會把那個人綁起來。

山基諾砍了一捆柴，拿著這個魔繩下山了。山基諾路過姨娘的門口時，姨娘以為他猜到了自己幹的壞事，就想殺掉這個外甥。她滿臉堆笑地對山基諾說：「你還是在姨娘這裡留宿一晚吧！我不放心你的安危。」

山基諾再一次留宿在姨娘家，他把魔繩扔在一邊就睡著了。這個心腸歹毒的女人想趁山基諾睡覺時把他捆起來，扔進深山裡去餵野獸。看到山基諾扔在一邊的繩子，就得意地想，不用浪費自己繩子了。可是當她一觸碰到繩子的時候，魔繩立刻把她綁了起來。這個可惡的女人想掙脫，結果繩子越捆越緊。她掙扎的動靜把山基諾吵醒了，山基諾看著被五花大綁的姨娘立刻明白自己的魔罐和魔鞭為什麼不能用了。

就這樣，山基諾拿回了屬於自己的東西，給這個可惡的女人鬆了綁，背起柴火回家了。母子二人從那天開始就再也不用為生活發愁了。山基諾用魔鞭揮出來的水牛，換了良田，開始耕種，魔罐變出各樣的美食來孝敬母親。

魔鞭也終於有一天派上了用場。兇惡的統治者凱曼王發現山基諾有了很多水牛，就眼紅地想要佔為己有。結果行兇時，被山基諾的魔繩捆起來了。山基諾把他拴在牛尾巴上趕出了村莊，最後不知道消失在了哪裡，總之再也沒有出現過。

於是山基諾就這樣平安快樂地度過了自己的一生。

小知識 Tips

各種奇妙的法寶和神器一直都是妖怪故事中的重要道具，為故事增添了神奇的魔幻色彩和趣味性。

94

愚蠢的選擇

魔鬼種菜

有一個膽小愚蠢的魔鬼，它不像其他魔鬼一樣見到人就捉弄，這可能是它老是被其他魔鬼捉弄欺負導致的吧！

一天，魔鬼正在山上閒逛，看見一個人也正在這陡峭的山路上走著，魔鬼想要藏起來，可是已經來不及了。因為山路陡峭不說，兩邊還都是巨大的礫石，沒有藏身的地方，想要逃走也沒有路，而且那個人也已經看見了魔鬼，還大大方方地朝著魔鬼走了過來。

「上帝保佑你！」那個人說道。

「你管不著！」魔鬼發怒地說。

「你好，我叫聖薩瓦！你叫什麼？」那個人耐心地詢問。

「我叫什麼關你什麼事？」魔鬼回答。

「你去哪呀？」聖薩瓦泰然自若地繼續問。

「這跟你有關係嗎？」魔鬼說。

「你喜歡做點什麼嗎？」聖薩瓦問。

「嗯，我想種菜，但是我沒有土地，要是有一個夥伴就更好了。」魔鬼自言自語地說。

「你同意的話，我願意做你的夥伴，我們來討論一下種什麼菜，各自負責做什麼吧！」聖薩瓦友好地說。

「儘管我不喜歡你，但是你要能平等對待我的話，我可以出錢買種子。我一定要平等。」魔鬼說。

兩人一拍即合，決定先種洋蔥。他們就近找了一塊地，翻地、撒種子、澆水等，工作完後就等著種子發芽。魔鬼每天去看，從種子發芽的嫩黃，到葉子成熟的深綠，魔鬼都清楚地記在心底，它看著地上新鮮的葉子一天一個樣，心裡非常高興。但是它沒有想到地下是什麼。洋蔥長到最旺盛的時候，他們兩個就商量怎麼分配成果。魔鬼肯定地說：「地上的一半屬於我，地下的一半屬於你。」聖薩瓦點點頭同意了。

快到洋蔥成熟的時候，魔鬼看著綠葉一天天發黃枯萎下去，心裡就開始不高興了。當洋蔥完全成熟的時候，綠葉甚至都腐爛了。聖薩瓦從土地裡挖出又大又紅的洋蔥帶回家了，魔鬼卻收穫了一地的爛葉子。魔鬼又氣又惱，就找聖薩瓦說：「朋友，跟你合作很愉快，讓我們再合作一次吧！」其實心裡卻想要報復聖薩瓦。

他們又商定要種捲心菜，魔鬼說：「這次，收穫的時候，該我要地下的一半，你要地上的一半了。」聖薩瓦有禮貌地點點頭同意了。被種下的捲心菜很快就長起來了，魔鬼看著一天天長大的菜頭，心裡高興極了。他想著地面上的都長得這麼好，地下的還不知道要大多少倍呢！就得意地稱讚自己聰明。秋天終於到了，捲心菜該採收了。聖薩瓦來到田地裡把捲心菜砍下來帶回家。

魔鬼帶著自己的一大群朋友隨後也到了，它們約好要用盛大的宴會來慶祝魔鬼的收穫。一群魔鬼們敲敲打打，邊唱邊跳地來到了菜田，魔鬼高興地手舞足蹈，可是當它挖出地下的果實時傻眼了，它看著那乾癟難看的菜根，簡直要氣瘋了。別的魔鬼看著它沮喪的樣子不禁都哈哈大笑起來。它居然會被一個人給捉弄了。魔鬼氣得臉都變成了綠色，它不能容忍事情這樣了結，氣沖沖地甩下自己的夥伴，去找聖薩瓦。

魔鬼又和聖薩瓦約定第二年種馬鈴薯。魔鬼又搶先說自己要地面上的一半，聖薩瓦又只是點頭同意。結果魔鬼又一次失敗了，它看著馬鈴薯苗開的花先是高興，後來看著枯萎掉的葉子又是失落。最後它終於承認自己又輸了。但是它並不服氣，還是想要報仇。後來它們又種了小麥，魔鬼又要了地下的一半，結果只是分到了刺手的麥茬。這一次它氣得直哭，可是它真的是不甘心啊！於是它決定最後一次報仇。

「我要跟你種葡萄，如果這一次我又是失敗，我就永遠不來打擾你了！」魔鬼對聖薩瓦說。「好的，還是像過去一樣，你先來挑選。」聖薩瓦說。

他們種了葡萄，這一次有點費時間，三年過去了，葡萄終於開始結果了。第三年的時候，葡萄架上掛滿了甜美的果實。他們看著這令人喜悅的果實，聖薩瓦問魔鬼：「你是要清湯還是黏塊呢？」

「我要黏塊！」魔鬼毫不猶豫地說。它想著清湯有什麼好，傻子才會要。於是聖薩瓦拿著成熟的葡萄釀酒，然後用桶把酒接走，把剩下的酒渣留給魔鬼。魔鬼把酒糟帶回家兒上水開始釀造它的「白

地獄入口。

蘭地」，聖薩瓦帶著自己的酒來到正在忙的魔鬼身邊說：「老朋友，你在忙什麼呢？」

「釀造白蘭地！」魔鬼自信地說。

聖薩瓦提出交換各自的酒來品嚐，結果魔鬼又輸了。它氣憤地摔掉了酒杯。氣憤的魔鬼決定要走的時候，聖薩瓦攔住了它。魔鬼以為聖薩瓦要羞辱它，惱羞成怒，欲大打出手。聖薩瓦說：「先不要生氣，我其實一直在幫你，並沒有要戲弄你的意思。」魔鬼不解地看著他。

「你因為缺乏生活經驗，所以一直被別人捉弄欺負，我這樣做是想透過這件事讓你明白，吃虧不要緊，但是要總結經驗教訓，避免下次吃虧才行。」

魔鬼將聖薩瓦的話銘記在心，從此願意去多想一些事情，慢慢的它不再愚蠢了。其他的魔鬼都在奇怪：「為什麼現在捉弄不到它了？」

小知識 Tips

總想著佔便宜的人，終究會佔了真的「便宜」。

95 妖怪的戲法

會唱歌的鼓

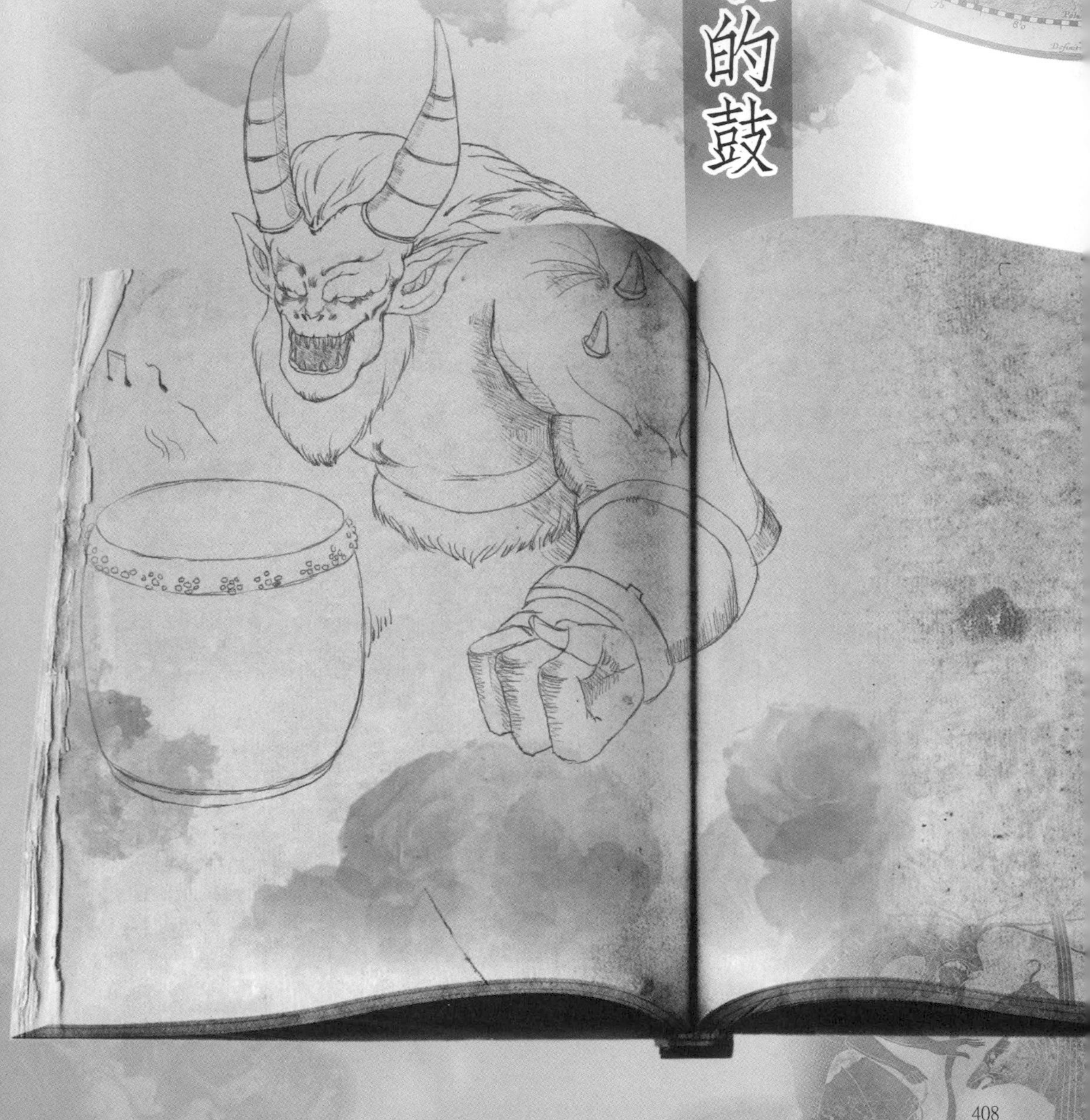

一天清晨，一群可愛的貧民小姑娘來到海灘上玩耍。這些孩子們平常都很辛苦，掃地、鋤草、撿柴、打水，什麼工作都得做。因為今天是個假日，所以她們才有機會到海灘上追逐歡笑。她們聽說水中有吃人的鯊魚和囚禁人的妖怪，所以都在海邊玩水，不敢往深水處去玩。

她們玩累了就在沙灘上休息，這時她們看見了很多漂亮的貝殼躺在沙灘上。於是每個孩子都撿了一大堆漂亮的貝殼準備帶回家。一個小姑娘撿到了一個很特別的貝殼，她怕別的孩子把它給踩破了，就把它留在一塊岩石上，想著回家時一起帶回去。可是後來回家的時候，她忘記了這回事，直到快到家時才想起來。同伴們都急著回家，沒有人願意陪著她回去，她只好自己一個人返回到了那片沙灘。

小姑娘邊唱歌為自己壯膽，邊在沙灘上尋找那個美麗的貝殼。當她來到那塊放著貝殼的岩石旁邊時，發現那裡坐著一個妖怪。

妖怪驚奇地聽著這美麗的歌聲說道：「小姑娘，妳的聲音真好聽，可不可以再唱一次給我聽？」小姑娘哆哆嗦嗦地又唱了一次。妖怪拿起那個特別的貝殼說：「妳再唱一次，我就把它給妳。」姑娘只得再唱了一次。妖怪伸出手來給她貝殼，女孩伸手去接的時候，卻一下被妖怪抓住無法掙脫了。

妖怪把小姑娘封在一面大鼓裡說：「我讓妳什麼時候唱，妳就得什麼時候唱。聽著，我一拍鼓面，妳就得唱歌，不然我就打死妳。」說完，就用胳膊夾著這面鼓走向了一個村莊。牠來到村民聚會的草棚裡說：「大家聽著，我有一面神奇的鼓，只要你們給我燉雞和好飯吃，我就讓它來表演節目給大家欣賞。」

牠吃完大家送來的食物，就開始打鼓，小姑娘就唱了起來。「這鼓真神奇！」村民們好奇地說，然後就在歌聲下快樂地跳起舞來。人們跳到精疲力竭才停下，小姑娘也累得快趴下了。這時妖怪又背起鼓向另一個村莊走去。

這次妖怪選錯了地方，因為小姑娘就是這個村裡的人。當牠吃罷喝罷村民送來的酒肉後，又像之前一樣敲鼓讓女孩唱歌。鼓內傳出來的悅耳歌聲被小姑娘的父母一下子就聽出來了，女兒這麼晚了沒回家，本來就著急的父母更加肯定了小女孩是被這個妖怪抓了。

父母雖然急切地想救女兒出來，可是又不能得罪妖怪，牠強大的妖術是每個人都害怕的。後來小姑娘的母親想出了一個辦法：用酒把妖怪灌醉。於是姑娘的父親就把家裡自釀的好酒一桶桶的搬到妖怪這裡，說是酬謝牠帶給大家這麼美妙的歌聲。妖怪聽著奉承之言，心裡高興，於是不知不覺地喝得不省人事了。後來村民見鼓聲沒了，也就各自都回家睡覺去了。

這時，小姑娘的父母悄悄地來到妖怪身邊，把鼓皮揭開，救出了小姑娘。然後母親帶著小姑娘回家了，父親說還有事，就獨自離開了。大家猜猜父親幹什麼去了？原來這個父親去報仇了，他先到樹林裡抓了兩條毒蛇，然後挖了一窩毒螞蟻，又用煙燻掉樹上的一群大馬蜂窩，把牠們一股腦兒塞到大鼓裡，然後回家了。

妖怪在黎明時分醒來，本來要上路，可是村民說還想聽一次那美妙的歌聲，牠就又表演給大家看。結果這一次不管牠怎麼敲，鼓也不會再發出任何聲音了。村民們都哈哈笑牠的鼓一錢不值了。牠訕訕地

走開了，想著找個沒人的地方把小姑娘好好教訓一頓。

小姑娘其實早就得救，跟自己的父母高興地待在一起呢！

小知識 Tips

人與妖怪的鬥智鬥勇，讓流傳在民間的形形色色的妖怪故事更加生動有趣，充滿生活氣息。

96

妖怪的戲法

妖邪的南瓜

一大早上醒來，妖怪開始為大家表演，可是大鼓卻不再發出任何聲音，最後妖怪被村民的哄笑聲趕出了村子。

惱羞的妖怪帶著鼓來到了樹林中的一塊空地上，牠想要好好教訓一頓小女孩。牠生氣地扯下鼓皮，結果馬蜂蜂擁而出，把牠的腦袋、肩膀螫得腫脹難看；毒螞蟻也跑出來，一個勁地在牠腿上亂咬亂叮；還有兩條毒蛇爬上牠的身體，纏在牠腰上狠狠地咬著。妖怪也禁不起這三種毒物的攻擊，不一會兒就死掉了。小姑娘的父親出門打獵，剛好路過這塊空地看見了妖怪的屍體，高興地想終於替女兒報仇了。

可是當姑娘的父親晚上回來路過這裡時，空地上的屍體不見了。更讓人奇怪的是那裡長了一株南瓜藤，他回到村裡把見到的奇怪現象告訴了村民，大家都說那裡是是非之地，不能再靠近了。從那之後，大家都繞開那裡走，接下來的日子也就平安無事。

幾個月後，幾個調皮的小男孩不小心闖到了這片空地，他們看見瓜藤上結著的大南瓜就驚奇地叫了起來。「快看！多大的南瓜呀！」最大的男孩驚叫著。

年齡小一點的說：「這裡不是妖魔之地嗎？咱們快離開吧！」

大孩子逞強說：「不要怕，咱們把它弄回家吧！這麼大的瓜能吃好幾天呢！」說著就伸手去摘瓜，可是他的手剛一觸碰到瓜藤，南瓜就朝著他滾過來，他被撞翻在地，其他小孩見勢也拔腿就跑，被撞到的大男孩爬起來也跟在了他們後面。南瓜這時也一路追了出去。

小男孩們慌張地亂了方向，跑向了村外，南瓜在後面一個勁滾動著追他們。

他們拼了命的跑啊跑啊，跑到了一條大河邊上。正好這時一個老漢在小舟上，他們就跳上了小舟，說是有一隻妖瓜在追他們。老漢便划船把他們帶到了河對岸，妖瓜也滾過水面，來到了河對岸，緊緊地追在了小男孩們的後面。

小男孩們上了岸，就朝著一個村子跑去，他們邊跑邊喊「救命」，正在村頭下棋的老年人看見倉皇逃跑的小孩就問怎麼了？小孩們都說：「一隻妖瓜在追我們！」老人們聽過妖瓜的故事，知道妖怪死了會把靈魂附在南瓜上。於是他們把小男孩們藏了起來，繼續下棋。

隨後追來的妖瓜找不到小孩了，就知道是這些老人搞的鬼，就在他們腳下滾來滾去地大叫：「把那幾個小男孩交出來！」老人們不理它，它竟飛起來把棋盤砸了。

這時村長出來了，他生氣地拔出劍把南瓜剁了個稀爛。每砍一刀下去，就聽見妖瓜撕心裂肺的叫喊聲。

「孩子們，出來吧！去把柴火抱來，把這妖怪給燒掉。」村長喊道。

孩子們在大街的中央燃起了一堆篝火，把南瓜燒了。這時村長又說：

「再去把這些灰燼遠遠的撒開，這樣它就不能再聚起來害人了！」孩子們就把灰撒向空中，拋向田地，扔進大河，讓它飄散到各處去了。

妖怪被徹底清除的消息傳回小姑娘的村裡，人們立刻高興地慶祝起來。

曾被封在鼓裡面的小女孩也不再害怕了，她帶著她最美麗的貝殼項鍊跟人們一起高興地跳起了舞蹈。

小知識

Tips

很多傳說都說，妖怪死後，靈魂會附在花草樹木或者一些物件上面繼續作惡，這種說法給妖怪故事增添了很多詭異色彩。

97

伊安歷險記

五頭巨人

很久以前，有一個王子叫伊安．迪雷奇，他是一個出色的獵人。一天，他在山上打獵的時候，發現頭頂上有一個東西飛過，抬頭一看，是一隻漂亮的藍色飛鳥。他立即朝著這隻鳥射出一箭，可是沒有射中，只射下一根漂亮的藍羽毛。伊安覺得羽毛很漂亮，就帶回家送給了自己的後母。

伊安的後母是個女巫，懂魔法，她看到羽毛，馬上就知道這是一隻藍隼，牠不是一隻簡單的鳥，於是她就讓伊安去抓這隻鳥回來，抓不到就不能回家。伊安因為吃過後母魔法的苦頭，就只能去完成任務。

伊安來到第一次遇見藍隼的山上，他眼睛眨也不眨地望著天上，察看樹林，可是那隻奇怪的鳥再也沒有出現過。太陽很快落山了，小鳥都開始回家了，伊安失望地坐到一棵樹下，不知道該怎麼辦。夜幕悄悄降臨，黑暗不知不覺地包裹了伊安，他在樹下點了篝火取暖，這時樹林中傳來沙沙的聲音，一會兒一隻棕紅色的狐狸出現在眼前，嘴裡還叼著一隻羊腿。

「王子，在野外過夜感覺不怎麼樣吧！」狐狸跟伊安打著招呼，似乎跟他很熟悉。

伊安奇怪地看著這隻狐狸說：「不怎麼好，可是有什麼辦法，找不到那隻藍隼我就不能回家。」

狐狸說：「這沒什麼大不了的，只要你小心謹慎

亞瑟王傳奇中的巨人形象。

就好了。」伊安激動地看著牠，用目光詢問該怎麼辦。狐狸說：「先吃飽了才有力氣完成任務啊！」於是，他們分著吃了那隻羊腿，然後好好地睡了一覺。

第二天一早起來，伊安就出發了。因為昨天晚上狐狸告訴他藍隼歸一個巨人所有，這個巨人有五個腦袋，五個寬闊的背，一般人不能接近他。狐狸還說：「你去找巨人，就說自己會養鳥，然後巨人才會把他所有的鷹和那隻鳥交給你照料。你趁他外出的時候，帶著藍隼逃出來就好了。只是記著一點，逃跑的時候，不能讓藍隼的翅膀碰到任何東西，如果碰到什麼，那就糟了。」

天黑的時候，伊安終於到了巨人家裡。他敲響了一扇大門，巨人出來了，伊安看見巨人可怕的樣子確實嚇了一跳，有點想要逃走的衝動。這時候巨人開口說話了：「幹什麼？」粗魯無禮的聲音讓伊安又嚇了一跳。

伊安鼓足勇氣說：「我想找點事情做，我有養鳥的本領。」

巨人立刻說：「我正盼著有這樣的人來呢！」說著，打開了大門，讓伊安進到屋子裡。

伊安很順利地留在了巨人這裡工作，他也在這些鳥中順利地找到了自己需要的那隻鳥。巨人看到伊安把鳥照顧得很好，就慢慢地對他很放心了。一天，巨人出去打獵了，把伊安一個人留在家裡。伊安看這是個好機會，就準備動手了。伊安聽到巨人山搖地動般的腳步聲消失時，就小心翼翼地把那隻藍隼取下了棲木。伊安牢記著狐狸的話，小心地護著藍隼來到門口，當門打開時，白天的亮光有點刺眼，藍隼受到驚嚇就張開了翅膀，翅膀碰到了旁邊的門柱子。沒想到門柱子突然發出一聲刺耳的尖叫，聲音之大到百里之外都聽得見。伊安還沒搞清楚是怎麼回事，巨人就出現在他的眼前。

「你膽子不小啊，竟敢偷我的藍隼？」巨人五個腦袋同時發出吼聲，震耳欲聾，伊安被嚇得不得不從實招來，說自己是被逼的沒有辦法。

巨人見哭得傷心的伊安，就想了想，然後狡黠地看著伊安說：「如果你真想得到這隻藍隼，那就得幫我把丟拉得巨婦的白光劍弄來。」伊安立即答應了。

伊安領受了這個任務就往回走，他想去找狐狸幫忙想想，怎麼做才好。身後傳來巨人可怕的笑聲，他認為伊安是不可能完成任務的。

小知識 Tips

巨人：神話或傳說或童話中常見的生物，幾乎全世界的都有他們的蹤跡，由希臘神話、印歐語系神話，到中東、亞洲及美洲地區的神話及聖經內的故事都有他們的痕跡。這些高大異常的生物，儘管有時被描寫成溫和而無害，但大部分的故事都是將他們描述寫成可怕、貪婪、食人且又愚昧的怪物，除了擁有驚人力氣與食量外，並以攻擊行為、戰爭等方面的事蹟聞名。

伊安歷險記 98

丟拉得巨婦

伊安在五個腦袋的巨人那裡領受了任務，就腳不停步地往回走，他走了很久，路過許多村落，都沒有碰見狐狸，也沒有人告訴他該怎麼辦。他不停地走著，天不知不覺的又黑了下來，伊安找到一棵大樹，在樹下點起火，靠在樹上休息。突然狐狸又像上次一樣出現了。伊安看著狐狸想說什麼。狐狸卻搶先說：「不用說了，我知道你沒有成功。」

伊安說：「可是如果我拿到丟拉得巨婦的白光劍，他就答應把藍隼給我。」

狐狸說：「我還可以幫你，你這次還是得小心行事才行。」

像上次一樣，他們邊吃著羊腿，邊談論事情。狐狸說：「丟拉得巨婦是三姐妹，她們在一個海中央的島嶼上，就在那邊。」狐狸指著北邊說，「你還是先在她們那裡找事情做，這次就說你善於擦拭金屬製品，可以將它們保管得很好。然後取得她們的信任，最後找機會跑出來。不過還得記住一點：逃出來的時候，不能讓劍碰到屋裡的任何東西，否則事情就不好辦了。」他們吃完晚餐後，又好好地休息了一晚。

第二天天一亮，他們就來到了海邊。

狐狸說：「我載你過去！」說話間，狐狸就變成了一條棕紅色的小船。

狐狸帶著伊安朝著海中央的島嶼游去，船一到岸邊，狐狸就恢復了原來的模樣。

「王子，祝你好運，你逃走的那天，我會在這裡等你！」狐狸在伊安要出發的時候說道。

伊安感激地看了看狐狸就朝前走去。海岸邊離巨婦的房子不遠，不一會兒伊安就來到了房子前面。

伊安上前敲了敲門，三姐妹都出來了，她們的模樣都很怪，一個像大樹一樣高，一個像鍋底一樣黑，另外一個比小丑還醜。

伊安沒等她們說話就先開口了：「妳們好，我來這裡想找一份事情做，我特別善於養護金屬兵器，能把它們擦得雪亮。」

三個本來兇巴巴的面容笑了起來說：「我們這裡正需要你這樣的人呢！」

於是伊安就留在丟拉得巨婦這裡工作了。他開始很用心地工作，贏得了三姐妹的信任後就開始找機會拿著寶劍逃跑。一天，丟拉得巨婦們出海了，讓伊安一個人在家裡照看屋子。伊安看到這是一個機會就先從儲藏室把寶劍小心翼翼地取出來，他心裡記著狐狸的囑咐就更是小心地帶著寶劍往門口走去。可能是太過小心，反而會緊張的原因，他走到門口時，白光劍還是很不幸地碰了一下門楣。門楣也受驚似地發出一陣巨響，把巨婦三姐妹給引了回來。

當她們三姐妹厲聲質問伊安為什麼偷她們的寶劍時，伊安不得不和盤托出，說是五頭、五背的巨人叫他來拿的，否則他就得不到藍隼，就不能回家。那三個巨婦像是得到鼓舞一樣的，滿眼發亮，說道：「要是你能把伊林國王的那匹栗色母馬弄給我們，我們就把白光劍給你。」

伊安又一次失敗了，但也又一次領受了新的任務。

小知識

Tips

歷險、奪寶是妖怪故事中一個永恆的主題。主角在一次次的歷險經歷中遭遇形形色色的妖怪，闖過一個又一個的難關，令故事顯得飽滿有趣。

99 伊安的守護神 棕紅色狐狸

伊安從丟拉得巨婦那裡失敗而歸時，狐狸已經等在了海邊。

狐狸看見伊安垂頭喪氣地走來，沒有說什麼就變成了一艘棕紅色帆的三桅船，載著伊安朝著愛爾蘭的綠色大陸駛去。伊安又像前兩次一樣先套近乎，然後偷馬，結果也像前兩次一樣被國王給逮住了。國王說：「你想要完成自己的願望我也可以幫你，只是你也得幫我一次，你得幫我把法國國王的女兒弄到手。」

狐狸又搖身變成了華麗高大的航海船，載著伊安到了法國。

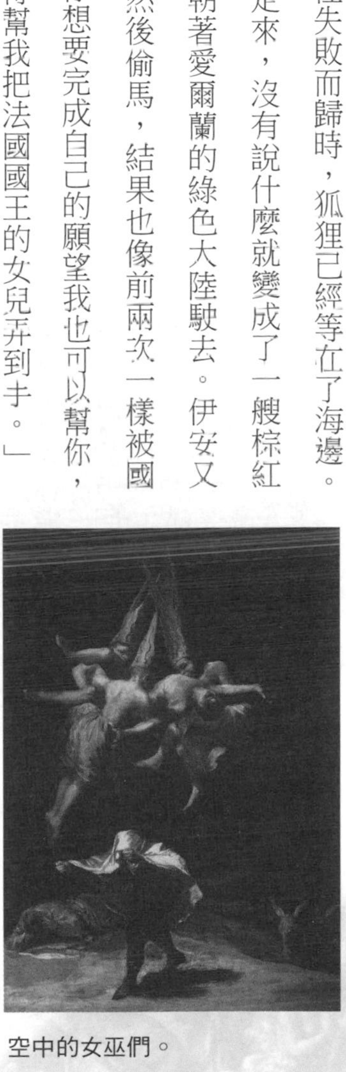
空中的女巫們。

伊安裝作自己的船失事需要法國國王的幫助。熱心的國王帶著自己的妻女來到海邊，幫助伊安時，伊安看到了美麗的公主，她果然如愛爾蘭國王說的一樣，是世界上最美麗的人，深邃的藍眼睛是那麼迷人，黑色的頭髮又是那麼順滑。伊安不禁看呆了。這時公主聽到伊安的船上傳出美妙的樂曲，就要求上船參觀一下。伊安帶著公主來到富麗堂皇的船艙觀看狐狸變身的樂師彈奏樂曲，船帆就在此時鼓滿返航的風，船自己駛離了海岸。伊安和公主返回甲板時，才發現他們已經置身大海中央了。

公主看著眼前的景象不禁傷心地哭起來，說伊安騙了她，要把她拐走。

伊安看著梨花帶雨的美人哭得這麼傷心，就把自己的經歷的事情都告訴了公主。

公主聽完他的敘述後，深深地嘆了口氣說：「我寧可跟你在一起，也不要嫁給什麼愛爾蘭國王。」

伊安感動地用深情的眼光望著眼前的公主，心裡卻在翻江倒海，他知道自己不能和她在一起。伊安正在發愁的時候，狐狸又來幫助他了。他們商定當船靠近愛爾蘭的綠色海岸時，公主留在海邊等著他們，狐狸則變成一個漂亮的棕紅色捲髮女郎由伊安帶著去見愛爾蘭國王。

當愛爾蘭國王真的見到法國公主時，驚訝得嘴都合不上了。國王接待了他們後，同意伊安牽走那匹栗色母馬。伊安騎著這匹配戴著金馬鞍和銀馬勒的栗色母馬朝公主狂奔而去。被留下來的紅髮女郎在國王轉身擁抱她的時候，變身野獸，狠狠地朝著國王肩膀咬了一口，國王暈死過去，牠便飛奔回海岸，再次變成一艘有棕紅色帆的三桅船，帶著伊安、公主和栗色母馬朝著丟拉得巨婦那裡去了。

到了丟拉得巨婦那裡時，他們又像上次一樣，把公主和栗色母馬藏在海邊，狐狸變成栗色母馬，由伊安帶著去見三個巨婦。伊安如願地拿到了白光劍，回到了公主身邊。狐狸變身的栗色母馬則把三個巨婦帶到海邊的懸崖，把她們扔進海裡，淹死了。而在五頭巨人那裡，他們用同樣的辦法騙過巨人，得到了藍隼。狐狸變身成的白光劍在巨人拔劍欲試的時候，轉頭砍掉了五頭巨人的五個腦袋，然後回到了伊安身邊。

狐狸對伊安說：「現在你的歷險結束了，接下來就是破除你繼母王后的魔法了。」伊安問牠該怎麼做。狐狸想了一會兒告訴他該怎麼應付，然後他們就朝著家的方向走去。

伊安照著狐狸的囑咐，騎著栗色母馬把公主載在身後，用白光劍的劍背對著自己的鼻子，藍隼站在他的肩膀上。他們經歷了千山萬水，終於到達了父親的王國。

伊安騎著馬朝著城堡走去的時候，被王后看見了。身為女巫的王后立即迎了出來，表示自己的歡迎。其實是把伊安堵在了宮門外。她死死地盯著伊安的眼睛，伊安迎著她的目光不由自主地從馬上摔了下來。可是摔下來的時候，白光劍的劍刃正好對準了狠毒的王后，她自己的魔法全部被反射到了她自己身上，於是她倒身在地，變成了一堆乾柴。

伊安帶著公主面見了父王，並把自己的歷險經歷說給父王聽。國王聽完後，立即誇讚兒子的英勇，並決定為他們舉行盛大的結婚典禮，還下令將門口的一堆乾柴燒掉。

伊安就這樣擁有了世人都羨慕的生活，世界上最美麗的女人是他的妻子，罕見的栗色駿馬是他的坐騎，牆上掛著珍貴的白光劍，打獵時還有獨一無二的藍隼陪著。但是伊安沒有忘記他擁有這些東西，全靠他的老朋友狐狸。

他對狐狸說，只要他活在世上，不管是他還是別的同行，打獵時都不許傷害狐狸。可是狐狸微笑著回答伊安道：「你不必為我和我的同類擔憂。因為我們完全能夠照顧自己。」狐狸說罷，翹起毛茸茸的黃尾巴，跨過山坡走了。

小知識 Tips

狐狸，在中國一般被當作是妖邪的代表，而這篇童話故事裡紅狐狸卻是伊安·迪雷奇的守護神，並幫助他順利地完成了歷險任務。

100

紅鬍子妖怪

哈林巴

有一天，亞克和蓋希跑到森林裡玩，在森林裡迷了路，他們走了好久都沒有找到回家的路，走得又累又渴。就在他們正想歇息的時候，忽然，眼前出現了一間小木屋，就高興地朝著小木屋飛奔而去，好像剛才的疲乏自動消失了一樣。

「看，這裡還有幾棵果樹呢！我們先摘些填飽肚子吧！」亞克說著，就和蓋希伸手去摘果子。

「誰呀，竟敢偷我的果子？」一個紅鬍子妖怪突然出現在他們面前，這個妖怪長得高大威猛，沒有頭髮，鬍子卻很多，幾乎滿臉都是，說話都看不見牠的嘴。

「對不起，我們在森林裡迷路了，已經好幾天沒吃東西了，我們不是故意要偷您果子的。」亞克看著紅鬍子誠懇的說。

紅鬍子看了一眼亞克說：「如果你替我送封信回家，我就讓你們吃個飽。」亞克心想這容易得很，就高興地點點頭。

紅鬍子很快在一張紙上寫了幾個字，把信裝進信封，交給亞克說：「記住，路上不可以拆開信封看信，否則你會倒楣的。我家就在前面的那座山上，你去吧！到家後，把信交給我老婆就好了。」亞克拿著信獨自上路了，蓋希留下來等他。其實是紅鬍子妖怪怕亞克跑掉，故意留下蓋希當人質的。亞克走到半路，實在抑制不住自己的好奇就把信拆開了，「天啊！」亞克看完信，不禁驚呼，嚇得臉色蒼白，冷汗直流。原來信上說：「把送信的這個少年殺掉，用他的肉做成肉包子，等我明天回來吃。紅鬍子哈林巴」

亞克想不能這樣坐以待斃，要想辦法對付這個妖怪才行，終於他想到了一個辦法。亞克把信撕掉，模仿紅鬍子的筆跡寫了另外一封信：「等送信的少年一到家，妳就把牛殺了，做些菜給他吃。明天讓他帶些牛肉給我。紅鬍子哈林巴」亞克來到紅鬍子家，把信交給紅鬍子老婆，牠老婆毫不懷疑的立刻殺了一頭牛，用來招待亞克，於是亞克飽餐了一頓。

第二天，亞克騎上紅鬍子老婆給牠備好的驢子，帶著牛肉回到了紅鬍子這裡。紅鬍子見亞克安然無恙，十分驚訝。牠又讓亞克送信給牠老婆，想要搞清楚是怎麼回事。

亞克還是像上次一樣在半路拆開了信，信上說：「妳這個笨女人，為什麼不殺了送信的亞克？如果再不聽我的話，我就吃掉妳！紅鬍子哈林巴」

亞克又連忙寫了另一封信：「牛肉很好吃，再殺隻羊招待送信的亞克吧！明天叫他給我帶些吃的。紅鬍子哈林巴」紅鬍子的老婆接到信，就立刻殺了隻羊招待亞克。

第二天亞克又帶著食物回來的時候，紅鬍子簡直不能相信，「這到底是怎麼回事？」紅鬍子想道。於是紅鬍子對他們說：「亞克，這幾天真的謝謝你了，明天我們一起回家吧！我讓我老婆好好招待你們。」隔天他們三人一起來到紅鬍子家，天都黑了，因為趕了一天的路，大家都很累，都早早地上床歇息了，亞克卻沒有真的睡著。

晚上等紅鬍子夫婦都睡熟了，亞克就叫醒蓋希說：「紅鬍子要殺掉我們，牠是不會放過我們的，我們要快從窗戶逃走才好。」於是兩人摸黑從窗戶跳了出去，然後就沒命的往前跑，天亮的時候他們終於到了一個小鎮上。

他們走過城門的時候看見一群人圍在那裡看佈告，便湊上去想看看。只見佈告上寫著：「妖怪紅鬍子殺人搶劫，擾亂人民生活。如果誰能逮捕他，國王願意把公主許配給他。」

亞克決定要為民除害。他想了一個計策，便開始往森林裡走去。亞克扮成一個老頭，扛上一把大斧頭就朝紅鬍子的小木屋走去。亞克來到小木屋的不遠處，就舉起大斧子開始砍樹。

「喀、喀、喀……」紅鬍子聽到屋子外面的動靜，就走了出來。「老頭，你砍樹幹什麼？」紅鬍子奇怪地問。

「我們鎮上有個壞蛋死了，他家人叫我給他做口棺材，我沒有足夠的木料，所以來這裡了。」

「那個壞蛋叫什麼名字？」紅鬍子問。

「亞克！十足的大壞蛋！」亞克故意惡狠狠地說。

紅鬍子一聽是亞克，高興得都要手舞足蹈了，說：「我最恨這個壞蛋了，他死了我真高興！」紅鬍子說完就跑回屋子裡，過了一會兒，拿著斧子出來了。「我幫你一起砍吧！」紅鬍子說著就一起和亞克砍了起來，半天工夫，一口棺材就做好了。

亞克看了看棺材，說：「不知道這口棺材是否裝得下人？也不知道蓋子是否蓋得緊？你能不能睡到裡面去試試？」

「可以啊！」紅鬍子說完，便鑽進了棺材。說時遲，那時快，亞克趕緊用力蓋上蓋子，並用長釘把棺材釘死。

「你幹什麼？想把我憋死啊！」紅鬍子在棺材裡拼命敲打。

亞克取出一根粗繩子，把棺材繫好，然後拖著它向小鎮走去。鎮上的人看見亞克拖著一口棺材回來，都興高采烈地跟在後面，直到亞克把紅鬍子交給法官，大家才散去。國王聽說亞克捉住了紅鬍子，非常高興，不久就把公主嫁給了他。

國王去世後，亞克繼承了王位。他是一位很好的君主，把國家治理得井井有條，人民都很愛戴他，而且國家裡再也沒有出現過紅鬍子這樣的妖怪。

小知識 Tips

紅鬍子，在中國有強盜的意思，在西方許多國家多指兇殘的人。

國家圖書館出版品預行編目資料

關於西方妖怪的100個故事 / 黃禹潔著.
——第一版——臺北市：宇河文化 出版；
紅螞蟻圖書發行，2019.5
面 ； 公分——(Elite；59)
ISBN 978-986-456-308-1（平裝）

1.妖怪 2.通俗作品

286 107020420

Elite 59

關於西方妖怪的100個故事

作　　者／黃禹潔
發 行 人／賴秀珍
總 編 輯／何南輝
封面設計／引子設計
美術構成／沙海潛行
出　　版／宇河文化出版有限公司
發　　行／紅螞蟻圖書有限公司
地　　址／台北市內湖區舊宗路二段121巷19號(紅螞蟻資訊大樓)
網　　站／www.e-redant.com
郵撥帳號／1604621-1　紅螞蟻圖書有限公司
電　　話／(02)2795-3656（代表號）
傳　　真／(02)2795-4100
登 記 證／局版北市業字第1446號
法律顧問／許晏賓律師
印 刷 廠／卡樂彩色製版印刷有限公司
出版日期／2019年 5 月　第一版第一刷

定價 320 元　港幣 107 元

ISBN 978-986-456-308-1　Printed in Taiwan